中国当代作家研究

Studies on Chinese Contemporary Writers

王火卷

四川省作家协会
主编

四川文艺出版社

图书在版编目（CIP）数据

中国当代作家研究·王火卷 / 四川省作家协会主编. — 2版. — 成都：四川文艺出版社，2019.4
ISBN 978-7-5411-5310-5

Ⅰ. ①中… Ⅱ. ①四… Ⅲ. ①王火－人物研究－文集
Ⅳ. ①K825.6-53

中国版本图书馆CIP数据核字（2019）第046359号

ZHONGGUO DANGDAI ZUOJIA YANJIU WANGHUO JUAN

中国当代作家研究·王火卷

四川省作家协会 主编

责任编辑 周 铁
责任校对 文 诺
封面设计 张 妮
版式设计 史小燕

出版发行 四川文艺出版社（成都市槐树街2号）
网 址 www.scwys.com
电 话 028-86259285（发行部） 028-86259303（编辑部）
传 真 028-86259306

邮购地址 成都市槐树街2号四川文艺出版社邮购部 610031
印 刷 三河市华东印刷有限公司
成品尺寸 169mm×239mm 开 本 16开
印 张 18.75 字 数 290千
版 次 2019年4月第二版 印 次 2021年4月第三次印刷
书 号 ISBN 978-7-5411-5310-5
定 价 48.00元

目　录

作品与人品

聚焦代表作

其他作品研究

理论阐发

作品与人品

王火王火非同小可

邓友梅

王火老友的长篇巨著，三卷本，一百六十多万字的小说《战争和人》终于出齐了。当我拿到最后一卷《枫叶荻花秋瑟瑟》时，心中有些酸楚，喉头有些哽咽，我被他的顽强所感动，为他的得胜而欣慰，也为四川文坛有这样一位道德、文章都令人敬佩的作家而高兴。

王火这部作品得来不易。这是部从一个全新角度描写抗日战争的巨著。主题凝重，形象生动，结构宏伟，文采悦人。可花的力气也不小。抗战才打了八年，从九一八算起也不过十四年。这部小说从动笔到出书却过了四十多年。60年代在北京刚写完初稿就轮上被发配山东；气没缓过来就开始了“文化大革命”，来个连窝端，把稿子抄走弄损，落得个无影无踪。“文革”过去，党“拨乱反正”政策为文学带来了生机。王火仅凭着记忆又重头另写。几年工夫竟把第一部写出，出版后得到了强烈好评。正当读者期待他陆续推出后部时，凭空里遭到一场横祸——在上班时，他见一小孩掉进建筑工地深坑中，王火毫不迟疑奋身跳下坑内，把孩子抱起举上地面，孩子刚脱险，他却在钢管上撞伤了头部，严重脑震荡不仅使他留下可怕的后遗症，而且以后一只眼睛完全失明了。医生警告他，绝对要少干费脑子和耗视力的事。命运就这样严酷地把问题摆在了他面前：是冒着生命危险写下去还是争取活命？一生坎坷，总算赶上改革开放的好时光，该不该为写作而冒更大的危险？

早在四十年前，王火刚二十多岁时，就展露出创作才能。可是直到他临近退休，直到遭遇这场横祸，他都在教育工作和编辑的岗位上，以发现扶持他人成才为己任，自己的创作则挤在工作之余。有多少腹稿经过反复构思，推敲增减，早已想好理顺，像胎儿般在母腹中躁动，只需假以时日，录于纸上，公之于世，便是对人民的一份奉献，对社会一种回馈。终止写作，意味着使胎儿未经出生就夭亡于母腹之中。即使因此多活几年，又有什么价值？保存下一只眼睛，看不到继续为人民献身的希望又有何意义？尽管大夫和朋友们再三关切地劝告他放弃写作，王火又像碰到遇险的孩子时那样，义无反顾地冲上前去，拿起了笔来。因为对他来说写作与生命是一件事务两种称呼，是一个整体的表里两侧，根本没有选择一半放弃一半的可能。

就这样，王火在一只眼失明、脑震荡后遗症威胁生命的状态中，克服着常人无法想象的困难与苦痛，写起了《战争和人》的第二部《山在虚无缥缈间》和第三部《枫叶荻花秋瑟瑟》。这时中国大地上正时兴"玩"字当头。还主张"干事业""干写作"，以"干"字打头的人多被看作是落伍与傻帽儿；只有"玩文学""玩艺术""玩潇洒"，在一切神圣、严肃字眼前加"玩"字的哥们儿才算新潮。所以我听到王火的消息后有些难过，心想对王火这个诚实人，倒也可以用玩字来形容：玩命！王火是以一个殉道者的形象挺立于文坛一隅的。我听到他坚持写作的消息后，并没抱太乐观的态度。既担心他因健康的恶化半途而废，也怀疑即使勉强成书，也难保持第一部那样的文采和魅力，会成为一部名副其实的"虎头蛇尾"之作。

几天前人民文学出版社把第三集《枫叶荻花秋瑟瑟》送到我手上，我一连用几个整天读罢，想说的第一句话是：上帝是公正的，"人定胜天"四字并非唯心论者的妄想。王火以生命之火竟铸成了奇迹。他在玩命十年之后，不仅活了下来并且保住了一只眼睛，还给我们拿出了这样宏伟瑰丽既富思想性、历史感又充满现代意识的力作！读过后简直叫人后怕：如果王火当年没下这个决心，没咬紧牙关把这书拼出来，对文坛，对读者来说这将是多大遗憾！

面对印成铅字的三大本《战争和人》，我不仅为王火感到安慰和骄傲，而且对人民文学出版社也充满了尊敬与感激。这部书从第一部交稿到全书杀青，十几年间"人文"始终是王火的合作者、支持者。当作者遭遇横祸时，终审编辑也患了视网膜破裂的灾变。他们像战场上一对负伤的战友，互相扶持，同甘共苦地并首向前。就在朋友们对王火能否完成此重任都失去信心时，出版社却一如既往，不改初衷，坚定地支持作家奋斗下去。当作品终于完成，而书籍市场却发生了行情变化时，他们豁出去经济受损失，也把这本品格高、内容好、给人带来审美享受的作品付梓面世。也许他们并没想到，这只伸向王火的支持之手，使我们不少同行都感到了温暖与力量，在走自己的路时不再感到孤独。为由此看到了文学的多样化确已存在，并不是天下人、甚至不是多数人都见异思迁，见风使舵，见钱眼开。有见识，有胸怀，讲原则，讲信义的出版家和出版社在中国比比皆是！这就让人看到了文学的希望。

王火《战争和人》的出版，我本该说介绍作品的话，但禁不住心头的冲动，竟说起人格与社格之类的话来了。也罢了，好在评论家们会为这部书说公道的有学术味道的话。我就说我想说的好了。这些话很不时髦，我之所以要说是觉得这个王火非同小可，不可等闲视之，并不是每个会要笔杆的人都能做到这一步。

（原载《文艺报》1992 年 9 月 28 日）

王火与《战争和人》

黄　伊

王火的长篇小说《战争和人》，曾用《月落乌啼霜满天》《山在虚无缥缈间》和《枫叶荻花秋瑟瑟》等名出版过单行本。《月落乌啼霜满天》曾获四川郭沫若文学奖。《战争和人》除了荣获“人民文学长篇小说奖”以外，又被新闻出版署评为优秀图书。我早就认识王火，他那部小说，还跟我有些瓜葛。现在表之如下，以飨读者。

小说原名《一去不复返的时代》

王火原名王洪溥。我在 50 年代跟他认识的时候，他在《中国工人》杂志当总编助理。后来因为该刊发表了传记小说《刘志丹》，被批评为“利用小说反党是一大发明”，《中国工人》和工人出版社被“拆庙搬神”。1961 年夏，王火被调到山东临沂，当了一所中学的校长。

王火虽然是一个编辑，但他写的小说《节振国》引起了我的注意。他离开北京后，我们的联系仍然没有中断。1962 年初，他忽然从山东给我们寄来了两大包稿子，这就是他写了许多年的长篇小说《一去不复返的时代》，现在改名为《月落乌啼霜满天》（以下简称“《月落》”，编者），共一百二十万字。小说的主人公童霜威，原是国民党的一个高级官员。作品通过童霜威和他的儿子童家霆以及几个家庭的变迁，反映整个抗日战争，气势恢宏，视野开阔。因为我们从未接触过这样的题材，中青社前后有四位编辑审读该稿。曾经担任过《红岩》《王若飞在狱中》等作品终审的责任编辑张羽，审读该稿后认为："这是百花园中的一朵独特的花"；我当时也认为该稿立意深邃，整部作品有一种高屋建瓴之势，值得重视。可惜当时阶级斗争的弦，一天比一天绷得紧。在此前后，"理论权威"康生又派了工作组到中青社，检查出版物。在这样的背景下，要出版一部描写国民党上层集团人物生活的小说，有可能被栽上"为国民党立传"的罪名。但编辑们仍然负责地对作品提出详细修改意见。王火打算根据大家的意见，百尺竿头，再进一步，好好修改这部作品。后来，"文化大革命"开始了，一切出版业务全部停顿，编辑们都到五七干校"脱胎换骨"去了。

一把火烧掉了《月落》

"文化大革命"好容易结束了。我还没有忘记王火这部没有最后完成的长篇。该稿本来是由张羽管的，但中青社复业以后，张羽这位一代名编辑，人家只准他扫院子。因此，与王火联系的任务，就自然而然地落到我的肩上。一封封查询王火下落的信，发往山东。盼来的却是王火的一封充满歉意和遗憾的回信。原来，在"文化大革命"中，他因为是临沂第一中学的校长，被斗得两眼发直。红卫兵说，他还炮制了一部为国民党树碑立传的大毒草，要砸烂他的"狗头"。王火一气之下，一把火烧掉了他花了十年的时间写成的一百二十万字的《月落》。

让于砚章去催王火

王火的回信，让我惋惜了许久。但是，让它就此泯灭，实在对不起读者。我调离中青社，到了人民文学出版社以后，有一段时间，负责小说组稿。我对组里的于砚章说，山东有个王火，十年前写了一部长篇《月落》，我曾经看过该稿，至今我还记得小说的一些情节，可惜"文化大革命"中他一把火将它烧掉了。我说："老于你不妨与他联系，鼓励他重写。"王火接到于砚章的约稿信，大为惊异："人文社怎么知道我写这部小说呢？"于砚章又是一个热心人，隔三两个月就写一封信给王火。铁石心肠的人，也会被编辑这种热心肠所融化。王火决定改写《月落》。他不看戏，不打牌，不闲聊，不休假，挤出了能挤的时间。1983 年 9 月，终于又将《月落》写出来了。1984 年初，该稿寄交人民文学出版社出版。

靠一只眼睛继续写长篇

《月落》出版了，受到了文艺界的好评和读书界的欢迎。王火再接再厉，写该书的第二部《山在虚无缥缈间》（以下简称"《缥缈间》"，编者）。这时，王火已经从山东调到了四川，任四川文艺出版社总编辑。他白天要工作，审阅那堆积如山的稿子；晚上要写作，写完《月落》也收不住笔。那时，出版社正在基建，到处是挖开的坑洞和堆放着的建筑材料。有一天，王火正从出版社往家走，猛听得坑洞内传出有人呼救的声音——原来有一个小孩掉到坑里去了。坑有两米深，王火好不容易才把小孩从坑洞里救了出来。那几天正下雨，坑洞里又是泥又是水，王火浑身泥浆。眼镜上也沾上了泥点子。他从坑洞里跃出来时，不幸被钢管撞伤了脑部和左眼。他带着病写完了《缥缈间》。当他接着再写三部曲的最后一部《枫叶荻花秋瑟瑟》（以下简称"《枫叶》"，编者）时，旧病复发，左眼失明。他就是靠着一只右眼睛，写成几十万字的《枫叶》。

热情的祝贺信

王火出版一部小说，就签上自己的名字，送一部给我"请予教正"。我那时正忙着编《文学故事报》，还没有来得及看。等三部曲合成一套，用《战争和人》出版时，他又送了一套给我，照例签上名字。还是请我"教正"。我编报正好有一个空档，便躲在家里，花了两三天的时间，看完王火这部一百六十万字的长篇。书刚看完，我按捺不住激动的心情，写了一封充满激情的信给王火：

我以前只知道你是一位编辑，看了大作，我才知道在我的朋友中有这么一位大作家。中国古典文学对你的熏陶，使你的作品充满了中国作风和中国气派；而西洋文学对你的影响，使你在作品里那么丰满地展示人物的内心世界。这是我近年来所读到的一部最优秀的作品。阁下，请接受我对你的最诚挚的祝贺。

和作家促膝长谈

去年6月间，我因公出差到成都，借此机会，我拜访了王火，和他谈了我对《战争与人》的几点看法：一，过去有些人所写的抗日战争，只写游击队，只写八路军，仿佛处在正面战场的国民党军，完全无所作为；现在有些写正面战场的作品，只写国民党军如何英勇，仿佛由共产党所领导的根据地军民，是可有可无的。这都是片面的，都没有真实地反映抗日战争。《战争和人》通过童霜威父子及几个家庭的命运，反映了整个社会，反映出整个抗日战争的全貌，令人眼界开阔。二，在抗日战争中，我们中国做了巨大的民族牺牲；尽管如此，有些当年侵略过别人国家的人，却不承认他们是侵略，说仅仅是“进入”；有些西方国家，至今不承认我们进行了八年的抗日战争，是整个反法西斯战争的重要组成部分，这是极不公平的。整部《战争和人》用它最深厚的生活做证，我们中国确是做出了最巨大的民族牺牲的，因而王火这本小说。有巨大的政治意义。三，作品既写战争，又写战争中的人，而人的命运和他们不平凡的经历，又这么抓住读者的心。心肠最硬的读者，也不能不为主人公的命运和他们之间动人的感情，而流下同情的眼泪。这一切，都将使《战争和人》获得越来越多的读者。

家宴上的交谈

有朋自远方来，王火的夫人和刚从英伦三岛回来的女儿，给我们准备了丰盛的午餐。我先从眼面前的佳肴，谈到书中为了不同人物和场合的需要而描写的美食。我说：“王火，你的小说中出现的美食，恐怕只有陆文夫和周而复的描写可以与它比美。”一口五粮液下肚，我借着酒兴对王火夫人说：“夫人，今天见着你的千金，可以想象到当年的你。在王火的小说里，出现了两位最美好的女性形象——一位叫欧阳素心，一位叫燕寅儿。前者最让人牵肠挂肚，而结局撕人心肺；而后来出现的女记者燕寅儿，恐怕每个读过这部小说的读者，都会喜欢她。我不是对号入座，但是，如果没有你这个模特儿，王火的小说便不会写得那么出色。”王火的女儿到底是一个见过世面的人，她接着我的话说：“许多作家写作品当然有他心目中的模特儿，但是我们也不必做索引一个个来找人物的原型。”她借着替我夹菜，巧妙地把话题从她母亲的身边引开：“我爸为了写好六朝烟水气的石头城，重访南京；为了体会苏州寒山寺的钟声，我爸在苏州流连忘返。小说中写到的上海、桂林、武汉、长沙、香港……他都旧地重游过。为了更真实地写雾重庆，写成都的风物和四川的生活，我爸干脆把家从山东搬到四川来，不惜让我们天天吃麻婆豆腐，又麻又辣……”我又抿了口五粮液，称赞王火这位说话滴水不漏的女儿。接着讲王火在小说里如何利用那些诗词，使小说有诗人韵味；如何写抗战时期那些有代表性的歌曲、电影、广告，乃至关勒铭牌的钢笔，为的是写出那个时代的特色，使它更有真实性。

祝贺与奢望

王火从40年代中期开始创作，作品逾500万字。主要作品除了《战争和人》，还有《节振国》等10部长篇，中篇《白下旧梦》等20部，短篇《新“三岔口”》等80篇。他今年70岁了。照理说，在创作上这正是出好作品的最佳年龄之一。可惜老天爷只给他留下了一只眼睛。我真希望他还能有新的作品问世。对一个关心并热爱他的作品的人来说，不算是奢望吧。让我为他的健康祝福。

（原载《博览群书》1995年第10期）

当代“谈迁”著名作家王火

田闻一

熟悉明史的人都知道，明清之际的著名史学家谈迁，以二十多年时间，皓首穷经，完成了卷帙浩繁的编年体明史《国榷》。不料大功刚刚告成，全部手稿就被小偷窃去。五十五岁的大师经历了这场横祸后，伤心而不灰心，重编《国榷》。又经十年奋斗，第二次完成了一百零八卷的《国榷》，其成就和感人的韧性精神，传诸后世。

四川省政协委员、原四川文艺社总编辑、当代著名作家王火，在写作轰动文坛的、长达一百六十万字的《战争和人》三卷本：《月落乌啼霜满天》《山在虚无缥缈间》《枫叶荻花秋瑟瑟》的整个漫长曲折艰难的过程中，所表现出来的韧性毅力，拼搏精神，以及由中迸发而出的耀眼的人格光辉，同当年的谈迁相比，大有过之。王火原名王洪溥，1924 年出生在上海，原籍江苏省如东县。他的父亲王开疆是学法律的，留学日本早稻田大学，回国后做过律师和法学教授。母亲李荪是小学教师。1937 年夏，占据了中国东三省的日本军国主义对中国发起了全面的极其野蛮的侵略战争。五年以后的 1942 年，他被迫步行一千余里，从上海流亡到了四川江津，考进了国立九中高二就读。高中毕业后，他考入了迁到重庆的复旦大学新闻系。

在大学里，随着知识的增加，视野的开阔，再经名师陈望道等的指点，他开始露出了潜在的写作才能。他觉得有很多话要说。他将对亲人的情愫，对敌人的恨，对现状的迷惘和不满，都通过手中的笔倾诉。从 1944 年开始，他不断在报刊上发表文章。他在重庆《时事新报》上发表的《天下樱花一样红》《墓前》等短篇小说，是他文学创作生涯的初期作品。抗战胜利那年，他开始与中共地下党员密切交往。

复旦大学迁回上海后，他在努力完成学业之余，更加勤奋写作。这期间，他在当时很有影响的《大公报》《时事新报》《文汇报》《现实杂志》等报刊上发表了大量特写、散文、小说、评论及新闻学论文。最值得记忆的是，抗战胜利后，南京最高军事法庭审判当年指挥日军进行南京大屠杀的日本战犯时，他有幸作为特派记者旁听了这一庄严的历史审判，再寻踪对幸存的受害人进行采访，然后，他饱蘸绵绵的情、绵绵的泪、燃烧的火，写作、发表了一组檄文。这组文章不仅产生了广泛的社会影响，让他有了一定的知名度，而且为他日后创作鸿篇巨制《战争和人》积累了丰厚的素材和创作实践。

1948 年，他以优异成绩从复旦大学毕业，留校担任助教。这时，他获得了美国哥伦比亚新闻学院的奖学金。然而，他却主动放弃了这个机会。因为，他为掩护营救地下党同志正在忙碌；而且，即将诞生的共和国，像一轮磅礴的红日正在面前升起。这一天，他等得太久了。他留下来，是要为新生的共和国贡献力量。

上海一解放，他立即参加了上海总工会筹委会的工作，以后参与筹建了上海劳动出版社，任副总编辑，创办《工人》半月刊。1953 年他调到北京中华全国总工会，参加中国工会“七大”，编撰中国工运史，并筹办《中国工人》杂志，任主编助理兼编委。怀着对新世界的向往，对旧世界的仇恨，他给自己取了一个笔名：王火。火，是红色的，燃烧的。他希望烧掉一个旧世界，创造一个崭新的、红彤彤的新世界。这个名字表达了他的思想，他的追求。创作上，王火曾在劳动出版社、工人出版社、中国少年儿童出版社、通俗文化出版社等出版过《后方的战线》《从五卅到大革命》《苏联专家在中国》《炼钢英雄》《怎样办报》《曲山探宝》等十几本书。

1956 年，在北京《中国工人》杂志任编委、主编助理的王火去唐山开滦煤矿深入生活。他同矿工们交上了朋友。煤矿深处，炕上坝头，矿工们绘声绘色地给他讲起当年出身在他们中的抗日英雄节振国的故事。这个英雄形象激励着他，他觉得如果不能很好地再现这个英雄形象便是自己的失职。在开滦、在冀东，他广泛地收集了素材后，又上北京、奔山东，尽可能地采访当事人。1956年7月，《中国工人》开始连载他的这部长篇小说《赤胆忠心——红色游击队长节振国》后，立即在广大群众中引起强烈反响。小说连载完成，工人出版社出版了单行本，并由中央人民广播电台连播，外文出版社将其译成外文在国外发行。后来又被改编为话剧、京剧、评书、电影，节振国这个独具特色的抗日英雄人物走进了千家万户，感染了很多国内外的读者和观众。王火因此而成为全国知名作家，这年他才三十二岁。

1976年，唐山大地震后，王火又来到节振国的家乡。面对着在残垣断壁上奋起自救的唐山人民，他感动不已。在遭到地震和十年动乱而严重损毁的节振国烈士墓前，他徘徊复徘徊。突然间他觉得，对这位长眠在地下的抗日英雄——唐山人民的儿子，他有了更深的认识和理解。这时，原先所有的有关节振国的素材突然照亮了他的心。他为此而激动不已。

不久，中国的十年动乱终于结束了。这就解开了枷在王火身上的束缚。他开始重写节振国。他在写作上别具匠心，避免了从头至尾的平铺直叙，而是截取了英雄最具光彩的一段时期，这样就浓墨重彩地在中国的抗战画廊上塑出了一个别具风采、相当感人的英雄形象。书名取为《血染春秋——节振国传奇》——这是他献给重灾后的中国文坛和他的读者们的一份厚礼。该书一经花山文艺出版社出版，立刻受到广泛的欢迎，一版再版。这本书1982年被评为花山文艺社优秀图书，1983年成为河北省职工读书活动推荐书，1986年由唐山电视台改编为电视连续剧搬上荧屏，1989年获全国长篇小说“乌金奖”。接着，他又深入沂蒙山区，根据当年德国知名作家、记者汉斯·希伯投身中国的抗日战争、最后牺牲在那里的英雄事迹，写成了《外国八路》。让这位与白求恩类似，但不是牺牲在手术台上而是在炮火硝烟中持枪战死、长眠在沂蒙山区四十多年的国际主义战士的英雄形象重放光彩。这部书由百花文艺出版社出版后，同样受到广大读者的欢迎。山东电视台将其改编成了电视连续剧。很快，这部书的影响波及海外，德国的报刊发表了评介文章。

为了创作抗战的史诗巨著《战争与人》三部曲，王火在写作上从来没有过满足。从新中国成立初期一直到90年代，一种深沉的情结始终在他心中萦绕。

在第二次世界大战中，苏联的卫国战争打了四年，却写了四十年，写出了世界上具有广泛影响的诸如《青年近卫军》《这里的黎明静悄悄》《在斯大林格勒战壕里》等优秀作品。而在这场大战中，我国所承受的巨大的民族牺牲和对人类进步做出的伟大贡献，长期以来，并未引起一些西方史学家的重视。基于此，早在新中国成立初期，王火就准备花十年时间，写一部具有史诗价值的、类似当年托尔斯泰的《战争与和平》的长篇系列，时间跨度从西安事变到江南解放。

从50年代初期起，为了完成这部鸿篇巨制，他日复一日、月复一月、年复一年地写着。他没有星期天，没有节假日，他利用一切时间将自己牢牢地拴在桌子上。春去秋来，寒去暑往。近二十年过去了。王火的《战争和人》三部曲的前身——《一去不复返的时代》终于写成了。中国青年出版社决定采用。可是，因为十年动乱，这部巨著搁下了。厚厚的书稿却让他在气愤之余、失望之余焚烧尽净，片纸只字无存。“四人帮”垮台，党的十一届三中全会以后，一天，王火突然收到中国青年出版社寄给他的一封挂号信，热情地向他索取这部书稿。一种遇到知音的感觉油然而生。但是，一百多万字的书稿已经烧毁了，他只好去信说明，表示遗憾。不久后，他又收到人民文学出版社于砚章的信，正式向他索稿。王火只好又去信，说明书稿俱已毁于十年内乱。可是，极富责任感的于砚章编辑又来了信，鼓励他将这部长篇重新写出来。这年，他恰好也是五十五岁，身体还不太好。

于砚章是个具有一双慧眼的编辑。他用锲而不舍的精神，紧紧盯着王火不放，见面或写信时，总是督促他写，还不时赠送新书。这就让王火想起了一句外国格言：“顽强的毅力可以征服世界上任何一座高峰。”他下了决心，既然这么有水平的编辑对这部书稿寄予厚望，自己就是拼命也要把这部系列长篇重新写出来。他利用假期，重游南京、苏州等地后，凭着原先书稿留在思想上的清晰轮廓，开始了默默地写作。1983年，当他的《战争和人》三部曲的第一部《月落乌啼霜满天》初稿完成时，他在《山东文学》上发表了情深意长的《别沂蒙》一文，同时携妻女到了四川省会成都，任四川人民出版社管文艺图书出版的副总编辑，并筹建四川文艺出版社。

身任四川文艺出版社首任党组书记兼总编辑重任的王火，在终审大批书稿的同时，抓紧分分秒秒修改书稿，终于在1984年完成了《战争和人》三部曲的第一部《月落乌啼霜满天》。小说从一个独特的视角，通过一个国民党上层人物童霜威一家的遭遇，在广州、武汉失守，汪精卫叛变，南京陷落等一系列重大事件的背景上，在典型环境中，相当生动地刻画出了一系列人物，并由此辐射出去，形象地、高屋建瓴地展现出了从1936年西安事变到1938年，这个中国历史上多事之秋的一段艺术长轴。

但是，1985年春天，一件意外的事情发生了。那是雨水淅沥的一天，出版社大院里正在修建四川出版大厦，到处滑溜溜的。王火有事路过工地，发现一个深沟里面掉了一个小女孩进去。他立刻跳下去，将小女孩抱着托上来。但他却不幸伤了头部，而且内伤意外地严重。有一个时期，他的神情恍惚，连说话都困难。经过半年多的治疗，他的身体逐渐好转，但左眼因伤导致视网膜破裂并脱落。手术后，他用一只眼睛继续拼命地忘我地工作、写作。他的第一部书稿终于脱稿了。人民文学出版社小说组组长于砚章和葛志超编辑闻讯，立即赶到成都，看了《月落乌啼霜满天》书稿后，很高兴，他们像抱娃娃似的抱着厚厚一叠稿赶回北京。对这部书稿，于和葛的评价是，将“中日战争的风云，官场上、生活中一场场大大小小的风波，走马灯似的形形色色的人物展现了出来；浓郁的诗情，优美的风俗画和风景画，所有这些都会紧紧地吸引读者”。该书的终审王笠耘说：“一字不改我们也可以发稿，但你如能删一删，那会更好。”

王火从善如流，对书稿又做了修改。五十六万字的《月落乌啼霜满天》，犹如火中凤凰再生了。这部书出版后，王火的情感一直经历着激流浪花的滋润和清波的抚慰。初版十五万四千册书上市很快告罄。《人民日报》《文艺报》《文学报》《读书》等几十家报刊上都发表了评介文章。王火收到了大量读者热情洋溢的来信。1988年10月，《战争和人》第一部《月落乌啼霜满天》获四川省首届郭沫若文学奖。

左眼失明，仅凭右眼写作的王火，紧接着写《战争和人》的第二部、第三部。经过艰苦的、锲而不舍的努力，终于在1990年由人民文学出版社将长达一百六十万字的《战争和人》三部曲成功出版。1996年1月，《战争和人》三部曲获国家图书最高奖——第二届国家图书奖，并在北京人民大会堂颁奖。这是获奖图书中唯一的一部当代长篇小说。现在，《战争和人》三部曲由人民文学出版社和四川省作协推荐参评第四届茅盾文学奖，初评已上榜，终评尚在进行。

成绩面前，已于1987年离休的王火离而不休。他虚怀若谷，笔耕不止，频频在《人民文学》《十月》《四川文学》《红岩》《啄木鸟》等省内外主要文学杂志上发表作品。不时有新书出版。粗略算来，这些年已由花城出版社、四川文艺出版社、四川教育出版社、重庆出版社出版了《隐私权》《白下旧梦》《女人夜沙龙》《梦中人生》《西窗烛》《雪祭》《王冠之谜》《王火〈战争和人〉论集》《流萤传奇》《金陵童话》《浓雾中的火光》《王火散文随笔》等，可谓硕果累累。更令人可喜的是，王火的这些作品，没有因年龄日增而显出“老相”，显出衰退。恰恰相反，愈来愈显出一种生气、锐气和灵气。在表现手法上，他既保留了向来坚持的现实主义，又不排斥别的表现手法，时时有恰到好处的汲取和创新。正因为如此，王火的作品让人明显地感到，他还在不断地上新台阶。

作家的笔如鞋匠手中的锥，越用越锋利——这句哲语，用在王火身上恰如其分。已创作发表作品近六百万字、著作等身的王火，1995年，由于在创作和出版工作上的突出贡献，当选为全国先进生产工作者，去北京人民大会堂出席了全国劳模表彰会。1996年6月，中共四川省直属机关党委向他颁发了优秀共产党员证书。1995年9月，他接受了中国作协颁发的“以笔为枪，投身抗战”纪念牌。今年10月，王火作为中国作家代表团团长率团出访捷克和南斯拉夫。这是他近年第二次出国访问。热爱他的读者和编辑期待着，届时，他一定会将一些原汁原味而又风格各具的散文、特写奉献出来，让人们随着他多彩多姿的笔触去心骛八极，感受这个斑斓的世界。

活到老，学到老，写到老——这就是著名作家王火。为山九仞，他不会功亏一篑的。

（原载《四川统一战线》1997年第12期）

花开时节又逢君

——成都访王火

钱勤来

临沂市政协组织我们去云、贵、川西部三省考察，历时半月。考察的行程事先已安排停当，要在成都留两个夜晚。第一个念头是要见见阔别近二十年的王火先生。这几乎成了我这次行程的主要目的。

王火先生的小说《在“忠字旗”下跳舞》出版后，我曾去过一封信，当时他任“大陆作家访台代表团”团长出访台湾刚回来。他也曾经给我回过一函，函不长，但信封却是很厚很厚。里面有台湾媒体对这次出访的相关报道及对那部被称为“文革回忆录”的小说的某些评价。我深知王火先生的为人，他是有信必复，热情有加，又虑及他十余年前因奋勇救人，头部受伤，左眼失明，不想再麻烦他，于是一再拖宕，三年了，未给王火先生写过一个字。然而，思念之情却愈来愈浓，忆想往事，感慨万千。

1965 年，我初来沂蒙。那时临沂城各影院正在放唐山京剧团演的电影《节振国》，那正是根据王火先生的《赤胆忠心》改编而成的。我自然也看过。某星期日，我到临沂一中，问起了王火。他们说，他就住在前排。于是我只身前往，贸然敲门。王火一个人在家，是一位十分斯文的中年人，因为是初次见面，未能深谈，我是抱着拜访一位名作家的心态去见王火的。那个年代，作家在人们心目中的分量很重，决不是现在这个模样。我有些胆怯，也有些拘谨，但王火的彬彬有礼，温文尔雅，给我留下了深刻的印象。过了八个多月，“文革”风暴骤起，临沂一中是临沂地区“文革”的起始点，王火罹难，运交华盖，经历了他一生中大约是最为严峻的生与死的考验。然而，王火毕竟是坚强的、乐观的。他的处境刚有一点好转，就让一位学生给我捎来一张二寸字条，上书“老钱：请来谈谈”。是时，我的处境十分尴尬，正在一个又脏又臭的处所劳动。一天，我换上一件较整齐的衬衣，被邮电局的一个叫良良的女孩子瞅见，回家对他妈妈说：“钱叔叔好像解放了。”因为她爸爸跟我们一样也是打入另册的人。其实，我们离真正的“解放”还有一段很长很长的日子。接到王火的字条，我独自一人悄悄地到了他家，大难之后的王火平添了几分憔悴，但见了我还是很高兴，一副知音相逢的模样。我们互道平安，又虑隔墙有耳，谈话声很小，也不敢往深处谈下去。告别时，王火送我到门口，回眸相望，我突然发现，他的眼睛特别亮，很亮，很亮。这目光里，有期待，有企盼，有对生命的渴望，有对未来的憧憬。这一瞥日后成为我生命历程中一道亮丽的风景。不久，梅开二度，我再次下放，到了郯南。但回临沂时，还抽空上王火家坐坐，王火和他的夫人凌老师对我总是关爱有加，嘘寒问暖。在那风雨如磐的岁月中，一个天涯飘零的游子，心灵上得到了真诚的慰藉，自会有一种欣慰感，有一种自信力。

“文革”结束前夕，王火又继续了他的创作生涯，然而，这种写作，其实是属于“奉命”一类的，作家自由度很小，在框框里跳舞的文学是殊难有大手笔的文字问世的。十年的动乱结束，中国文学迎来了新世纪的春天。此时的王火，十分活跃，作品一本接着一本问世。再去他家时，他笑声爽朗，神采焕发，口若悬河，语惊四座。他谈他的老师陈望道，他谈采访希伯夫人的细节，他谈重返冀东地区采访节振国的战友和妻子，他谈苏联电影《这里的黎明静悄悄》，他谈如何写作《浓雾里的火光》。谈得最多的是在“文革”中被抄家抄去的那一百多万字的书稿，他总是希冀着，有朝一日能突然飞回他的案头。有一次一位公安局的同志在场，这位同志似乎用了侦查手段来搜寻这本书稿，王火似乎也有点信心。可是最终还是石沉大海，只字无存。王火并没有气馁，没有放弃，就在1983年，他决定赴川一年，执笔重写这部史诗。又历经十个年头，到1992年，终于出版齐了《战争和人》三部曲，童霜威这个典型在中国当代文学的画廊中熠熠闪光。王火在一篇文章中谈到，《战争和人》的创作，前后历经了半个多世纪。当一个中国作家真是艰难啊，如果没有强烈的责任感、浓烈的爱国心、坚强的意志力，这是不可思议的。这使我想起了歌德，歌德创作《浮士德》长达六十年，与他创作生涯始终相同步。然而歌德是有意而为之，而王火却是不得已而为之，其中的甘苦，常人是难以体会的。《战争和人》问世，立即引起了文坛的巨大反响，后来获得了第四届茅盾文学奖。谁能料到，一位年近花甲的老人，西行成都之后在繁杂的行政工作和编辑事务之余，夜以继日，挥笔写作，给中国文坛留下了一部厚重的史诗性巨著。继之，王火又出版了《霹雳十年》和随笔《带露摘花》等作品，自然还有许多我来不及拜读的作品……

我们考察团一行，4 月 12 日动身，经昆明、大理、丽江、西双版纳、乐山、峨眉山、贵阳等地，于4 月 22 日傍晚到达成都。暮春三月，草长莺飞，花重锦城，暖意融融。与王火通过电话后，由成都军区作家柳建伟领路，郑钦禹、高振、崔维志与我来到王火的寓所。王火夫妇已等候我们多时，十九年未见，容颜非昨，然而，王火精神饱满，凌老师文静如初。在出发之前的几天，我看过四川电视台对王火的专访，所以一见面，就有一种熟稔和亲和之感。王火见了我们，显得十分兴奋，滔滔不绝的谈话，亲切和蔼的笑容，愉快从容的合影，在成都我们度过了一个难忘的良宵。临别依依，王火送给每人一本近著，还执意要下楼送我们，临上车前，挥手作别，我再次回首，但见王火穿着一件鹅黄色的毛衣，腰板挺直，宽宽的肩膀一字形舒展，全然不像一位七十八岁的老者。健者，王火！幸者，王火！

明年，是王火先生离别沂蒙二十周年，也是他和凌老师虚岁八十岁，根据国人的习惯，这一年是要庆祝八十大寿的。明年，又恰恰是王羲之诞辰一千七百周年。我们邀请王火夫妇重返沂蒙。他们这一生中二十二年的岁月是在沂蒙地区度过的，对沂蒙怀着一种特殊的炽热的情感，我们殷切地希望王火夫妇能够故地重游，沂蒙山将伸出双臂热烈地拥抱他们！

（原载《临沂广播电视报》2002 年 5 月 29 日）

走进王火

何　悠

王火，原名王洪溥，1924 年生于上海，1948 年毕业于复旦大学新闻系，做过记者、工会干部、重点中学校长，曾参加并主持创办两家出版社及三家杂志社，并长期在出版单位担任副总编辑、总编辑工作，现为中国作家协会名誉委员、四川省作家协会名誉副主席（名誉主席为巴金）。

王火喜爱读书，行万里路。在国内走遍东北、西北、华北、华南及大江南北、西南及中南诸省，游历过欧洲的英、法、奥等国。他从 20 世纪 40 年代开始创作小说和散文，作品逾 600 万字，出书逾 30 本，包括 12 部长篇小说、21 部中篇小说、80 多部短篇小说及 4 本散文集、3 个电影剧本、2 部回忆录。他的作品有被译介到国外的，也有被拍成电影、电视的。

王火的代表作为 160 余万字的史诗性长篇小说《战争和人》三部曲，此书 1994 年被选入《世界反法西斯文学书系》，同年获炎黄杯人民文学奖，1995 年获第二届国家图书奖（中国国家级图书最高奖），1997 年获第四届茅盾文学奖榜首，1998 年获“八・五”期间优秀长篇小说奖。《战争和人》以第二次世界大战为背景，重彩浓墨全景式地真实描绘了中国抗日战争时期广阔、悲壮的画卷，各阶层的人物在如磐战云下一一亮出了灵魂，多侧面揭示了这个多灾多难的民族如何能挫败不可一世的日本帝国主义，为世界反法西斯战争做出巨大贡献而终于挺立，使读者强烈感受到特定时代的特定氛围，揭示了历史的走向及作家的思索。

王火笔触新锐，在作品中发扬了中国小说艺术的壮丽传统。他的作品非凡独特。他用独特的生活，独特的思考及发现，反对邪恶，追求崇高的人格与真、善、美，作品常闪烁着人道主义的光辉。他用自己诗心和雄浑的艺术风格，解读和表达历史，达到了历史的诗化，史诗性的个人化，征服了读者。评论家认为《战争和人》是中国画式的虚实相映，重诗意，有中国儒家文化思想表现在美学上的一个独特境界，忧愤深广、沉郁顿挫、美丽隽永。铺陈出犹如唐诗宋词中才有的境界。

王火从不媚俗，喜欢吸收外国文学中经典著作的优点，有不断超越自己的艺术精神。这是他整体人格的一部分。他前后曾以半个世纪从事《战争和人》的写作。在“文化大革命”中，他用十六年写成并肯定了的初稿被毁，他在五十五岁时又重新开始写这部巨著直到成功。人们敬誉他为“当代谈迁”（谈迁是中国明清之际的一位著名史学作家，花二十多年写成的巨著《国榷》初稿被窃贼偷走后，五十五岁的他又重新写成此书）。在重写《战争和人》时，他因跳下深沟救一个小孩而受伤失去左眼，《战争和人》及他的大量中短篇和散文是他用一只右眼坚持写成的。王火是经历过抗日战争的中国当代受人敬重的道德高尚且有成就的老作家中的代表人物之一，1995 年曾获中国作协向抗战老作家颁发的“以笔为枪，投身抗战”纪念牌，1995 年被国务院授予全国先进工作者荣誉称号。中央电视台在《东方之子》栏目中介绍他，中国数十家著名报刊、画报及人物辞典均热情介绍他。

王火历来欣赏一种清新优美如素面朝天的情调和文笔，欣赏一些奇思妙想和崇高纯洁。他苦苦在笔尖上凝聚了自己的创作灵感、生活阅历和对人生及世事的体悟，以及他迷恋文学的深情。他的作品，既不浮躁，也不矫情，有返璞归真的风格，也有渗入文学意识历久而不会消失的芬芳。它们不是某种简单意义上的玩弄文字或文学的游戏。他是一个不善张扬的人，甚至常常拒绝电视台和报刊记者的采访，他更不屑于炒作自己，却总是用“真诚做人、积极生活、虚心写作”作为座右铭。有的著名评论家把王火的作品称为“王火艺术”，有的认为：“王火对半个多世纪中国历史独有感悟，作品在文学史上将长留他的应有篇章。”

（原载《四川省情》2003 年第 11 期）

文坛奇人王火

祖丁远

一

当王火一百六十万字的长篇小说三部曲《战争和人》出版后，著名作家邓友梅在《文艺报》上发表了《王火王火非同小可》一文，感叹道："正时兴'玩'字当头，还主张'干事业''干写作'，以'干'字打头的人被视作是落伍与傻帽儿，只有'玩文学''玩艺术''玩潇洒'，在一切神圣、严肃的字眼前加'玩'字的哥儿们才算是新潮，所以听到王火认真写作的消息后有些难过。心想对王火这个诚实人，倒也可以用玩字来形容：玩命!"在玩命十年之后，王火不仅活了下来，而且保住了一只眼睛，还拿出了这样宏伟瑰丽，既富思想性、历史感，又充满现代意识的力作，邓友梅在文章的最后说："我之所以要说这个王火非同小可，并不是每个会要笔杆子的人都能做到这一步的。"

二

1949年10月1日，中华人民共和国成立的那天，王火正在上海市总工会三楼的文教部办公室里。那时他正在与几个同事一起收听开国大典的实况广播。上海市总工会机关的特点是地下党转上来的同志多，他们在白色恐怖下同敌人斗争，就是盼望着新中国的成立。所以当大家听到从收音机里传来的“中央人民政府成立了”、“中华人民共和国诞生了”的声音时，那种兴奋激动的心情是难以言表的。

那真是豪情满怀的岁月！如果没有那样的岁月，当年热情奔放、年轻爽朗的王火是没有心绪，也没有魄力想到动手创作这样一部工程浩大反映中国人民伟大抗日战争的作品的。那时，王火的工作非常忙碌，但他忙得非常有劲。他当年主要的日常工作：一是负责起草领导讲话稿；二是编工人文化课本；三是负责安排广播电台的职工节目；四是审看全市上映的电影，以及审阅书稿、剧本等。王火的工作虽然忙，但他的精力还在膨胀。一到节假日，他总想写作，以反映那段可歌可泣的历史。于是，王火开始以业余时间，写作《战争和人》的前身《一去不复返的时代》。

1951 年开始，政治运动接连不断，先是上海市总工会进行的“整顿机关，团结进步”运动，接着是“镇反”“思想改造”“三反五反”……这些运动占据了他许多的业余时间，但王火却一直坚持着创作……

三

1953 年春天，王火由上海市总工会调至北京中华全国总工会工作，先是在工人出版社当编辑组长，后在总工会机关刊物《中国工人》任编委兼主编助理。王火的工作依然繁重，除了编稿改稿，还经常出差采访组稿，却依然坚持着创作。1955 年，开展“反胡风集团的斗争”和“肃反运动”，当时王火有一本小说《后方的战线》是在上海新文艺出版社（现上海文艺出版社）出版的，这个出版社被视为“胡风集团的阵地”，青年作家王火就被怀疑与胡风集团有关系。幸好该书的责任编辑翟永瑚未被划成“胡风分子”，上海写来了证明，才停止了对王火的审查。

于是，王火手上这部长篇小说的创作才得以继续。在那段日子里，王火用了所有的业余时间坚持创作，看着一张张稿纸越积越厚，他创作的兴趣也就越浓。可是，就在当时，搞写作被视作是“追求个人成名成家”。后来，他只能在一种无奈的心态下，写写停停，停停写写，边看边写，悄悄地维持着这部长篇小说的创作……

1956 年，王火结合工作采访写作了以民族英雄节振国烈士为题材的小说《赤胆忠心——红色游击队长节振国》，先在《中国工人》上连载，接着又在工人出版社出版，而且意外地获得轰动效应。这给王火以鼓舞，坚定了继续创作的决心。他自己觉得，只要小心注意，是不会出政治问题的。谁知，1957 年的整风“反右”运动，全国批判了许多著名作家和青年作家，“一本书主义”成为一顶吓人的大帽子。原先的“香花”在一夜之间变成了大毒草。断章取义，上纲上线。王火终于意识到创作是一条不能让自己做主的太危险的道路。于是，王火开始谨小慎微，将长篇创作停了下来。

创作是王火的兴趣爱好，是他的精神寄托，他平生有个习惯，做事总不喜欢虎头蛇尾。这时王火虽然被形势和环境所迫，一时中止了长篇小说的创作，可他的心里还老是记挂着那个未完成的长篇，后又悄悄地投入了创作。

王火和我谈起这段经过时说：“至今我还记得那一个个深夜，忍着寒冷，饿着肚子，在寝室里一字一句地奋笔疾书时的情景……”

四

1961 年初，一个阴冷的日子，那天王火正式听到传达：《中国工人》停刊，编辑部人员统统下放。王火被暂时留下负责收尾工作。他写了告别读者的文字，处理完稿件等未了事宜，然后被决定下放山东。在处理未了事宜期间，他觉得趁此机会写完这个长篇才好，就利用等待下放的这段时间，以拼搏的精神，日夜兼程将它写完。王火在那些日子里早起晚睡，每天给自己规定任务，不完成不离案，总算突击完成了一百二十多万字的“抗日三部曲”初稿。6 月底得到通知，去山东沂蒙山区支农。走前，王火将厚重的书稿送到中国青年出版社。1961 年 7 月 1 日，他启程离京，绕道徐州去山东老根据地临沂。到达临沂后，他被地委安排到省属重点中学做行政领导工作。几个月后，接到出版社通知，让他到京修改长篇小说。出版社认为这部长篇是“百花园中独特的鲜花”。

于是，王火兴高采烈地从北京抱回原稿，在临沂花了几个月修改了又寄去北京。谁知，这时各地出版社均已接到了一个批示：“利用小说反党是一大发明”，所有出版社都检查已出版的小说，对于长篇小说停止出版。王火的长篇小说当然处于搁浅状态。

在史无前例的“文革”中，王火的这部长篇小说竟成了“文艺黑线”的产物，成了“为国民党树碑立传的反党反社会主义反毛泽东思想”的大毒草了。因此，王火受尽了摧残。一百二十多万字的稿子被红卫兵拿去付之一炬，化为灰烬。

五

党的十一届三中全会后不久，王火在山东突然收到中国青年出版社的一封挂号信，信上热情地索要当年他的那个长篇。一种遇到知音的感觉油然而生，但想起书稿在“文革”中被付之一炬，已荡然无存，不禁唏嘘。王火痛定思痛，只得去信说明情况表示感谢和遗憾。这时国内形势很好，王火对写小说依然情有独钟，决定继续创作。但要重写“抗日三部曲”的想法是没有了，因为那需要付出太多太多的时间和精力，他觉得再要完成这部一百多万字的长篇已力不从心了。

不久，人民文学出版社编辑于砚章，又来信询问这部长篇并鼓励王火重新把它写出来。编辑和作者的至诚交流与合作，使王火在“合浦珠还”的愿望下，于 1980 年动笔重写《战争和人》三部曲。1983 年完成了第一部《月落乌啼霜满天》后，王火由山东调至四川成都工作。

正当王火开始写作《战争和人》第二部——《山在虚无缥缈间》时，发生了一件意想不到的事：他当时任四川人民出版社副总编辑，那天早上下着滂沱大雨，他去上班时路经出版大楼工地时，见到一小女孩跌进工地上的一个深坑里，正哭着呼救。王火毫不迟疑地跳下深坑，搭救小女孩。他把小女孩托出了深坑，可当他跃出深坑时由于用力过猛，撞上了钢管底部，头部严重受伤，导致脑外伤，脑震荡，颅内血肿，以致波及左眼，导致左眼外伤型视网膜脱落。伤势再度发作时，在成都某医院第一次手术“焊接”失败，立即转送上海医院第二次手术，还是没有回天之力，王火痛苦地失去了左眼。医生警告他：

今后少干费脑子和耗视力的事。

从上海回到成都，稍事休息养伤后，他决定用一只右眼坚持写作，要完成第二部《山在虚无缥缈间》和第三部《枫叶荻花秋瑟瑟》。终于，《战争和人》三部曲第一部在1987年出版，第二部《山在虚无缥缈间》在1989年出版，第三部《枫叶荻花秋瑟瑟》在1992年出版。最后，王火又将这三部合并以《战争和人》为总名于1993年7月结成套书出版。

一百六十余万字的《战争和人》三部曲先后获得了四项大奖：炎黄杯1986－1994年人民文学奖（1995年）；第二届国家图书奖（1996年）；第四届茅盾文学奖（1997年）；“八五”期间优秀长篇小说奖（1998年）。

六

小说的成功，不能忽略一个重要的人物——凌起凤。在《战争和人》第一部《月落乌啼霜满天》的扉页上，王火和夫人凌起凤的一帧大照片赫然映入眼帘，这是他俩1990年5月同游四川眉山“三苏祠”时摄于苏东坡塑像前的合影。照片下面有王火写的意味深长的文字：“熟人都知道我有值得羡慕的‘大后方’。几十年来我和凌起凤在生活和创作上始终是最好的‘合作者’。书成之日，请允许我用这张合影作为纪念。”凌起凤与王火同龄，他们的父母辈是世交，他们相爱是在抗战初期的大后方四川江津，那年他俩都是十八岁。

新中国成立初期，王火在上海市总工会工作，凌起凤是国民党元老凌铁庵的小女儿，1948年随家去了台湾。他们被无情的海峡隔开，在敌对战火隔离下，两颗滚烫的心被分隔两地，他们只能在香港中转秘密通信，在海峡两岸用鸿雁传书互吐心曲，这在当时的确不是件小事。好心的朋友劝王火和凌起凤一刀两断，但王火坚定地说：“我做不到！”一位“左”得可怕的领导拍桌子要王火回答：“要革命，还是要爱情？”王火发自内心而冷静地回答：“我都要！”幸好当时的主要领导人通情达理，相信王火是真诚的。最后答应王火：“要想法让她回来！”

1953年，经过一段曲曲折折、艰难困苦的历程，爱情战胜了一切，凌起凤回来了。她冲破重重阻挠，终于从台湾转道香港，跨过了罗湖桥，两个坚贞纯真的青年恋人团聚了。当年，王火和凌起凤只花了五毛钱在上海公证结婚。这对痴心相恋十年的有情人终成眷属。在以后的五十多年中，他们患难与共，相濡以沫，两人同甘共苦，养育了一双女儿……

王火为此创作了一个电影剧本《明月天涯》，剧本内容是以妻子凌起凤为原型，描述了她从台湾回归大陆，一对相恋十年的青年男女终成眷属，过上幸福美满生活的故事。情节曲折生动，一波三折，跌宕起伏，悬念丛生，非常有趣……

这个电影剧本是王火献给自己亲爱的妻子，也是献给他们之间的爱情的最美好的礼物！

（原载《南通日报》2006 年 2 月 27 日）

“人生乐在相知心”

——记王火与我的鸿雁情缘（摘录）

许　进

我与王火本来素不相识，而且至今也未见过面，但我们却是抗日战争时期重庆江津国立第九中学的同学校友。他年长我三岁，比我高年级，那时也不认识。这里要简单介绍一下“国立中学”。

抗日战争爆发，强寇入侵，山河破碎，烽烟漫天，哀鸿遍地。许多不愿意做亡国奴的青年学生，历经艰险奔赴大后方。当时的政府，不顾国力维艰，要维持庞大的军费，但仍拨出相当数量的费用，在全国兴办二十余所国立中学，收容这些流亡学子，全部公费，让他们入校读书求学，食宿费全免，用以保存国脉。学生们在极其艰苦的条件下，淬砺奋发，努力求学，吃苦耐劳，励志求知，当时的“国立中学”在历史上留下了光辉的一页，培养出不少杰出人才。“两弹一星”元勋邓稼先、国务院前总理朱镕基、许多科学院院士、教授、专家，以及包括著名作家王火在内的各行各业众多的杰出人才都曾是“国立中学”的学生，六十余年后，全国各地国立中学的校友会活动至今仍蓬蓬勃勃，且正组成全国性的联合会，方兴未艾。这是我中华民族的一页光辉史，一树奇葩。

王火在校时名王洪溥，我们都在重庆江津的国立第九中学，当时他在“九中”已崭露头角，高中时即已发表文章，而且以后陆续在报刊上著文并开始写小说。1944 年高中毕业，王火考入已迁重庆的上海复旦大学。抗战胜利后，他随复旦大学回上海，1948 年从复旦新闻系毕业，留校任助教；后在上海总工会参与筹建劳动出版社及《工人》半月刊，任副总编辑；1953 年调北京中华全国总工会，筹办《中国工人》杂志，任主编助理兼编委。那时他就创作了冀东抗日英雄节振国的小说，并改编成剧本、京剧。我 20 世纪 50 年代就看了《节振国》的京剧电影版，那时并不知道是他创作的。

2005 年初，我开始和王火通信。起初我称他“洪溥学长”，后来知道他夫人凌起凤是国民党高级官员的幼女，随家去台后，为了王火舍弃富有家庭生活，又单身从台湾回到上海，他们于 1952 年结婚，这也是一位了不起的妇女，值得尊敬。以后通信我就称他们“洪溥兄嫂”了。想不到他来信竟也称我“许进兄嫂”，我真愧不敢当。

《战争和人》这三部曲的著作，他说自己也没有，成都也买不到，只有去信北京订购。此书写一位国民党官场中上层而正派的人物童霜威，似乎是主角，但我更倾心的是他的儿子童家霆，那是和我年龄相近的、有些类似经历的当时的“进步青年”，这人物有王火自身的影子，也有我的影子。历史就是这样流过……

去年（2007 年，编者注）2 月，他又寄来自称是“封笔之作”的《东方阴影》（31 万字），扉页题签“许进兄、鸿英嫂指正留念”，还盖了两枚大印章。

今年 3 月初，他又来信，并寄来了一沓附件，还有一张名片，头衔是“国务院授予全国先进工作者称号、第二届国家图书奖及第四届茅盾文学奖获得者、四川省出版工作者协会名誉主席、中国作家协会名誉委员、四川省作协名誉副主席”。他其实还有许多头衔，如省政协委员等，但已八五高龄，一切都只能是“名誉”了。

（原载 http://blog.tianya.cn/post-995929-37884555-1.shtml）

记王火在临沂的往事（摘录）

仉雁秋

王火先生在临沂的往事，见诸报刊、众所周知的已经不少。但的确还有许多脍炙人口的故事埋藏在临沂老朋友和他的同事、学生心中。我最近又找原一中（编注：即临沂第一中学）的几位同事聊了几天。大家越谈越是怀念、钦敬王火校长。大家觉得王火确实称得起是“教育教学改革的先行者”、“高尚师德的践行者”、“文苑盛事的助推者”，总之，是一个好人，是一位德高望重的好校长。

当时的一中，是省重点学校，当时的领导班子又是重新组建的全区“最高学校”“最强有力的领导班子”，所以一味追求升学率的空气紧张得像一个就要爆炸的皮球。那时的口号是“拼命干，做好汉，三年放颗原子弹”、“拼命冲，夜熬灯，三年之后放卫星”。

王火校长在临沂工作、生活的二十二年，同上至地委书记、各级领导，下至各界名流、学校广大师生广交朋友，结下了深厚的友谊。这正是他长期践行高尚师德的佐证。1983 年 10 月，王火离开临沂赴四川成都工作。临行前，各级领导、各界名流、广大师生纷纷采取不同的方式表达了依依惜别的感情。临走那天，天还未亮，地委宣传部王树群部长等老领导和许多老同事、老朋友赶来欢送。握手告别时，大家眼含热泪，恋恋不舍。已升任教委主任的赵明远校长填了一首《西江月》，写成条幅，装裱好了，送给王火。词曰：“仰望红旗志坚，确信共产必行；何惧狂涛骇浪涌，恰似一帆从容。　　十年相处不凡，欣喜谷怀高风；时光不嫌白发生，且看佳作入盛。”王火走后，临沂的许多朋友和师生采取各种方式同他联系，送去关爱。曾任地委书记、此时已调任副省长的朱奇民同志还语重心长地嘱咐：“你在四川如感觉不适应，告诉我，再把你调回山东。”

王火校长不仅与人为善，而且性格幽默乐观，敢于担当。记得1970年“清理阶级队伍”时，王火和余润泽（时任教导主任）、王立华（后任副校长）被打成“王王余反党集团”（后改为“王余王反党集团”）。每次批斗，都被押上台，揪头发，坐飞机，拳打脚踢折腾一阵。他们怕了，一听开会就头皮发麻。王火当然是“曾经沧海难为水，除却巫山不是云”了。所以，余润泽、王立华打战，王火就给他们壮胆说：“不要怕，我带头，跟着我上！”红卫兵们全都被逗笑了。

记得批斗间隙，“牛鬼蛇神”们要“劳动改造”，翻地，种菜，摘苹果……“王余王”三人负责打扫茅厕。王火负责除粪，余、王负责抬粪桶送到化粪池里去。王火除粪格外认真。全校十几个茅厕，每两个茅厕间要走多少步，用多少分钟，一圈茅厕打扫完要用多少时间，他都有数。王火淘粪坑、除粪非常仔细。那时的粪坑，是用长条石隔成蹲位，空间狭窄，王火用学校发给的大铁锨，插进去很困难，而且很难淘干净。王火费尽周折专门找来了一把中间有凹的小锨，这样淘起粪来，方便而又干净。大家逗笑说：“王校长干啥像啥！”“王余王”干活是有红卫兵监管着的。有一次，他们抬着粪桶送往化粪池去，路上被石头绊了一跤，粪水溢出了一些。后面监管的红卫兵是个女孩子，她摇着小辫，歪着脑袋，恶狠狠地说：“你给我吃了它！”王火赶紧把洒在地上的粪水撮进桶里去。那个红卫兵走后，王火绘声绘色地模仿着叫道：“你给我吃了它！”逗得大家哈哈大笑。

记得王火校长喜欢唱毛主席诗词歌曲。凡是已经谱了曲的，他都会，还教给余润泽、王立华唱。每当他们心结郁闷或是想抒发正义情感的时候，他们就放开嗓门高唱“江山如此多娇，引无数英雄竞折腰……俱往矣，数风流人物，还看今朝！”

王火先生在临沂二十二年，一直住在一中，没有搬家。“文革”中两次被打倒，又两次被“解放”，直到1972年61军的政委刘相干预，才被正式解放。1975年，地委书记朱奇民给规定了三条，一是王火想写什么就写什么；二是想到哪里去采访都可以，差旅费报销；三是可以参加地委常委会旁听，可以阅读地委各种文件。他从一中被调到地区出版办公室四年，也是领导考虑王火需要更多的时间写东西，以及他在新闻出版界、文学艺术界有着广泛影响的缘故。

1975年毛泽东主席对《奇袭白虎团》《红云冈》十分满意，于是发出话来，责成山东再搞个“土改戏”，任务落实到临沂地委。地委组织了以副书记李福崇为组长的班子，集体创作，责成王火执笔，写成了《平鹰坟》，搬上舞台、银幕。

（原载 http://lycbzyq.blog.163.com/blog/static/3318276920137286642637）

聚焦代表作

美和真的结合　诗和史的汇聚

——《战争和人》管窥

吴　野

1938年，郁达夫在《战时的小说》一文中，曾记叙了他和郭沫若对战时文学创作的一番议论：

> 有一次，曾和郭先生谈到战争时期文学作品的种别问题。郭先生说："在这抗战时间，事实上似乎不容易产生出伟大的小说来。你看，报告文学，有煽动性的各种论文、小品、诗歌，以及宣传戏剧等在这一年里产生得很多，而大小说却还没有"。

郁达夫对此也有同感。他认为："反映着这一次民族战争的大小说，将来一定会出现，非出现不可。不过在战争未结束以前，或正在进行中的现在，却没有出现的可能。"

果然，在抗日战争以及紧随着出现的解放战争结束之后，在五六十年代，反映共产党领导的八路军、新四军和人民大众抗日事迹的优秀小说和诗歌，开始陆续出现在中国的文苑中。但是，抗日战争在国民党统治地区，特别是在国民党高层人士中引起的深刻裂变与分化，却长期成为文学创作中的一个薄弱环节。在抗日战争结束半个世纪之后，老作家王火以一百六十多万字的皇皇巨著

《战争和人》三部曲，为文坛弥补了这一缺憾。

小说的时间跨度从1937年到1946年。从黑云压城，日寇全面侵华的烈焰卷地而来，到抗日战争虽以胜利告终，但国民党掀起反共反人民内战之势已不可阻遏之时的种种情势——国际的、国内的，政治的、军事的，经济的、社会心理的、文化氛围的种种情势，淋漓尽致地呈现其中。小说的空间展开，则把战前国民党政府的首都南京、上海、苏杭、赤地千里的河南、陪都重庆以及大陆南端的香港，换言之，即把当时国民党统治区的主要部分都囊括在内。小说视野开阔，立意高远，笔意典雅，韵味苍凉，确实是一部极具时空深度的高品位的史诗型巨作。这倒不仅仅是因为毛泽东、周恩来、冯玉祥、于右任、蒋介石、汪精卫等历史人物，以及国民党的高官显贵、特务头子、高级将领、富商巨贾，直到贩夫走卒、普通士兵，纷纷在作品中出场亮相，惟妙惟肖地呈现在读者面前。也不仅仅因为孤军苦战者的悲愤，旧官场的尔虞我诈，特务的横行无忌，普通市民的沉重苦难，青年学生的报国无门，处处叩击着读者的心弦，使之震颤不已。王火这三部小说，虽然内涵深广，落笔五色杂陈，但却始终保持了一个特有的聚焦点，那便是深厚悠远的民族文化精神与抗日战争这个特殊时期的风云突变相结合，终于熔炼、浇铸出了一个历史上从来不曾有过，今后也不会再有的，集民族特色与时代精神于一身的爱国民主人士这样一个社会阶层。这是此前以抗日战争为题材的小说（不论是以共产党领导的人民军队，还是以国民党统治区军民的抗日斗争为题材的小说）都不曾认真触及过的社会层面。我想，可以说，这是王火在艺术创造上的独到之处，是《战争和人》对文学创作的独特贡献。

以抗日战争为题材的小说，长篇不少，短篇就更多了。但是，其中相当大的一部分，就是因为在艺术上缺少作者独特的发现与创造，流于对大同小异的战斗故事和英烈人物的记叙，因而经受不住岁月的淘洗，在人们的记忆与感受中逐渐变得苍白、淡漠。《战争和人》透过作者独具的人生经验与情感体验，以宏大的规模艺术地再现了那个时代，又在对被历史铸造出的新型社会力量的雕镂中，捧出了自己独特的发现与创造，应当说是当得起郭沫若、郁达夫等前辈对“大小说”的期待的。

小说基本上是按照顺时序的方式叙述，这使它具有现实主义的庄重与从容的风度。但是，作者又紧紧扣住童霜威这个人物的特殊性格与深沉复杂的内心世界，在多种截然不同的时空背景下，从各个侧面剖开他的灵魂，让他每一束神经的震颤都凸现在读者的眼前。童霜威出身世家，有留学日本的背景，在国民党高层中素有博学、正派的声誉，也一度担任有权有势的要职。而他的前妻柳苇却是一个牺牲在国民党屠刀下的铁骨铮铮的共产党员。种种因素的汇聚，使童霜威一时之间成了国民党政府、汉奸、特务、日本侵略者注视、争取、收买、羁縻的对象，成了各种政治势力冲突激荡的一个具有象征意味的焦点。这一切，并不使童霜威感到丝毫荣耀，反而把他推入了解不开、斩不断的痛苦愁烦之中。如果说，在《月落乌啼霜满天》所描写的时空环境中，他凭着一股凛然不可侵犯的正气，抵抗住了日寇、汪伪的软磨硬压，保持了民族气节；那么，在千辛万苦到达陪都以后的岁月里，他却经历了更加深刻尖锐的内在的矛盾冲突。日益深重的民族危机，国民党消极抗日积极反共的种种倒行逆施，俨然人间地狱的河南灾区，特务的猖狂恣肆，爱国青年的惨遭屠杀……所有这一切，在他的内心世界掀起一阵紧似一阵的狂涛巨浪，无情地逼迫着他去正面回答人生抉择的大问题。

可以说，整个抗战期间，童霜威一直是在痛苦地重新认识自己，认识自己生于斯长于斯的环境，寻觅着做人的立足之点。在那个时代，那样的环境里，像童霜威这种已经接近定型的人，要舍弃旧我，实现转变，做一个无愧于民族文化精神与良知的人，真是太难了。他并不是一来就清醒地选择了这样的道路。在这条道路上，他走得十分缓慢，犹豫难决，时有反复，然而，他终于走到这条路上来了，而且越来越清醒，越来越坚定。后来被称为民主人士的整整一代知识分子，就这样被沉重的人生巨锤冲压成型，被通红的历史洪炉浇铸出来了。

这是个人人生中的重要阶段，也是民族发展史的重大转折。这是诗，也是史，是心灵的历史，是煎熬灵魂的历史。

对人性在战争中千姿百态的变幻，做出了力透纸背的雕镂，是《战争和人》使人感到分量沉重的又一个原因。1944 年，茅盾在为《一个人的烦恼》一书所作的《序》中，曾这样描绘过战争时期的升沉转变百面图：

> 战争的时代，人们的善良的天性会比平时更加辉煌地发展起来，然而同时，贪婪卑劣的人欲也会比平时更加肆无忌惮，伺隙横行。一方面，有成仁赴义，视死如归的匹夫匹妇，另一方面也有借国难以自肥，刀头上欲血的城狐社鼠。好人更好更苦了，坏人更坏更乐了。但是也有幡然觉悟，在战争的烈火中烧净了污垢的，同时也有被战争的艰苦的现实所震慑，以至失却了故我，而畏葸退走的人们。

茅盾的描绘是生动而富于概括性的。但是，同《战争和人》所揭示的战时实际存在的人性百变图相比较，毕竟还只是粗略的勾勒。第二次世界大战是历史列车遇到的前所未有的大撞击、大震荡。在它的强力作用下，本来迂缓的生活节奏突然加速，本来深藏不露的人性中的种种弱点、劣质，突然以刺目的形式大曝光；本来在沉闷的生活氛围、陈旧的价值观念的重重包裹中，已经变得麻木迟钝的良知，也突然在新的强烈的刺激下复苏，痛苦地探寻着实现人生价值的道路。作品为我们展开了一幅令人触目惊心、百感交集的人性百变图。卖国求荣、风度翩翩、巧舌如簧的汪精卫，在南京大屠杀中血染沙场的童军威，毁容自残、誓不受辱的尹嫂，固守四行仓库、使人心为之振奋的谢团长和八百壮士，左右逢源的不倒翁谢元嵩，郁郁不得志的于右任、冯玉祥，阴沉的叶秋萍，卑劣的张洪池，被黑暗吞噬了的欧阳素心，好心的日本医学博士冈田，诚挚干练而终死于特务之手的冯村，手眼通天而内心空虚的陈玛荔，乃至俗不可耐的方丽清，苦命的小翠红……他们以复杂的方式交缠组合在一起，使《战争和人》成了名副其实的战争时期中国社会人性的百变图。

童霜威自然是被安置在这幅人性变象图的中心的。我们最初看到他的时候，他不过是旧官场上较为正直、较有学者风度的一员。但是，人性中的良知却面临着随波逐流、趋向麻木的危机。抗日战争的台风猛烈地搅动了几乎凝固的生活秩序，一切都被翻腾得离开了原有的位置。汪精卫的着意接纳，日本侵略者的威逼利诱，国民党中枢机构的腐败黑暗，在他的内心深处，迅速激起了未曾预料到的强烈反应。压力愈大，反弹愈强。民族文化传统在他身上的厚重积淀，在战争强光的照射下，反射出夺目的光彩。从此，他不再有轻松惬意的心情。已经被国民党杀害的前妻柳苇的身影越来越频繁地出现在他的脑海里，出现在他对现实的思考之中。从南京到香港再到上海，是一腔民族正气支撑他抗住了日寇汪伪的千钧压力。从上海到重庆，经过江津蛰居再重返重庆，他的灵魂在痛苦的炼狱中走过了一段漫长的苦难历程。他完成了自我的人格重构，他完成了人生价值取向的选择。他越来越清醒、越来越坚定地把个人的命运、自我的价值同民族的未来焊接在一起，而置生死、荣辱、得失于度外。童霜威性格的曲折发展历程，揭示了民族演变中的一个复杂过程：人性在战争中得到升华，战争与民族文化精神的交汇，为中华民族铸造了一代新人。

在郁达夫和郭沫若谈论战时无法产生大小说的问题时，他们认为原因之一，就是战时生活十分紧张，“非但作者没有了推敲的余裕，就是读者也没有焚香静坐，细读一部平面大小说的闲暇”。现在，从表面看来，似乎无论作者还是读者，都不再存在这方面的问题了。但是，仔细想来却也未必。就作者而言，除了必须具有丰富的人生阅历、独到的人生体验外，还特别需要顽强的毅力。可以想见，完成这一百六十多万字的著作，决非轻而易举之事，何况王火还因助人致伤，左眼几乎失明，在这种状态下坚持写作，他所表现出的顽强与坚韧，真可说是达到了令人惊讶的程度。就读者方面说，除了需要有读完这三部砖头似的巨著的时间以外，还要有能理解因而也才能欣赏、能领会这部作品内涵韵味的文化素质。读者要选择读物，作品也要选择读者。认真地读一读这部作品，对于青年读者是极为有益的。他们不仅会因此而更深入地理解历史，也会因此而更深入地理解现实；不仅会增进社会与人生的知识，使自己的情操得到陶冶提高，而且会在它的帮助下，养成健全的审美趣味，帮助心灵的健康发展。我相信，会有许多青年读者爱上这部作品的，因为它是美和真的结合，是从人生深处提炼出的诗和史的汇聚。

（原载《当代文坛》1992 年第 6 期）

史和诗的一体化

——评王火长篇小说《战争和人》

冯宪光

我一口气读完王火的三部曲长篇小说《战争和人》，觉得这是一部长篇小说的典范之作，从文体角度而论，似乎长篇小说就应当具备像《战争和人》一样的文体特征。在《战争和人》这样的艺术成功之作面前，似乎什么是小说、什么是长篇小说的理论争辩，都可以在实践的鲜活经验和无情检验中，得到一个可靠的结论。

《战争和人》以对中国抗日战争时期国统区、沦陷区社会生活的广阔、绚丽的描绘，深刻地揭示和概括了一个历史时期的社会面貌，成就了一部史诗。评论界常有人把史诗用作对一部长篇小说艺术成就的描述性、形容性的评价语言，其实从文体形态学上说，长篇小说，特别是几大部的连续长篇小说就应当是史诗，是新时代的史诗，是现实的社会生活和历史的社会生活的史诗，应当具有史诗的风貌和品格①。王火在《战争和人》第二部的后记中说："不管它像不像史诗，我却不妄自菲薄地有这样的创作意图。"作者始终毫不动摇地把他的长篇小说当作史诗来写，我认为这是《战争和人》成功的一个重要契机。这表明王火准确地把握住了长篇小说的文体特征和艺术规律，他把前半生积累

① 此处沿用卢卡契的说法。青年卢卡契在《小说理论》中说："小说是现在时代的史诗。"最早把小说视为史诗的是18世纪英国作家菲尔丁，他说小说是"散文体的滑稽史诗"。

起来的生活和艺术修养、功力，全都施展在《战争与人》的创作中。这样，在那里开放出动人的艺术之花就是顺理成章的了。

史诗是史，又是诗，是史和诗的一体化。把长篇小说作为史诗来写，首先面临的是对史（社会生活：战争和人）的艺术处理。这是实现史和诗的一体化的首要步骤。史诗是对社会生活整体的全景式的包摄和接纳，它应当将史上升到一个恢宏、壮阔的诗意境界。应当说《战争和人》对史的艺术处理是成功的。长篇小说作为一种文本形式，叙事结构是艺术运作的关键一环，在一般小说中叙事结构可以单纯是人物性格成长、发展的轨迹，但在史诗性的长篇小说中除了考虑人物性格塑造因素以外，重要的是展开时间和空间的结构，在时间和空间的构架上铺开社会和人的景观。《战争和人》以主人公童霜威、童家霆父子在抗战全过程中的漂泊行踪为结构线，拓展出了一个抗日战争时期的全景式的时空结构。从描绘的时间看，全书囊括了从 1936 年 12 月西安事变到 1946 年 3 月抗战胜利、全面内战爆发前夕的抗战全过程，在展示的空间上，则几乎包括了除东北沦陷区、华北解放区、敌占区之外的大半个中国。这种全景式的时空结构在意义蕴涵上有史的效应，也为人物的描绘设置了一个放眼神州、俯仰古今的宏大背景，使读者感受到作者拥有强烈的史诗意识，作品具有突出的史诗结构和鲜明的史诗风格。

当然，20 世纪的长篇小说毕竟不能等同于远古时代的《伊里亚特》《奥德修纪》《格萨尔王》那样的古代史诗。当代长篇小说不能专注于一个或几个天神和英雄的描绘而忽略正在从事创造历史活动的芸芸众生。现代生活的发展使长篇小说作为现代史诗，选择了现实生活中的家庭和个人作为主角，诗意地显现日常生活的喜怒哀乐，但是这样的日常生活的风俗史、社会史在长篇小说中仍然要达到远古史诗的辉煌、壮丽的审美境界，这就需要史和诗在现代意义上的契合。这就是主人公一己的情感、心理意识要达到民族整体意识的高度，甚至与人类的情感和心理意识有勾连相通的孔道。这是长篇小说达到现代史诗高度的重要尺度之一。如果说全景式的时空结构是史与诗一体化的外在形式，那么这就是史与诗一体化的内在契机。按这个思路来审视《战争和人》，它也无疑具有高度的史诗审美品格。

抗日战争是一场全民族抗击日寇侵略的战争。作品对童霜威作为一个中国人所受战乱之苦进行了深度刻画，这个国民党政府的高官在受日寇、汉奸、特务迫害的方式和程度上，与普通百姓是不相同的，但是他的灾难同样是那一时代民族的灾难。而且，王火让这个具有“己所不欲，勿施于人”的儒家仁义信念的人，去目睹侵略者给国家和人民造成的灾祸，不时发出对下层人民苦难的悲悯和愤懑，真切地表达出了那个时代全民族的共同心声。童霜威个人的苦难与民族的浩劫的根源是双重的，有日本法西斯的肆虐，亦有国民党政权的腐败。童霜威对二者的愤恨，促使他走上一条追求光明、向往中国富强、民主的道路。理想是心理意识的最高层次。童霜威对这一理想真诚的追求，又是同全民族的历史选择相契合的，是符合历史发展的客观规律的。而中国的抗日战争是世界反法西斯战争的组成部分，《战争和人》在童霜威身上表现的真情实感，不仅升华到民族情感心理的高度，而且通向全人类的情感心理，这就达到了史和诗的结合。

在长篇小说的创作中，要实现史和诗的一体化，最基本的要求是全景式的时空结构（全景式可以是显性的，也可以是隐性的）和人物个人情感心理与民族、人类情感心理的耦合，二者在外在形式和内在契机上的统一，在合乎历史规律和人性发展目标上的统一。我认为王火在创作《战争和人》时，创作思想是明确的（这可以从全书扉页卷首语，各卷开始录引的创作手记中看出），创作态度是严谨的，作家始终如一地按着上述两个基本要求进行艺术操作，就使作品顺利地进入了史诗的轨道。

以上分析的两条，可以说是一般史诗式的长篇小说都应该达到的基本要求。但是这又不能成为刻板的公式，任何作家要成功地实现这些要求，又必然有自己独特的艺术创造。王火是一位有丰富新闻工作经验的作家，这种经验融入了他的艺术个性，使他在作品中对再现历史有严格的追求。全书各卷都有本卷描写叙事的起讫时间的说明，这在一般作品中是少见的。而且书中的具体事态细节的许多描述都实有所据。然而王火的艺术成就不止于对史的细腻、准确的把握，而在于史和诗的一体化结合。再现历史的细腻描绘为了不落入琐屑的自然主义的记事，就必须同时强化作品的诗意升华。王火艺术创造的独特性就在于此，他把再现历史的严格要求同诗意的创造、拓展很好地结合在一起，在历史风貌的细腻描绘的同时，运用各种艺术手段去创造一个诗意的人生境界、人生图景。这使读者感到，这是史，又是诗。

王火对诗意的艺术追求随处可见。《战争和人》三部曲的每一部都以一句唐诗名句为书名："月落乌啼霜满天"、"山在虚无缥缈间"、"枫叶荻花秋瑟瑟"。这在当代长篇小说创作中是仅见的。这标题的诗句在各部小说中大体上有两大作用：一是把这句诗作为本部小说情节的一个点或一条线，一是以这句诗的意境勾勒出主人公身处时代环境的总体历史氛围。这就是一种史和诗的结合。第一部的标题出自唐人张继七言绝句《枫桥夜泊》："月落乌啼霜满天，江枫渔火对愁眠。姑苏城外寒山寺，夜半钟声到客船。"这首诗点出了两个有名的地方：一是枫桥镇，一是寒山寺。前者是童家霆的生母柳苇的故里，后者是后来童霜威被日伪软禁的处所。这两个地方都在童霜威的心路历程中留下了不灭的印迹。漆黑夜晚，乌鸦啼鸣，霜色浓重，寒气逼人，古诗的意境与人物命运纠结在一起，正好是第一部描绘的日寇侵华气焰嚣张，国民党政府消极抗日，大片国土沦入敌手的黑暗现实的诗意象征。第二部的标题出自唐代著名诗人白居易的《长恨歌》："忽闻海上有仙山，山在虚无缥缈间。"小说中童家霆的恋人欧阳素心作了一幅画，画面上云雾飘浮波动，高山似隐似现，欧阳素心给这幅画取的画名正是"山在虚无缥缈间"。这是情节的一个点。但它却既表现了欧阳素心的热情与悲观相间参半的复杂内心世界，同时又表征了那一时期国统区人民抗日情绪高涨，但在国民党腐败统治下不能得到幸福的痛苦的历史心态。

第三部的题目出自白居易《琵琶行》的首句："浔阳江头夜送客，枫叶荻花秋瑟瑟。"作品中这句诗是共产党地下组织秘密联络的暗号，童家霆使用冯村临终前交代的这个暗号，找到了柳忠华舅舅，同珊珊大姐接头，登上了新生的政治生命的航船。而这句诗所呈现的在雪白荻花映衬下枫叶的一片火红，既是童霜威父子追求光明和进步的写照，又是那一时代将出现新的巨大历史车架和中国将走向新的未来的象征。三部书的标题如是，整部《战争和人》都充盈着浓郁诗意的特色便可见一斑。

在诗意的营造中，王火给予了主人公童霜威有吟咏古人诗词、自己作诗填词的禀赋和个性。这当然是人物塑造的一种手段。作为当年涉足政界的高级知识分子，具有丰厚的古典文化修养，不时借诗言志，排遣愁绪忧思，是合乎情理的。每当这个人物的情感波涛达到峰巅时，王火总是一而再、再而三地让他借古人之酒杯去浇胸中之块垒，人物当时的思绪和个性心理就在古典诗歌的字里行间浮现出来。王火运用这一手段无疑在历史的叙事中增添了诗意效果。我认为它还有一种与古典诗文写作中使用典故类同的艺术效果。中国古诗文喜好用典，典故实际上是一种特定的语义联想。传诵至今的名篇佳作，其中的特定的意象、题材、主题、人物，乃至词语，在今天都有了典故的意义和地位。《战争和人》让童霜威在特定情境吟咏起古人诗词，往往会使读者联想起一大群历史作品意象，生发出千古兴亡、人世沧桑的几多感慨。这强化了作家的情感抒发，使童霜威这一人物的命运、情怀具有更博大、更深远的时空意义，具有更丰富的人生、历史意蕴。

童霜威被软禁在寒山寺时，常读《离骚》，并吟诵起元末诗人倪瓒的一首诗："秋风兰蕙化为茅，南国凄凉气已消。只有所南心不改，泪泉和墨写《离骚》。"屈原和倪瓒的忧国忧民、矢志不渝，"虽九死其犹未悔"的气节，已经成了童霜威高尚情操的内涵。此时流贯古今的仁人志士的民族气节和对国家的忠贞，都成了对日本侵略者和汉奸卖国贼的轻蔑，在拥有这种民族精神的人民面前，他们是注定要灭亡的。

当然，童家霆也是喜好吟诵诗歌的，他吟咏的是雪莱，作家赋予这个青年以火一样的热情，借吟咏雪莱诗歌以表达他对纯真爱情和美好人生的苦苦追求。作品把人物的命运遭遇与对文学名篇的吟诵交织在一起，就给历史和人生灌注进无尽的诗意。

小说的诗意还来自对人物虚实相生的描写。对有的人物进行虚写，对有的人物的一段经历虚写，调动读者的联想和想象去感受和体验人物的生存状况，使作品韵味十足。王火对柳苇这个人物就作了总体上的虚写，在作者叙述时期内她早已不在人世，她存活在童霜威的回忆和童家霆的怀念之中。往事如烟，这种回忆和怀念都是断片的，但是由于对她的忆念往往都是在童氏父子面临重要人生抉择时发生的，她自然成了一个重要角色。又由于读者在作品中几乎找不到柳苇的一个完整故事，她也自然活跃在读者的想象之中。童霜威对柳苇的主观感受是："她纯洁得像一片雪花，像一泓清泉，一片芳草，是气质美和形象美的统一，和谐、秀丽，在俯仰顾盼、一笑一动之间，都似乎洋溢着芬芳、素雅、清新的气息。”这些连同那一双明亮、倔强的大眼睛，都随时激活着读者的想象。在读者的心目中，她是纯洁、执着、刚毅的美和崇高的化身。由于虚写了柳苇，就在国统区的乌烟瘴气的历史氛围中，多了几分明亮和温馨。柳苇的空灵身影与童氏父子的厚重刻画相伴，虚写与实写相辅相成，构成了和谐的艺术境界。

中国画讲究知白守黑。小说中的虚写就是空白。空白不是空无，它与实写相配，鼓荡着诗意的华彩。那不是一时流行的那种令读者茫然惶惑的朦胧，而是尽在无言之中的余韵，读者不难意会个中滋味。如写童家霆离开上海之后，欧阳素心下落不明，后来又突然出现在重庆。她在上海沦陷、流落香港之后遭遇如何，为何又到了重庆，怎么落入军统之手？所有这些，作家都没有去实写，而给读者留下了巨大的空白和疑问。这样的空白在艺术上是有相当力度的。作品已经集中笔墨描绘过南京大屠杀、七十六号特工总部和叶秋萍、张洪池一类国民党特务的凶残、阴险，在这种情况下不去实写一个柔弱女子如何落入他们的魔爪，这样处理是很高明的。这不会造成阅读的困惑和误解，而是留下了艺术的空白和悬念。而且，王火有一种对美的保护和偏爱，他似乎不愿意正面铺展像欧阳素心那样纯情美丽的少女毁灭的过程，也不愿意让读者去责难童家霆对这位身陷绝境的少女的痴情不改。在这种情况下，只有在这里留下一段空白，让重庆弥天的浓雾把它掩盖起来，才能收到这样的阅读效果。

小说的景物描写也是诗意盎然的，写下的景物几乎都是用人物的主观视角去感受、观察的结果，颇有情景交融的意趣。童霜威在缙云寺住留的当晚，“夜晚有月亮。月亮像天上一盏孤独的路灯。可以想见，清爽的月色洒进了林丛，飘洒在苍郁的山峦间有多么美丽。寺院里的树影又映在纸窗上了，同在寒山寺的情况相仿，月色无声地溶解着人生的苦乐。”像这样的景物描写，作品中比比皆是，它是史，也是诗。

王火的长篇小说《战争和人》以高度的水平，达到了史和诗的一体化结合，为我国当代长篇小说的创作提供了新的经验，应当引起文学界的高度重视。

（原载《当代文坛》1992 年第 6 期）

历史的来路与去路

——读《枫叶荻花秋瑟瑟》

滕　云

人民文学出版社新近出版的《枫叶荻花秋瑟瑟》，是王火同志以抗日战争为背景的系列长篇小说《战争和人》的第三部，也是最后一部。前两部是《月落乌啼霜满天》（1987 年）和《山在虚无缥缈间》（1989 年），都曾获得好评。顾名思义，作者创作这部系列长篇，着想的是“战争和人”。他用历史唯物主义观点观照战争与和平，观照抗日战争时期中国的现实与命运。他用现实主义方法描写战争与人，描写抗日战争时期各色各样的中国人的生与死、爱与恨、美与丑、善与恶，描写他们在时代大潮中的浮沉与归趋。作品的构思是宏大的，至今在当代文学中，力图在历史规模上把握抗战八年的小说创作尚不多。作者笔力，也雄健而有韵致。全书总题《战争和人》，虚化了抗日战争的时空特指性，则可见出作者寄寓着对题材的哲理超越意图。

但我愿意从“历史和人”的角度看待这“战争和人”系列。我觉得作品情节和主题诚然体现了战争和人的关系，但毕竟主要做的是抗日战争时期的“人”的文章，它不是战争题材文学，而是抗战历史题材文学。作品实际内容如此，而我又想就作品谈些关于历史文学创作的意见，所以我这篇文章题为《历史的来路与去路》。

《枫叶荻花秋瑟瑟》作所描写的是抗战的终局，也是系列长篇中历史对人的选择与人对历史的选择的终局。主人公童霜威作为国民党高级官吏，作为法学界高级知识分子，在宦途和人生之路上，经过长时期的苦闷、徘徊、挣扎、摸索，终于在抗战后期中国向何处去、个人向何处去的历史与人生十字路口，选择了自己的方向，由一名国民党中间派，向左派转变。作品在对他从彷徨走向坚定、从暗夜走向黎明、从昨天经过今天走向明天的描述中，体现了自历史来路求索历史去路的构思。这样的构思及其完成，是既有现实意义——中国人民对民主中国、社会主义中国的选择是历史的选择，又有文学意义的——我们的文学理应充分地、多样地展示这一时代主题。

在这部小说中，作者写童霜威，注意了遵循“心灵辩证法”。“心灵辩证法”原本是车尔尼雪夫斯基评价托尔斯泰创作的用语。文学写人如果能体现心灵辩证法那就不是一般的成就，而是很高乃至极高的成就了。

无可讳言，在创作构思中，作者对童霜威的向左转，是早有“预谋”的。但除了在童与亡妻、革命烈士柳苇关系的描写上，以及在童与妻弟、地下党员柳忠华关系的描写上，留有些许作者要牵着人物向左转的痕迹外，作者是放手让人物在矛盾运动中自主行动的。作者以现实主义的描写，显示了“人是社会关系的总和”的真谛，体现了时代、生活、境遇对人的铸型力和改型力，尤其是体现了人在对环境的排拒与顺应的矛盾运动中自我形象的自生力与自新力——环境对人的改造必须通过具体自身的性格逻辑、心理机制才能实现。童霜威从国民党中间偏右派，到中间派，到中间偏左，到左派，既是时代、生活、际遇使然，也显示着人物性格内在逻辑制约人物自身的力量。在《枫叶荻花秋瑟瑟》里，这个人物已转向中间偏左，并最终转向国民党左派立场。这过程也是渐进的，作者一如既往地斟酌着分寸感，注意写出人物政治意识和行为的“转型”，与人物性格逻辑和心理机制的“本型”二者之间的相关性、协调性和辩证统一。这表明了作者对人物心灵辩证法的尊重。

可以从四个方面对此作些阐释。首先，作者不但着笔于人物的政治态度，还着笔于人物的人生态度，并写出人物的政治态度与人生态度的辩证统一。由于童霜威开始偏左，于是国民党左派重要人物之一程涛声有意识地与童接触，为的是做童的工作。童也由衷希望与程交谈，以便在政治苦闷中找到一条出路。在忧国忧民、不满蒋介石独裁统治上，他们谈得很投契。但当程把自己的政治态度表达得那么坦率、大胆，童反而犹豫了。童在漫长坎坷的政治生涯中，阅历过形形色色的政治人物，吃亏上当多了，政治经验与人生经验都提醒他："对人岂能不提防一些！"政治态度上他认同左派，而饱经沧桑不乏世故的人生态度，却使他在这种认同上表现得犹犹豫豫。随着情节的进展，我们继续看到人生态度对他的政治态度的制约，又看到政治态度对他的人生态度的改造，于是人物就在积极的前行的政治态度与时或积极时或消极的人生态度的相互制约相互改造中，艰难地蜕变。

其次，作者不但着笔于人物的政治个性，还着笔于人物的气质个性，并写出人物政治个性与气质个性的辩证统一。童既是高官，又是高级知识分子。厕身官场时，他那知识分子洁身自好的习性，曾经被官场习气屏蔽。后来在家赋闲，与宦海若即若离，他那耿介、清高、谨慎、重人格、重道义的气性，就更多地表现出来。中共与国民党重庆谈判期间，他接触过毛泽东、周恩来，他完全是从个人品格去接受中共领袖的政治品格，并进而接受中共政治见解的。这正是童的气质个性对他的政治选择起了积极作用。当然，童之所以能接受中共领袖的政治人格，也和他对中共政治有了较客观的认识有关。有些时候，童的气质个性又对他的政治选择起某种阻滞作用。例如他与冯玉祥交谈，很欣赏冯明朗爽直的做人品格，因而他对冯敦促自己参与"联合一切不满现状的国民党人共同奋斗"的活动怀着感激；但童那优柔寡断而孤离的心理个性，又使他止步不前。对童来说，气质个性是形成他政治个性的重要因素，政治个性是他气质个性在政治上的反映，二者相互依存相互牵制，这就决定了童的转型之路比常人迂曲得多。

第三，作者既着笔于人物的政治心理，也着笔于人物的文化心理，并写出人物政治心理与文化心理的辩证统一。童作为政治性文化人，或文化性政治人，在他政治转型过程中，有政治心理的作用，还有文化心理的作用。儒家的积极入世、经世致用与功利态度，以及个人立身处世的哲学，佛家道家的超脱、避世、守静、无为，在他身上都有表现。这些相互对立又相互补偿的文化心理，或与他的政治心理相浑融，或与他的政治心理相离析。我们在他与共产党人的关系上，与儿子童家霆的关系上，与国民党内左、中、右人物的关系上，都能看到他那政治－文化二元心理的影响。一方面，复杂文化心理会影响他的政治态度，另一方面，政治倾向也作用于他的文化心理。譬如，童二上缙云寺劝说抗日将领遗孀卢婉秋，他那两番既讲佛陀又讲救世的抗战禅说，就既深入佛理，又充满忧国忧民与积极入世的热诚。这里就有进步的政治倾向对佛学文化心理的统驭。总之，由政治－文化二元心理所限定，童的政治方向和政治行为的选择必然有更多的复杂与曲折。

最后，作者笔下的童霜威身上，还体现着政治行为与老年心态的辩证关系。童的趋于“左倾”有两个层面，一是政治认识层面，一是政治行为层面。对他来说，前一层面的转型已很不容易，而后一层面的转型就更为困难。之所以如此，除了人生态度、气质个性、文化心理因素的制约外，还有青年心态的制约。正如他时常感喟的：“曾经沧海难为水”，“江湖越老越寒心”。即使已取得明确的政治认识，在采取政治行动时他也总要瞻前顾后，他告诫自己：“不能也不该像个毛头小伙子那样去横冲直撞。”但他又并不完全自甘于、自足于暮年心态，他尊敬并喜欢黄炎培那样的革命老人，羡慕“他这老年人很有点青年人的朝气”。从一个方面说，由于上了年岁，他在政治上择定一条新路，时常受旧的政治、人事关系以及临事多虑的老年心态的羁绊，从另一个方面说，正因为深思熟虑，上了年岁的人的政治选择又更成熟和坚定，从第三个方面说，政治上的新生也必然伴随着对老年心态的突破和新的心态的产生。这就是在童身上表现出来的政治行为与老年心态的辩证关系。

是的，人的本质在其现实性上的确是一切社会关系的总和。而人的个性及其发展，则只能是四维空间里，人的全部外在生活与心灵生活的整合。作者描写童霜威的笔墨，涉及童的政治态度与人生态度、政治个性与气质个性、政治意识与文化意识、政治行为与老年心态的矛盾运动，这些，并不足以囊括人物在实际生活中所处一切社会关系的总和，并不足以囊括人物内外生活整合的全部，但对于“这一个”人物，却可说是最基本、最主要、最有特征性的一些方面及其整合了吧。基于此，我以为，在童霜威形象塑造上，作者抓住了、体现了心灵辩证法。

在长篇小说艺术结构里，为主要人物提供展示心灵矛盾运动的客观条件最优越，因为他（她）可以占有作品主要篇幅，而篇幅的大小通常就意味着心灵活动时空舞台的大小。但这只是客观可能性，从可能性变为现实性还要有作者主观条件。篇幅再大，舞台再大，如果作者没有把握人物心灵辩证法的识见，没有艺术表现的功力，如果作者以自己的预谋约束人物，以自己的意图牵制人物，那么，角色也不能在舞台上存活。

无论如何，童霜威作为贯串《战争和人》系列小说的中心人物，其心灵整体得以呈示的主客观条件都具备，这个人物的成功塑造也就顺理成章了。

那么，在作品中占篇幅不大的次要人物，有没有体现心灵辩证法的机会和条件呢？有。从理论上讲，人的生命长河的每一瞬间，都是一个原点，包蕴着生命的全部奥义。当然，在实际生活中，在人们的感知里，某一个体的一言一行与另一言另一行之间，所具有的生命本质（包括性格、心理等）的含量，却可能是不等值的。这样，在艺术创作上，作家能否发现、择取、写出那些最富集人物心灵整体性的方面与瞬间，就十分重要了。有些作品，作者有心栽花花不发，主要人物费了大量篇幅未必写得活，却“无意”插柳柳成荫，次要人物所占篇幅不大反而栩栩如生，就因为作者于“无意”间——于作者主观意志未强行介入间，触动了人物生命本体和心灵整体性之弦，尽管是三笔两笔的勾勒、点染，却让读者一下子感受到了人物生命的独特性。对人物来说，这一瞬间就是他的永恒。

《枫叶荻花秋瑟瑟》中，某些次要人物确实是在瞬间获得永恒的。譬如燕翘，是个次要人物，这个人物抓住读者的不是作品对他的过场性描写，而是下述他两段对话，于不经意间让读者窥见了这个正直的老同盟会员、中间偏右派老国民党人的人格心灵与政治魂魄。他说：“我并不欣赏共产党！但大敌当前兄弟阋墙，实在糟糕！对国民党，我领教得够了：物必自腐然后人侮之。国民党现在自己不争气，又不思上进，非垮不可！……但我自己，这一辈子是做定国民党人了！我不愿做打倒国民党的事，骂国民党我是要它好而不是为了推翻它。”“我已经老了，但血还是滚烫的！我是老同盟会员，老国民党人，当年愿意抛头颅洒热血，并不是为了一己的私利，而是为了民众。今天我也是这个态度，任它是谁，谁能使中国富强，不受列强欺辱，谁能使中国国泰民安，我就应该赞成它，谁不如此，我就应该反对它！但我到底又是老国民党人，不能不受党纪约束，这就使我常常心中痛苦了。”他不反共，甚至赞成共产党的某些主张（例如坚持抗战），但整体上他并不欣赏共产党。他骂国民党，是恨铁不成钢。他反对国民党的腐败和反民主，但他不愿做打倒国民党的事，他明知这个党非垮不可，却还要做它的孤臣孽子。他的自白中充满政治信仰与人格操守、政治立场与政治态度、政治理性与情感倾向的矛盾与统一，充满心灵辩证法。这是灵魂的自白！我们读者自然不会认同他的党派立场，但他的自白却赢得了读者的理解和尊重，人物也因此而站起来了。

否定性人物也有他（她）的心灵性，他（她）的心灵也有整体性。这是人们容易忽视的，但本书作者没有忽视。且看陈玛荔。这是个在国民党高层政治圈以及社交圈里相当活跃的年轻女性。她留学美国归来，有一身洋脾气可也有教养，能熟诵英文诗。她是CC派大将的少夫人，却不同于花瓶式的官太太，她有独立于丈夫的人格。她是宋美龄的亲信，她的显贵又并不仅仅依仗与“第一夫人”的私谊，她有政治才干，手握国民党新闻检查、图书杂志审查实权。她从骨子里透出反共“党气”，却又洋溢着女性魅力，可说是个仕女型权贵。就是这么一个人，对进步的青年记者童家霆产生了“过分亲昵和暧昧得难以说清”的情感。这个人物的独特性，她让读者记住的，正是这个地方。

为机械论所缚的作者是不会这么写的：国民党女党徒怎会喜爱进步青年？“新潮”作者可以这么写，却会在性与生命本能上做文章。本书作者创造了这个人物，写出的则是心灵辩证法。书中陈玛荔对童家霆的态度，的确亲昵、暧昧，而且不无挑逗成分，但并不轻薄、俗滥，而符合人物的身份、教养。家霆的出众才华、倜傥风度、良好教养容易吸引这个受过美国文化熏陶的年轻女性，这很自然。何况家霆英俊的仪容，引起了她对自己年轻时的恋人的思忆，她也就更珍惜对家霆的这份情感。她固然是个政治化了的人物，然而她也有自己纯女性的情感，有情感失落的忧伤，她在与家霆的私人接触中是尽量淡化政治的，然而政治还是虽“淡”却“化”入了她的情感。因此，她有时在政治上拉拢家霆，但许多时候，她情感的投入暂时压过政治的计算，这又使她对家霆的“左倾”表现了女性的温婉与宽容。总的说来，陈玛荔是将她固有的党派立场、政治功利意识带进了她与家霆的关系中的，却没有淹没她那个性化的女性情感。作者很好地把握了人物政治情感与女性情感的辩证统一。这正是作者对心灵辩证法的把握。在这种把握中，作者写出了人物（哪怕她是否定性人物）的心灵整体性。这样的人物形象，是圆凸的，不是扁平的，是现实主义的，不是模式化、脸谱化的也不是抽象的“人”的形象。

也应当指出，作者在《枫叶荻花秋瑟瑟》中，并不是对一切人物都把握住了心灵辩证法的。譬如共产党人柳忠华，就写得不太成功。柳忠华是童霜威的妻弟，家霆的舅舅。作者赋予这个人物的角色使命，是充当童霜威、家霆父子的政治指路人。这本来也无不可，但作者过分强调人物的角色使命，反而忽略了人物的自我存在。在作品中，忠华总是应作者之命而出，负指路人使命而出。读者对他的使命性看得很清楚，却看不到他的心灵性，看不到他生命的血色。应该说，这个人物多少有点概念化了。

话又说回来，一部长篇小说，众多人物出场，都要求写出各人心象，也许是不可能也不尽合理的吧。车尔尼雪夫斯基评赞托尔斯泰创作深通心灵辩证法，也是就总体而言。对于一位作家，有此目标，在一部作品的主要人物和若干次要人物的塑造上，接近这目标，也就是成功的创作了。《枫叶荻花秋瑟瑟》是当得此誉的。

在历史题材的创作中，现实与历史的对立统一，心灵辩证法与历史辩证法的对立统一也是不可忽视的。童霜威形象在相当程度上体现了心灵运动与历史运功的辩证统一。经过漫长的政治蹉跎、人生挫折，经过反复的出路何在的惶惑，经过知不易行更难的游移，他终于走出个人的天地，把自己从旧的政治关系、社会关系、人际关系中超拔出来，转而与共产党人、与国民党左派人士接触；并且使这种接触从被动接受转向主动择定；又从友朋之间的个人接触，转为个人与中共人物、国民党内外民主人士的群体性或团体性接触；又从个人之间的交谈进到在大学讲坛上、在左派聚会中谈史论政；最后还参加了国民党左派的联合组织——中国国民党民主同志联合会、三民主义同志联合会，将个人的政治行为纳入有组织的政治行为，将个人的政治活动纳入了政党、政团的政治活动。

虽然反映现代史上中国民主党派的产生、发展不是作者写作这部小说的初衷和主旨，但实际上，小说对童霜威从一个国民党中间偏右派向左派转变历程的描写，却已从一个侧面涉及了这一历史过程。当初，“左倾”国民党人程涛声组织“民主同志座谈会”，邀请童参加，而童出于谨慎，以“我当一个拥护者吧”婉辞。后来，客观情势与主观认识的变化，使童再也难以蜗居斗室闭门著书了，他主动去参加了“民主宪政促进会”的成立大会，与闻了“中国民主政团同盟”（即“中国民主同盟”前身）产生的经过，他既佩服这些人的勇气，又为自己觉悟太迟行动太缓而自责。这时候一些国民党内爱国民主人士正在筹建“中国国民党民主同志联合会”，虽说他身上还有明哲保身态度的残余，但已不回避与有组织的左派人士的关系了。他感到，世道、人心都在变，向求进步、争光明的方向变。童的心胸，也就这样变了。最后，他终于加入到国民党左派的队伍中。为找到这条路，他竟上下求索、蹒蹒跚跚地走了十四年！

在历史、时代、现实生活的推动下，这些本来未必自觉的人们，这些本来只是作为个人而分散行动的人们，由于有大致共同的历史背景和追求目标，于是联合起来，结为民主社团、民主党派组织，构成一股民主政治力量，既作为个人也作为群体，投入了中国共产党领导下的人民大众为争取建立民主的新中国而奋斗的洪流中。在他们中间，童霜威不是个前驱者，但他是个及时赶上来了的追随者。通过他，我们看到了这个人群既为客观的情势所推动，又与主观的追求相适应的心灵运动及历史运动的轨迹。这是心灵辩证法与历史辩证法有分（就个体和局部言）也有合（就整体和全局言）的运行轨迹。

心灵辩证法与历史辩证法的分分合合，在不同人身上有不同轨迹。童霜威与童家霆父子就是这样。父亲是年老一辈政治转轨之迹，儿子则是年轻一代政治上轨之迹；父亲是政治上的转型，儿子是政治上的成长；父亲的转向是弃旧图新，儿子的择向是日新又新；父亲时时反顾，儿子一往无前；父亲以理性的认知为前导，伴随着灵魂的自剖；儿子是从幼稚到成熟，是全身心向新世界的追求。父亲仍然有私人情感的起伏（与方丽清的离弃，与卢婉秋的接触），但更多的是政治情感的波折；儿子经历的情感波澜却比政治历练丰富，而他的情感选择又和他的政治选择十分紧密地胶着在一起。小说结尾，父亲加入民主党派，在晚年获得政治上的新生；儿子则加入共产党，在风华正茂时获得新的政治生命。他们完成了心灵辩证运动与历史辩证运动相错、相重的一段轨迹。父子两代人为一种新的信仰和追求所促使，从不同的起点出发，经过不同的途径，走上了历史择定的同一条新路。

历史选择的路虽然不是坦途，但历史的发展最终是使人乐观的。心灵的路就不一样了，坎坷顺直与否且不说，那路上就既耸起华表，又布满更多的墓碑——有的令人敬仰，有的逗人怀思，有的遗人唾骂，许许多多无名墓碑则让人淡忘。在《枫叶荻花秋瑟瑟》的人物世界中，各色人等的命运里，欧阳素心的终局是既奇特又平常，使人久久萦怀的。这个人物包含着在特定的历史时代里美丽被玷污，善良被扼杀，真诚被扭曲的一个谜，这个人物从世界上悲惨地消失就是谜底。她是作品的一个悬念也是“战争和人”主题的一种注解。欧阳素心曾经像一颗晶莹的星星照亮过童家霆和读者的心宇，却终于在沉沉夜色中陨落了。一个如此纯情的女孩了，为何竟陷入特务机关的魔掌？然而这就是时代，就是生活。她的陨落并不只是使人凄清，还使人愤怒——这是不合理的人世和历史的黑暗一页的一个人证。她留下的不只是某种挽歌的余韵，还有明亮劲拔的音律振起——为灵魂先于躯体被黑暗势力吞噬的欧阳素心送行的，是共产党人银娣和即将加入共产党人行列的家霆，他们身后还有许许多多前进的人们，与其说他们是向一个使人同情的柔弱女孩子告别，不如说他们在向一个没有公道的时代告别。他们心中燃烧着前行的火炬，他们头上照耀着未来历史之光。这就使《枫叶荻花秋瑟瑟》中欧阳的故事，不同于茅盾名作《蚀》的故事。欧阳的那颗“素心”，也是和心灵与历史的辩证运动应答着的。

作品中那个比欧阳素心有着更光明前途的少女燕寅儿，引述过一句哲言：“人都是为发现而航行的探寻者。”对所有投身历史前进洪流的人来说，更是如此。这样的人即使历经磨难，却是有福了。他们都将探寻到个人心灵发展与历史运行之间的通道，并从这种发现中获得一次次的新生。

青山难免有云封雾锁时，但历史这座青山，人这座青山，毕竟不是属于虚无缥缈的，它是现实的，顶天立地长存在世间。

小说的最后，记有童家霆的一段思索，它的主要内容是：人选择什么样的路，向何处走，怎么走，既是他自己可以决定的，又不全是自己能决定的，历史从来不容许人停步不前！回顾过去，对了解今天，揣测今后，是有益的，正所谓“以古为鉴，可知兴替；以人为鉴，可明得失”。这史鉴与人鉴的关系，就是心灵辩证法与历史辩证法的关系，就是历史的来路与历史的去路的关系。对于一个人如此，对于家国亦如此。而文学，包括历史题材文学与现实题材文学，能进入了这样的层面，能给人以这样的启示，那就很可观了。

（原载《当代文坛》1992 年第 6 期）

未想发表的三篇读稿意见

——关于王火的长篇三部曲《战争和人》

王笠耘

《四川作家通讯》编者按：

作家的心血结晶的最初读者和评论者是出版社、文学期刊的编辑。但编辑披阅作家作品手稿时的评析亦即审读意见，似乎很少公之于世。其实，这也应该称作文学评论——以一种特殊的角度、特殊的方式剖析作品的评论，它或许少些专门评论家文章常有的理论色彩，却因其更注重作品的谋篇布局乃至具体操作的得失，而另具特色。以故，我们特地向王笠耘同志索来他审读王火同志长篇小说《战争和人》三部曲原稿时写下的“读稿意见”，全文刊载。

笠耘同志是人民文学出版社的编审，资深编辑家，经手编辑出版过不少有影响的长篇著作。他在审读《战争和人》原稿时，对该著的优势和缺陷做了较详细的评析。读者从正式出版的《战争和人》中，不难看出作为终审编辑的笠耘同志，对这三部长篇的进一步加工修改因之更臻完善，起到了一定的积极促进作用。

我们发表这些“读稿意见”，如果能使尚在探索长篇创作的年轻作者有所启示，能使更多的人从中窥见编辑家和作家之间如何沟通和亲密合作，能使年轻的文学编辑同仁学习和发扬前辈编辑严谨、认真的工作作风，并努力提高业务修养和学识水平，那么，我们将感到十分的欣慰。

1992年9月，正是北京最宜人的金秋时节，人民文学出版社邀请在京的著名评论家、作家、编辑会聚一堂，举行了《战争和人》三部曲——《月落乌啼霜满天》《山在虚无缥缈间》和《枫叶荻花秋瑟瑟》的研讨会。王火同志从四川赶来参加，同时给我带来了陈进同志的一封信，要我把终审这三部曲的意见，在他主编的报刊上发表。我既感谢盛情，又有些疑虑，因为读稿意见（行话叫"审稿意见"）有它先天的缺点，不好抛头露面。

如果把评论文章比作对大庭广众的讲演，那么审稿意见就像编辑部关起门来的"私房话"，不便外传。首先，审稿意见对作品的优点谈得少，不像评论文章那样以谈成就为中心，甚至从头至尾只分析优点。编辑却认为，采用一部作品，意味着对它优点的充分肯定，不必再花费过多的笔墨，说个不休。其次，审稿意见对作品的缺点恰好又谈得多，不像评论文章只是轻描淡写地捎上一两笔，或是干脆不说。编辑却挑鼻子挑眼，认为找出缺点，提供作者参考，有助于作品提高；忽略了缺点，倒是失职。第三，审稿意见的措辞和语气很少化妆打扮，再加上结论多，说理少，具有私房话的直率和粗率。这些孪生的缺点，是审稿意见的痼疾；而我这三篇意见，携带的病毒也许更多一些，但愿大家不要因此而对《战争和人》的艺术成就产生错觉。

在文学史上，世界名著遭到退稿的事并不少见，连法国杰出小说家福楼拜的代表作《包法利夫人》，也没能逃脱退稿的厄运。把黄金当作烂铜扔掉，对编辑来说是不可原谅的。但是，编辑并没有特异功能，不可能句句准确无误。为了开脱错误，拯救灵魂，更为了消除作者的精神压力，每次谈完意见，总要念一遍我的"三不改"太平经：

一，凡是作者不同意的意见，不论大小，也不论意见本身如何，千万不要违心修改。创作是一种微妙而敏感的精神活动，迫于外力修改，势必改坏。

二，即使作者同意的意见，但是缺少有关的生活积累，也不要改，不然会改出"夹生饭"来。

三，即使作者又同意又有生活，但是缺少新颖的艺术构思，还是不要改，不然，改掉这个缺点，会带来另一个甚至另一些缺点。

只有十拿九稳，确实有把握改得比原来好，再动笔。这样才能改一遍提高一步，而不至于像断了线的风筝，失去控制。

这卷“三不改”太平经，我也当面向王火同志念过。那是在1986年初春，我专程到成都，在一个细雨蒙蒙的夜晚，谈完了《月落乌啼霜满天》的意见之后。

从那时起，六七年过去了，我们不断有书信往来。三句话不离本行，总不外乎谈《战争和人》。原来，作者计划写完这三部抗日战争的小说以后，继续写第四部《春风又绿江南岸》，反映解放战争。我觉得抗日战争和解放战争尽管都是战争，但对象不同，目的不同，矛盾性质也不同。把它们拼在一起，反而会削弱《战争和人》的主题思想，损害它的艺术完整。建议作者考虑，是否将第四部的素材，单另写成独立的长篇；或者将其中最精彩感人的部分，改头换面地融进第三部。作者很谦虚，决定以三部曲的形式结束。

如果说还有什么遗憾的话，那就是我和责任编辑于砚章同志对第三部《枫叶荻花秋瑟瑟》的读稿意见，一直没有告诉作者。当时我们得知王火同志已经累垮了，无力进行修改，而长期将稿子搁置起来也不是办法。遂与作者商定不再寄去修改，直接发排了。这次他来京，谈起当时的情况，说是真感到要“翘辫子”了，比我们原来的估计还严重得多。从这里，也可以看出他写第三部的艰苦情景，更可以领会到他那惊人的创作毅力。

1992年9月

《月落乌啼霜满天》读稿意见

这部长篇吸引住了我，给我喜悦，给我美感；许多章节使我耳目一新。这是我阅读以前所没有想到的。

完全同意砚章同志对作品总的评价、具体分析和修改意见。他谈得很全面，很详尽。我要谈的也不出这个范围，只是作些补充。

这部六十万字[①]的鸿篇巨制，正如砚章所指出的，故事性不强而可读性强，这在一般小说中不多见。这需要真货色，真本领。它的吸引力主要来自：

（一）一个封闭着的世界

这里再现了小说读者未曾见到过的一个世界——抗日战争前期国民党上层充满矛盾斗争的世界。作者揭示了蒋（介石）派、汪（精卫）派、何（应钦）派，还有无派系的高官相互间的斗争。这斗争十分复杂，既有内因，更有外因：民族矛盾（日寇进犯）和阶级矛盾（共产党的政治、军事斗争）。在这内因、外因的交叉点上，出现了抗日战争的序曲——西安事变；嗣后是国共合作，展开了决定民族存亡的抗日战争。作者第一个用小说的形式，探进了这一时期国民党的上层世界。新的艺术角度，新的生活内容，这本身就带有独创性和由此而来的吸引力。

（二）强烈的生活真实感

这首先表现在对各种政治力量、社会力量的代表人物，如童霜威、谢元嵩、管仲辉、叶秋萍、江怀南、方丽清、张洪池、柳苇、冯村等，做了神态逼真的描绘。中心人物童霜威，形象鲜明，分寸掌握得准确，没有虚假、人为的痕迹，特别是写他在不同政治气候中的变化，分外真切。

（三）城市的风俗画

这部长篇对苏州、南京、香港的风情、习俗，描绘出一幅幅不同色调的图画，给作品增添了光彩、魅力，令人神往。最值得称赞的是，这些环境描写是为刻画人物服务的，不是外加的装饰品。

（四）南京大屠杀的壮烈描写

第六卷《啊！血雨腥风南京城》，是惊天地、泣鬼神的一卷。童军威、庄

① 本文选入《王火〈战争和人〉论集》时，该书编者注：原稿六十万字，王火听取编辑意见后，删改成五十六万字。第一章重新改写了一遍。另外，放在前面的背景材料全部删去。

嫂、刘三保各以不同的方式壮烈牺牲，表现了中华民族的凛然高尚气节。整个这一卷是悲壮的，揭露与歌颂交融在一起，激动人心。

顺便提一下，这部长篇的结构属于流浪汉小说类型，即以主人公童霜威为中心，随着他的行踪展开描写，全书都是如此，只有这第六卷例外。单纯从艺术结构上看，这一卷带有某些游离、独立的缺点（删去它并不感到不接气，或读不下去），但从主题思想上看，这一卷却是整个长篇的有机部分，应该保留，而且是光彩照人的一卷。

总的说来，这是一部优秀作品，给我们展现了广阔而绚丽的现实主义画卷。

但是《月落乌啼霜满天》还不是艺术珍品。它的艺术感染力和艺术吸引力还有待进一步加强，才有可能长远流传下去。关键就在于它存在着拖沓臃肿现象。我赞同砚章同志这一论点："在这部作品里，删就是提高。"我认为凡是一般化或不精彩的部分，似都可考虑删去或压缩。由于作品的故事性不强，而这些一般化的部分又往往是情节发展缓慢的部分，删削起来难度也就不太大。只要作者能采用高标准、严要求，沉下心来，冷静地对待现存的水肿现象，作品就会有显著提高。

其次，关于时代背景材料。

在我们的古典小说，如《水浒传》《三国演义》中，尽管时代背景非常复杂，却从不单独对它做冗长的介绍。它们把这些材料融入人物和情节中；融不进去的，也就是多余的，读者无须知道，干脆不写。与这种高超的艺术手法相对照，《月落》中游离于人物和情节之外，长达七千字的《放在前面的背景材料》，就显得逊色，多余，似可全部删去。某些有用的材料，可融入作品，使之成为整个作品的有机部分。

再次，关于开篇第一章。

把《放在前面的背景材料》删去以后，第一章的地位就更突出了。现在这个开篇缺少强烈的吸引力，主要是由于没有一下子就挑起揪住人心的悬念。再说，一上来就用整整一章的笔墨对童家霆这个孩子铺开细致描写，也容易使人产生错觉，仿佛这孩子是全书最重要的人物，甚至以为这是一部写儿童生活的小说；其实，这孩子对国民党的斗争这条中心线索，并没有，也不可能起什么作用。开篇是门面。建议作者在第一章上多花点力气，使它能抓住读者，同时又与整个作品的气势和内容相称。

最后，关于未来的续篇。

《月落》既然采用了流浪汉小说的结构形式，如写续篇，丝毫也不牵强——只要主人公童霜威不死，就可以接连不断地写下去。值得提出的有两点：第一，续篇能否写好，关键在于作者是否掌握了充分的新材料，能给人新鲜感。如果大同小异，翻来覆去总不外国民党官场中已写的那一套，就没有什么价值了。第二，如决定写续篇，现在的结尾就显得不足了。它应该挑起新的悬念，诱使读者盼望看下一部，收到“且听下回分解”的艺术效果。

我很赞赏这部长篇。它有进一步提高的广大空间，但愿它百尺竿头，更进一步。

1985 年 12 月 9 日

《山在虚无缥缈间》读稿札记

对这《战争和人》的第二部，我与砚章同志有同感：“读稿前不免有几分担心”，但是它不像一般卷帙浩繁的长篇，一部部滑坡，而是在上坡。这使我分外喜悦。

砚章对作品的分析和评价，我完全同意。这里再谈点感想，重复的话就不说了。

《山在虚无缥缈间》在我们的长篇创作领域里有所创新，有所探索。

第一，开拓了抗日战争题材的生活面。

以往反映这类题材的小说，大都局限在较小的天地间，或写一村、一户的抗日斗争，一支游击队的诞生、成长，或写大后方青年男女、流亡学生的悲惨遭遇；而这部长篇却气势雄浑，鸟瞰时代，表现了当时决定历史动向的主要力量——共产党、国民党、人民大众和日寇及其走狗汪伪政权。这不是从概念出发拼凑出来的图解，而是从生活、从人物出发自然展现的广阔画面，拓宽了读者的视野，给人以新的满足。

第二，多方面弥补了流浪汉小说结构松散的固有缺陷。

以中心人物的足迹为情节脉络的流浪汉小说，虽便于变换环境，扩展生活面，却带来结构上的松散。对这种缺陷，即使在《青春之歌》《一代风流》等优秀长篇中，也不同程度地存在着。《山在虚无缥缈间》却对此做了多方面的补救：

（1）作者使沦陷区的生活与大后方的生活形成对比；使中原的灾区生活与重庆上层的腐化生活形成对比；又通过饥民的“粮食”，使国民党上层三种不同政治态度的人物形成对比……这种种对比，从主题思想上给结构注入了凝聚力，使彼此游离的部分粘连起来了。

（2）一般流浪汉小说总是随着中心人物的行踪，不断出现新的人物，利用他们完成一些情节，随即扔掉，不再出现。这部长篇却使第一部中的大多数人物，经过巧妙的艺术构思，再次或多次在新的环境中出现。这样，既不扔掉原有的重要人物，又较少出现新的重要人物，这就从人物安排上给结构增添了向心力。

（3）一般流浪汉小说多半是由好些不连续的故事拼凑起来的。这部小说的主要情节线——中心人物童霜威从敌人虎口逃往重庆的苦难历程，还有童家霆和欧阳素心的曲折爱情，却是连绵不断地贯穿了下来。另外，那些再次出现的人物，谢元嵩、方丽清、江怀南、张洪池、叶秋萍……在新的形势下，旧恨新仇扭结起来，使原有的矛盾冲突继续发展，又形成了一些情节的网络。这类情节上的串联编织，也促使结构紧凑起来。

《山在虚无缥缈间》的可喜成就，在很大程度上得益于艺术结构的精心巧思：既扩大了生活面和时间跨度，又没有导致结构松散。这显示了作者的艺术功力和创作才华。

令人惋惜的是仍然存在着拖沓臃肿现象，有损于作品的艺术吸引力。前半部比较明显一些。这是“综合征”，是多种多样的因素促成的，难以归纳。这单把读稿时零碎感觉的原始札记抄下，供做参考：

作品有时显露出从历史角度的“求全”迹象。

对所搜集的资料，有时精选不够，不忍割爱。

幕后处理的较少，大都正面铺开写，这就缺少了跳跃，多花了笔墨。

有些对话铺得太开了，显得提炼不够。可考虑把其中精彩的、个性化的留下，把缺少形象力量的一般对话，改为简短的叙述，或跳跃过去。

有些空泛、冗长的心理描写，可考虑适当压缩。

与故事、人物关联不大的环境描写（如上海赌场的正面描写），似可再斟酌处理。

童家霆那些同学之间的活动，有的较一般化，有的显得雷同，也有的给人生活真实感不强，似可去芜存菁。

童霜威在寒山寺的软禁生活，没有多少“戏”，却占了较长篇幅，显得有些拖沓。

各个汉奸向童霜威念的那一套“和平经”，大同小异，显得重复。

童霜威被关在特务总部，敌人前后几次对他劝降，在方式和内容上也给人某些重复的感觉。

以上这些笔记，只是零散的印象，不一定准确，仅供参考而已。

对这部长篇来说，消除水肿，将意味着升华到一个新的审美层次。①

1988 年 8 月 26 日

《枫叶荻花秋瑟瑟》读后感

这是《战争和人》三部曲的第三部。我曾担心它会出现一般多卷长篇在艺术质量上那种一部部的大滑坡，甚至是“银河落九天”似的大跌落。这担心，现在看来是多余的。

同意砚章同志对它的分析和评价。这里只是做些补充。

这一部的许多优点，往往和缺点纠缠在一起，也就难以将两者分开谈，只好杂烩在一起吧。

（一）艺术结构上的巧思和缺陷

欧阳素心的离奇失踪，挑起了极大的悬念。她的命运甚至比童霜威、童家霆的命运，还更引起读者的关注。这悬念贯串整部作品，给它的艺术结构添加了黏合剂。

---

① 《王火〈战争和人〉论集》编者注：为消除拖沓臃肿，王火得知编辑意见后，将原稿删去了四万余字，尤其删改了使人有重复印象的部分。我怀着兴奋的心情，读完了这部优秀长篇。它保留了第一部的优点，在艺术上又有新的开拓，新的突破。这一浪高过一浪的势头，使我对第三部怀有更高的期望。

结构上的对称，也是作者的巧妙安排。第一部从战云密布的南京潇湘路写起，第三部又以硝烟尚未散尽的南京潇湘路结束。前者是战争的序曲，后者是战争的尾声，中间是整个的抗日战争时期。这使三部曲的结构更臻完整。

作者尽量使第一、二部中的重要人物在这第三部中出现，却又不显得牵强。这对它所采用的流浪汉小说结构形式来说，是难能可贵的。

令人惋惜的是，这些再度出现的人物，除了冯村以外，在矛盾冲突中似乎没有起多大作用，也就没有形成较长的情节线，往往是一些零散的线头，在小说中处于游离或半游离状态；至于新出现的人物，除了燕寅儿，也没有形成较连续的故事，而燕寅儿与童家霆的爱情故事，也不大扣人心弦。就这一方面来说，较第一、二部显得有些逊色。

（二）主要人物的发展和小说的结尾

童霜威的思想经历了一个大的转折，这是可信的，写出了它充分的合理性。感到不满足的是表现手法上一般化，抽象的谈论显得太多，削弱了艺术吸引力。

童家霆的思想成长，也表现得合情合理，体现了当时青年一代不可抗拒的政治潮流。他在中学里的风波，占了不少篇幅，不知为什么，给人的真实感较弱，人物形象也不够鲜明生动。

欧阳素心出现了一百八十度的悲剧性变化。作者没有采取客观与主观不断相互作用的加法方式来展示这一过程，而是把它推到幕后，只有隐约的暗示，没有正面描写。正如砚章所说的，“让人们自己去想象，去编织这个悲剧”。这种写法，新颖别致，构思巧妙，“此处无声胜有声”。

最使我感到遗憾的是，结尾缺少强烈的艺术魅力，主要是一览无余，没有给读者留下更多的想象空间。童霜威这个构成三部曲最大悬念的中心人物，已加入国民党左派的反蒋组织，其他反蒋派别如雄心勃勃的李宗仁，原是老关系，却并没有拉拢他，因而道路已完全定死，再无悬念。童家霆的道路选择很清楚，本来就没有构成悬念，结尾参加了地下党的活动，也就交代尽了。最令人惋惜的是，欧阳素心这个构成三部曲另一重大悬念的人物，末了在炼狱中不是出于对敌人的巧妙伪装，而是的的确确成为丧失一切记忆和知觉的“活尸”，她与童家霆之间那强烈引人的爱情悬念，也就化为乌有；燕寅儿与童家霆的爱情也就水到渠成了。这个结尾，使人感到一盘棋已经下完，一切清清爽爽，一目了然。这里缺少一种强烈的艺术力量，迫使读者为这些人物的未来命运沉思，遐想，忧虑，以至辗转反侧。而这正是现代小说在结尾所追求的艺术境界。

（三）关于政治斗争形势和军事斗争形势的描写

对于国民党统治区各种政治力量之间不断变化着的斗争形势，作者掌握了大批资料；同样，对于国民党、共产党和盟军的对日作战情况，作者也搜集了丰富的材料。这使作品生动地再现了当时的风云变幻。其中，桂林大撤退的描写，把国民党的腐败，一层层深入地揭露出来，触目惊心。

但是也有令人遗憾的另一方面，那就是作者把当时的重大事件，过多地塞进了作品，往往把人物排挤到次要地位。这在下半部越来越厉害了，有时人物变成了棋子儿（如具有记者身份的童家霆），听凭作者调遣。这样引进来的某些大事记，在小说中难免处于游离状态，或半游离状态，缺少艺术光彩。看来，从历史角度的求全思想，和对材料的不忍割爱，给作品带来了损害。我甚至感到，有时是材料在支配作者，而不是作者在支配材料。

我同意这一百六十万字的三部曲都“不够精练”的观点。这是它们最主要的缺点，而这在第三部中更显得严重一些，使它在艺术上出现了倾斜。

应该特别强调一下，从总体上看，长篇三部曲《战争和人》尽管有缺点，但与它的成就相比是很次要的，绝掩盖不住它迸放出的绚丽光彩。从 1985 年读它的第一部原稿开始，直到 1991 年读完这第三部手稿，我一再为它展现的许多情景所激动。它的确是一部优秀的作品，成熟的作品，生命力强的作品，是近几年我国小说创作的可贵收获。

令人忧心忡忡的是作者目前的健康状况。鉴于王火同志一眼已失明，身体完全累垮，同意砚章同志的意见，不再寄作者修改，跟作者联系后直接加工发稿。

1991 年 1 月 30 日

（原载《四川作家通讯》1992 年 11 月）

别开生面

——评《战争和人》

谢永旺

王火同志的《战争和人》称得上名副其实的鸿篇巨制。全书分为三部，均以唐诗名句作题，曰《月落乌啼霜满天》《山在虚无缥缈间》《枫叶荻花秋瑟瑟》；每部又分为八卷，卷下设小题表明所描写的地域、时间和情势。不难看出，作者要以这三部、二十四卷、一百六十万字的小说创作为我们展现现代历史上一个艰辛而辉煌的年代——抗日战争时期南半个中国的全景画卷。“我想写的是战争和人，写战争与和平，写美与丑、善与恶、生与死、爱与恨、肯定与否定、是与非的选择，当时的人物、生活、氛围……如果再往下写，将写出一个时代的结束和一个时代的开始。”作者毫不回避地告白他的史诗追求和艺术创新的宏愿：他要“不拘一格地”“按照自己的心意”“写一本中国味儿、中国生活、中国民族精神的长篇”。

这些话，写在《月落乌啼霜满天》的题记和后记里，出版于 1987 年。我们记得，还在新时期来临，作家们以苏醒的心灵和才情焕发的笔墨开拓着“伤痕”、“反思”、“改革”、“乡土”、“军营”以及其他现实生活领域，不断取得璀璨成果的时候，从文学界时时听到一种耐人寻味的慨叹：“苏联卫国战争打了四年，写了四十年；我们呢，我们的抗日战争打了八年！”问题显然不在作品的多寡，而在于新鲜的创造和质量的提高，慨叹之中包含着热切的期待。随后，又从评论界传出“呼唤史诗”的声音。史诗不在取材，但抗战八年中国人民坚忍卓绝的斗争生活，无疑是史诗性作品的重要源泉。正如黑格尔说的："一般地说，战争情况中的冲突提供最适宜的史诗情境，因为在战争中整个民族都被动员起来，在集体情况中经历着一种新鲜的激情和活动，因为这里的动因是全民族作为整体去保卫自己。"（《美学》第三卷下册126页）我们的作家当然没有忘记那全民族都被动员起来经历新鲜的激情和活动的岁月，没有忘记侵略与反侵略、抗战与投降、光明与黑暗、新生与腐朽的搏斗，也没有忘记拓宽自己的艺术思维、营造自己的创作构思，文学地（而不是图解地）、独特地（而不是老套地），丰富地（而不是单一地）去反映生活，塑造形象。一些思想、艺术更深刻更新颖的作品陆续出现着，《月落乌啼霜满天》即是其中别开生面的优秀之作。它虽然只是三部曲的第一部，但由于作者立意高远，其独到的构思和鲜明的艺术特色已经显示出来，使我们感受到一种新的人物、新的世界、新的欣赏喜悦。

例如，它几乎没有正面表现战争的激烈和曲折，但我们时时感到战争的阴云笼罩，风雨袭来；战争的炮声震动着中国大地，也震撼着每一个中国人的心。美的升华了，丑的暴露了，踌躇徘徊者不得不做出人生的选择。小说是以一个国民党的高级官吏、法学权威童霜威和他的儿子童家霆为主线展开情节的，时间不过两年，地域却拉开了。首都南京，皖南小县，武汉，香港，各处都显现着抗战初期真实的环境和气氛。西安事变的消息传来，仅在南京潇湘路三个官宦人家就引起怎样不同的反响啊。原有的政治格局被搅动，人们的生活秩序被打乱，战争改变着一切。作者对于战争环境的气氛和影响，从来没有孤立去描写，而是通过人物的经历和感受，即由人物的身与心反映出来，从而把人物的命运和时代环境的描写紧密地结合起来，把对人的形象刻画和对战争的生动描述紧密结合起来。作者似乎不愿意忽略重大的历史性事件，当时的大事如平型关大捷、台儿庄激战、广州的陷落和武汉的失守、共产党的多次声明和国民党的重要会议以及国际舆论的动向等，几乎都有所表现或涉及，但同样是从事件对人的影响表现出来，显得自然，不见生硬嵌入的痕迹。具体地描绘南半个中国的几个城市和县镇，眼光却放开来关注着全中国，称之为全景式的画卷，并非夸饰之词。

它描写了相当多的人物，大都有自己的生动面貌和个性特点。作者从生活出发，同时汲取古典小说的经验，对于身份愈加相近的人愈加写出他们鲜明的区别；其中即使是着墨不多、对带动情节的进展关系不大的人物，也各具声色，互有异趣。童霜威的性格描绘，最为出色。作为国民党的高级官吏，著名的法学家，他既熟读儒家经典，受过中国历史文化的熏陶，又曾留学日本，接触了资本主义的思想和文明；既留恋仕途，又要保持廉洁的名声；既以无派无系自命清高，又因没有后台靠山、官场失意而牢骚满腹；既对贪赃枉法深恶痛绝，又收受了江怀南巧无痕迹的贿赂，时而心安理得，时而惶愧自责；既向往美好的爱情，又割断同爱妻柳苇的婚姻，忍耐着方丽清的庸俗。一个内心充满矛盾的复杂性格的人活生生地、具体可感地立在我们面前了。

当战火迅速蔓延到长江沿岸，抗敌和投敌的严峻问题摆在面前时，他开始有点自省，然而他的社会地位和性格注定他难以断然做出人生的抉择。在香港依然一面拒绝诱降，一面委曲周旋、东躲西藏地保护自个儿的声誉和身家性命。但他毕竟是一个正直的、真诚的知识分子，他的精神支柱是民族气节，他对柳苇的怀念则是在心灵的一角保持着他独有的动情的诗意。这一角在扩大，在弥散，在充盈。这一部作品结束时，他躲在从香港驶向上海的船上，不禁想起柳苇喜爱的诗句“夜半钟声到客船”。当此浓夜迫人、前程未卜之际，他又是多么希望听到钟声敲响啊！那无疑是时代的钟声，美与爱的钟声，心之向往的钟声！精彩的笔墨，预示着人物的新的起步跋涉。以我的阅读范围所及，我以为，这是当代文学画廊中一个前所未见的、真实而丰满的人物典型，是作者的可贵的创造。

及至近年相继读过第二部《山在虚无缥缈间》和第三部《枫叶荻花秋瑟瑟》之后，我感到由衷的喜悦。它们不但保持了相当均衡的艺术水平，而且以三部曲的长篇巨幅，为我们活活地呈现出抗日战争整个历史阶段在时间的跨度和空间的规模上都难得一见的宏阔图景，表述了多样的、有时是惊心动魄的人生故事，刻画了19世纪末20世纪初出生的那一代正直知识分子艰难曲折的心灵历程，同时让我们从长篇小说这一文体中体会到中国文化浓郁悠长的情味。作者对他所描写的生活是十分熟悉的，善于把宏观的历史眼光、艺术的概括能力同对生活情境的真切把握融为一体。作者的激情是一以贯之的，把他的分明的爱憎渗进具体的形象描绘之中。作者又是具有探索勇气的，敢于把一个国民党的高级官吏作为小说的主角贯穿全篇，深入人物的内心，甚至描写他同一个共产党人妻子离异，明知其牺牲而怯懦到不去收尸，以后却又时时怀念她，自个儿咀嚼心灵的伤痛。我不想用“史诗”的伟词评定这部作品，因为在我看来，史诗是长篇小说思想和艺术达到博大精深的最高境界，同时，史诗又不能不是历经时间的考验由后代读者认可的。但是，这并不妨碍作家的史诗追求，相反地恰恰是这种追求及其艺术实践，得以充分发挥长篇小说的文体优势。作者所遵循的仍是现实主义，注重对生活作历史的和审美的观照，更多些传统的、古典的色泽，但他不拒绝对现代小说若干流派艺术经验的借鉴和汲取。中国现代文学，自五四以来从未间断古典与现代、东方与西方的融合，二三十年代是个高潮，80年代又是一次高潮，这可以看作是王火这部小说诸般创作特色的文学背景。现在，三部曲已经终奏，我似可以尝试着做些总体审视的工作了。

我想说三点。

一、结构的完整和宏大

长篇小说的难点在结构。人物众多、事件纷繁的多部曲长篇小说，组织成一个艺术的整体，尤为熬心费力，所以有人甚至把长篇小说直称为结构的艺术。结构归根结底是小说反映生活内容的一种艺术构成，它的基础和底蕴是人与人之间、人与社会及自然之间的关系在特定时代特定环境中的存在形式，同时又是作家把握这种存在形式的匠心独运。在《战争和人》三部作品中，贯穿的线索只有一个，就是主要人物童霜威的经历及其随伴身边的儿子童家霆的经历。看似单线平图，实则随着童氏父子的经历，每到一地，作者必定充分施展他的笔墨，把那个地方的环境、情势、社会矛盾、人际关系以及习俗风尚、自然景观写足写透，把同童氏父子发生关联的人物行状和性格特征写足写透，把童霜威的内心冲突写足写透。到了另一个地方，又是同样地不惜笔力把方方面面写足写透。犹如引领我们认识一个大森林，是让我们在一片一片的林木中看足看透，然后移步到另一片林木之中。作者不轻易放过每一个到手的描写领域，必得写到淋漓尽致、给人以深刻印象而后止。即使是短暂的流离逃难，也适当地展开笔墨，写得足实。由南京避居南陵时夜行船上眼见耳闻的江南风物、水声橹声，逃难香港路遇敌机轰炸的紧张和金娣的惨死，都是很好的例证。

河南天灾人祸的描写堪称触目惊心，至界首，则又是一番景象。那个当年贪污受罚的法官褚之班，在这里混个闲差却从难民中娶妾买婢，舒适地活着，活得滋润。他对童氏父子的接待不乏故交情味，几分亲切，几分自得，其灵魂的卑琐却跃然纸上。不能说通读一百六十万字的作品一点不感到疲倦，不能说没有拖沓重复之感，也不能不提及每当描写主人公到了一个新的地方都用大段回叙的笔法补足路途的经历见闻和内心感受，在布局上缺少变化，但那些动人的酣畅描绘是连成片的，无怪乎我们读时略感疲乏之后又随之流连不肯弃卷了。

一地一地的移动，一个领域一个领域的展开描写，又不是随意的，而是那一个地域恰能充分展现抗日战争各个阶段的特点。南京、南陵、武汉之于抗战初期的风雨袭人，香港之于敌伪的诱降和正直爱国人士的抗拒，上海孤岛时期和童霜威囚禁苏州寒山寺、软禁南京潇湘路之于敌伪特务的猖獗逼迫、国民党上层人物的分化及人们的觉醒，河南天灾人祸的惨状、界首和洛阳的人情世态、四川江津小城的众生相和雾重庆的风云变幻之于抗战中后期国民党的腐败、共产党的壮大及人心向背的转换，莫不如此。像童霜威这类官吏、知识分子中，相当数量的人是有着近似的经历的，他们的思想感情由消极避难、保持名节到投入抗敌斗争，由相信国民党到鄙弃国民党独裁统治、投入民主运动的行列，也有着大体相同的历程。这样，不同地区的情势和人物经历的描写联结起来了，生活发展的连续性和人物命运的连续性统一起来了，是典型的，富于历史的深厚感的，呈现出史诗结构的某些素质。

小说的结构可以是“随意”、“随便”、“漫不经心”的，即通常所谓的散文式结构。这在短篇和某些中篇里不为鲜见，用于长篇小说，尤其是多部卷长篇小说则难免失之于散漫无际。《战争和人》讲究结构的完整性，因此，当作品中把各个地域的生活场景和人物故事联结成整体的时候，又不能不遇到人物的聚散离合，即所谓“巧合”的问题。有论者认为，巧合乃现代小说之大忌。然而我以为不能一概贬斥小说中的巧合。巧合增强戏剧性。取得戏剧性的强烈效果，是一种不容忽视的小说美学。王火同志这部作品，似乎力避戏剧性，在这里，巧合是存在的，只是不着意利用巧合，从而不显其巧合，而是生活的自然流动，人生的自然际遇。这是又一种小说美学。《战争和人》的结构艺术较多地得益于托尔斯泰的《战争与和平》，其中又渗透着中国古典小说结构的某些特征，如清末署名“侠人”者所指出的：“不徒以局势疑阵见长，其深味在事之始末，人之丰采，文笔之生动也。”（《小说丛话》，见《中国历代小说论著选》下编第63页）也许童家霆与欧阳素心的恋情和离散，欧阳素心一半日本人血统的身世，是作品中唯一的悬念，那也并非故布疑阵，仍然着意于人生的况味，揭示战争和特务统治对于美的毁灭。

二、心理描写的丰富和细致

童霜威这个人物，行动性不强。“人生就是选择”，他也面临着一次次选择，无论主动的自觉的选择，还是被动的不得不做出的选择，当然都必然伴随着一定的行动，但在艺术描写上，作者更感兴趣、更加着墨的是他“做什么”和“怎么做”之前、之中、之后的内心依据，内心的矛盾及内心的回应反响。

不是孤立地展示内心的意识流向，而是把内心的一切活动作为时代风云、社会走向和个人家庭处境的投影，像巨石击入湖水，湖面和湖底都引发波澜激荡。抗日战争时期的主旋律当然是中国人民同日本侵略者的殊死搏战，和这个主旋律同时存在，越临近胜利越发激化和深化的是中国人民同国民党反动派的矛盾。中国的命运，决定于这两个矛盾的斗争和转化。选取童霜威这样一个身世、经历、性格复杂的人物作为全书的主角，便把两大矛盾及由此引起的诸般社会性冲突交汇在他的身上。取材和构思的别开生面，在这里也显示出来。同结构布局的完整宏阔相一致，描写人物的手法是铺展开来的，重在心理思绪，写得丰富、细致、深入，很有层次。

避居香港那两卷，很有代表性。受到富商季尚铭的邀请，他游子一般无着无落的心感到一种温煦的抚慰；季尚铭花园的美丽，陈设的豪华，金器的珍藏富有，也曾引起他一阵若明若暗的钦羡。当他发觉季尚铭谈话中隐隐约约的亲日倾向时，又不以为然，略略有所警惕。不想多去季府，接到邀请禁不住又去。去了见到摆好的文房四宝，会欣然提笔写下草书屏条；再去时见到那屏条精裱悬挂在客厅醒目处，不免涌起几分愉悦，随后又深悔屡次出面招摇，不够检点。最后那场“猴脑宴”，洋洋洒洒三万余言，有声有色，实为令人叫绝之笔。就餐时觥筹交错，亲热有加，然而他不受用了：对“猴脑”的不受用，对妖艳女人香味的不受用，对席间以政事大局作为谈资笑助、吹捧日军武器精良、贬损台儿庄胜利、“联日、防共”之类论调的不受用，对可疑的“缅甸珠宝商何之蓝”锋利目光的不受用。他离席了。季尚铭们抛出的钓钩拉线了。化名“何之蓝”的日本陆军少将和知在那间日式幽雅小客厅里露出了真面目。童霜威拒绝诱降和胁迫，“我不能为贵国效劳！这点，请允许我保持我的想法！”作品接着写道：童霜威又气又恼，“心里忽然一阵恶心，猴脑的一股腥气从胃里冲上来，忍不住要吐了，说：‘啊！——我要吐！’他想立刻吐到沙发旁的痰盂里去，迈步还没走到痰盂前，已经忍不住‘哇’地张口喷吐起来，竟吐得起身要来扶他的和知胸前和裤腿上花花绿绿都是。”这一吐，吐出了他胸中的积闷，吐出了他的凛然正气。他终于悄悄搬到贫民区湾仔，隐姓埋名，可一旦搬进贫民区，又禁不住如丝如缕的落魄感觉。

他的人生之路还很漫长，他做了一次正确的选择，还有更紧迫的人生课题等待他的解答。类似“猴脑宴”的精彩描写，在书中决不是仅见的和罕见的，下面还有机会谈到。仅就心理描写的丰富性来说，不妨把这部作品看作是童霜威这一复杂人物的心态录。

我不怀疑作者想从政治生活、社会生活和家庭个人生活诸方面全面地深入刻画他的人物。从人生发现历史的底蕴，从历史中开掘人生的奥秘，是作者小说创作的艺术标的。描写领域扩展了，生活场景拉开了。抗日战争时期两大社会矛盾，如前面已经提及的，广大人民群众同日本侵略者的决战以争取独立自由的中国，同国民党独裁统治的斗争以争取人民民主的中国，都化为童霜威的人生故事，融入他的心路历程。作品绝不单一单调。

但我仍然认为，社会生活以及家庭个人生活的艺术表现显得局促，描绘不足，平缓亲切、富于情趣的日常生活场景不够广泛充分；几乎一切都向政治内容靠拢凝聚，绝少“闲笔”。这样的构思和描写带来两方面的后果：一方面是生活的广阔性和人性描写的深度受到了某种局限，一方面是政治生活领域的描写，尤其是人物政治心态的描写却是非常丰富、多姿多彩的。那么，由此探究一下，从丰富的心理描写中塑造出来的童霜威到底是个什么人物形象呢？

如果说，这是一个信守民族气节的爱国者形象，我想是不差的。但是，他有他独特的精神风貌。我很欣赏他在上海方家寄居时期的心理描写。他苦闷，亟欲冲出庸俗压抑的环境而不得。“人生是什么？”他想起柳忠华说的“人生是选择”，季尚铭说的“人生就是一场竞争”，谢元嵩说的“人生是场赌博”，柳苇把人生看作理想的追求和贡献，方丽清信奉的是实惠和享受。“我呢？”这个大问题啃啮着他的心。当他被囚禁寒山寺时，他的身子是不自由的，他的心却驰骋万里，腾飞升华了。这一大段文字不亚于“猴脑宴”那番对话的动人魂魄，重点却在人物内心情感的宣泄抒发。请看：在这当初定情之地，他倍加想念柳苇，“往事不堪回首”，一股浓浓的悲怆沧桑之感袭上心来。读佛经，貌似消沉，却“无法克制心头熊熊燃烧的烈火”。读《离骚》，“每一吟诵，就沉浸在一种高尚的情操中”。看见寺内一棵老态龙钟的圆柏盆景，底部又伸出婆娑枝叶，不禁慨叹自身“何时能发新枝？”他想起厝棺苏州的章太炎先生，一生七次被追捕，三次入牢狱，革命之志终不屈挠。寂寞至极处，他想一死了之。然而作为他心灵支柱的“气节”，始终没有倒塌。他的内心，在寂寥中经历了大风雨，大潮汐，“像经过了一次涅槃”，有所死亡，有所新生，终归得到一次大解脱——是对留恋仕途、患得患失的大解脱，对隐匿藏身、但求自保的大解脱。而后，设法逃出奔赴重庆。这一切内心的风雨潮汐，均由细致的心理描绘中出之，描绘得厚重深沉，令我们联想起无数仁人志士在类似境遇中的高风亮节。是典型的，又是个性的。

如果说，这是一个由国民党的高级官吏向一个革命的民主派转变的典型，我以为也是不错的。但是，他有自己独特的艰辛道路。到了重庆，他所寄予希望的国民党政府却使他大大失望了。特务横行，豺狼当道，正直的爱国人士有的赋闲无奈，有的惨遭迫害，而媚敌投敌反复无常者变为抗战的头面人物。亲见亲闻的人和事，使他渐渐认清他曾经信赖依靠的国民党，如今却以自己的腐败和专制抽掉肋骨，弄断脊梁，由一个强大的政治集团堕落为一堆苟延政治生命的濒危老朽。他的眼光和期待转向了新的生活。应当说，作品对他内心思绪的这一巨大变迁，刻画得不如他保持民族气节那样丰满华瞻，对他应有的日渐成熟的独立精神品格也未能做出深刻有力的展现，这是第三部《枫叶荻花秋瑟瑟》艺术吸引力较弱的一个原因。然而变化的轨迹依然是分明的。

且不说冯村的被害震动了他，童家霆的成长激励了他，燕寅儿一家的温馨气氛抚慰了他，冯玉祥的赞佩鼓舞了他，共产党人柳忠华帮助了他；我以为，他去缙云寺同烈士遗孀卢婉秋的会见及后来卢婉秋的死对他的潜移默化、难以名状的影响，是为《枫叶荻花秋瑟瑟》中最富异彩和韵味的描写。他想起寒山寺读佛经的经历，“忽然有一种想用生命直截了当地投入对世界和人生的体验，在活泼的体验中自见自性而开悟的愿望”。卢婉秋高贵、莹洁而绝望的心境实际上又一次震撼了他，他的灵魂又一次得到解脱。这种解脱表面看来是不赞成卢婉秋的消沉厌世、四大皆空，且因未能“开导”得成而惆怅惋惜，实际是他同“中庸之道”、“明哲保身”一类旧我观念的彻底告别，同国民党统治集团的断然决裂。这种告别和决裂，实现了他人生的觉醒和政治的觉醒。

长篇小说的题旨，是由主要人物的形象刻画体现的。由于童霜威形象的丰满和独到，反侵略的题旨，人生选择的题旨，弘扬民族气节和民主精神的题旨，国民党统治必然崩溃、人民民主运动必然兴起、并从而揭示中国历史走向的题旨，都蕴含于作品的艺术构成之中了。至于同主要人物的命运和境遇相关联的其他众多人物，大都有性格，有特色，组成了一个生动的形象世界，又从不同的侧面丰富着题旨。遗憾的是，共产党员柳忠华的形象，篇幅不少，地位重要，却因缺乏独特的、属于他才有的情节、细节和内心生活，显得贫弱无力，消减了作品的思想力度。

三、浓郁的文化韵致

这是阅读时随时感受得到的一种独特的艺术魅力。作家的认识生活和表现生活，总是伴随着一定的审美倾向的。文化韵致不是枝枝节节的表面现象，它就渗透于作家对生活审美观照的品格之中，是对形象世界的感知体系。《战争和人》对形象世界的感知，出于一个功底深厚的文化人的视角，博观细察，心领神会，酣然铺写。在《战争和人》中融进了中国的诗学。

这里仅就人物描写说点看法。

作家汪曾祺说过："一个真正有中国色彩的人物，与中国的传统文化是不能分开的。"(《晚翠文谈》第30页）这是经验之谈，很有道理；何况，这里所写的主要人物童霜威，本身就是一个文化人，浸润着中国文、史、诗、书、画的传统影响呢。在他身上，保留着中国源远流长的"士"的素质。他的民族气节，固然体现着现代社会的特征，具有时代性，但同时又是从历史上的儒学之士那里汲取了精神养分的。在他身上，分明可见"忧国忧民"、"学以致用"的特色，"洁身自好"、"临难守节"的特色，"天下有道则见，无道则隐"的特色和"达则兼济天下，穷则独善其身"的特色，以及某种依附性如"士为知己者用"的特色，这些特色无不散发着中国民族文化的情味。

童霜威还常用古典诗词表达他的情怀，当然是作者选给他用的，难得的是用得贴切，成为人物气质和心态的组成部分。他对自然环境的感受也充满了传统的诗意，所谓"见景生情"；而在作者写来，景色描绘虽然有时显得烦冗，但大多是和人物的心情结合在一起的，达到了"情景交融"的境地。姑从"听夜声寂寞打孤城，春潮急"那一卷中录引两段，以见作者的叙述风格。那是童霜威被软禁南京潇湘路旧居的时候：

> 童霜威百无聊赖，禁不住站起身来踱步。他走近窗口，想看看风雨中故园的情况。从楼上雨水淋漓的玻璃窗里望下去，早先锦绣一般的两亩多地的花园里，现在是一片荒芜。风雨中，被雨濡湿了的竹林中，翠竹东倒西歪，原来那些亭亭如盖的雪松和虬生苍碧的龙柏，都已被砍伐掉了，剩的树桩孑然孤立。前边，流动着潮湿雾气的清水塘边，一棵歪脖子老柳树像个伛偻的老人披着蓑衣蹲在灰蒙蒙的芦苇丛中。自从潇湘路上盖了这幢洋房，这株树就存在，它经历了一个个春夏秋冬，见到过这里的盛衰，也看到了这里经历的战乱和发生的一切。可惜它不会说话，不然，它将会叙述多少故事呀……
>
> 风雨中，整个花园，惨淡孤寂，罩上了模糊昏晕的外壳。潇潇的雨声，淅淅沥沥，响个不停。童霜威和家霆静静站在窗前，钻心的疼痛袭上心头。童霜威不禁想起了元朝萨都剌的词来了："六代豪华春去也，更无消息。空怅望，山川形胜，已非畴昔……"他倦慵地呆呆回转身来，叹息

一声，轻声对家霆说：“唉，我是学法执法的人，讲的是司法独立和四级三审或三级三审那一套，同时对司法界的一些黑暗丑恶现象也多有不满，但现在他们是无法无天，杀人、关人随心所欲！亡国奴是宁可死也做不得的！”说完，苦笑一声摇头，“我太书呆气了！”

他对柳苇的怀念，更是伴随着苏州风光文物和“夜半钟声到客船”的诗意。种种诗意，不是外加的，贴上去的，而是作为环境描写和心理描写的有机部分，自然景色心灵化、情致化了。

何止童霜威，其他人物性格及其身世、境遇的描写，同样贯彻着一个作为文化人的作者所具有的、饱含中国情味的人生观照和审美情趣。童家霆同欧阳素心的恋情，同燕寅儿的友爱，同陈玛荔的距离，其心态呈现出传统式的美德。上海方丽清娘家的各色人等，包括方雨荪的一意赚钱，方立荪的攀缘权贵，方丽明的不幸，“小翠红”的好心，是典型的上海商贾之家；南陵江三立堂则一派江淮土豪景象，还有冯玉祥豪情的诗句，于右任潇洒的书法，以至不重要的角色如逃难江津小城的苏州说书艺人老钱的卑微的笑……无不具有中国人物的风情色调。更不用说卢婉秋形象的凄绝和她墓地上的霏霏细雨了。柳苇是一首诗，卢婉秋也是一首诗。

在语言上，作者善于把叙事和抒情结合起来，雍容典雅，舒展大方。人物居室陈设，梳妆打扮，对话谈吐，恰合身分教养。通篇不大用方言，用普通话，行文走笔间富有书卷气。古人王船山论“意境”的创造，曾经这样说过：“以追光摄影之笔，写通天尽人之怀”；当代美学大家宗白华先生称许道：“这两句话表出中国艺术的最后的理想和最高的成就。”（《美学散步》第71页）《战争和人》是小说，当然也未能达到最后理想和最高成就的地步，但精彩之处的笔墨情致，却是容涵着和体现着中国的民族文化特色的。这似乎正是作者所追求的“中国味儿、中国生活、中国民族精神”的重要方面。

（原载《当代》1993年第1期）

格调高雅　诗息浓郁

——论《战争和人》中的女性形象

陈朝红

当代著名作家王火的主要代表作长篇小说《战争和人》（包括《月落乌啼霜满天》《山在虚无缥缈间》《枫叶荻花秋瑟瑟》三部曲），是一部共一百六十余万字的反映抗日战争时期广阔历史生活画卷的长篇巨作，是新时期长篇创作的重要收获。本文拟对《战争和人》中女性形象的塑造，集中地做一些粗浅的论述，以期对作品丰富的思想内涵和独特的审美价值，从一个新的角度加以透视和描述。

战争题材作品中女性形象的塑造，历来为中外许多作家所关注和重视。王火在《战争和人》中，也十分重视女性形象的塑造，但作家并不是从妇女解放的角度来关注和表现战争与女性的关系、女性的地位和权利问题的，他是从作品总体艺术构思和审美追求出发，为了真实地反映广阔的历史生活图画，表现丰富复杂的人物关系、人物个性，来精心设计和描绘女性形象的。自然，在《战争和人》的艺术创造中，女性形象塑造或许并不是最主要、最突出的成就，然而却是相当有特色的，它不仅是整个作品宏大艺术结构的和谐的有机构成部分，而且为作品冷峻凝重的历史内容增添了激情、诗意和美的艺术光彩。

《战争和人》立意深邃、气势恢宏，作家在独特丰富的人生体验基础上，从历史唯物主义的思想高度，高屋建瓴地对抗日战争进行了严峻深沉的历史反思。作家通过独特的人生、家庭透视历史变迁、战争风云。他在书中扉页前言中表白了创作初衷：“我想写的是战争和人，写战争与和平，写美与丑、善与恶、生与死、爱与恨、肯定与否定、是与非的选择，当时的人物、生活、氛围……如果再往下写，将写出一个时代的结束和一个时代的开始。”全书以国民党上层官吏童霜威父子的人生遭际和家庭变化为主线，生动地展现了从西安事变到抗日战争胜利前后那风云变幻时代的全景式图画，描写了当时各种政治、阶级、社会力量的复杂矛盾和形形色色历史人物的活动，堪称一部熔政治小说、社会小说、历史小说、家庭小说于一炉的史诗规模的作品。

既然是表现的这场空前的民族灾难和严峻考验，那在战争风暴中妇女的命运遭遇和心灵历程，也必然会进入作家的审美视野和艺术描写之中。历史证明，在这场战争中，我国妇女承受了甚至比她们的父兄更为深重的苦难和牺牲，为了赢得战争的胜利，她们做出了不可磨灭的历史性贡献。基于这样的历史真实，作品中描写的有名有姓的女性人物就有二三十人，而作家倾注感情和笔墨着重描写的女性形象也有十余人之多，展现了一幅战争时期丰富复杂、绚丽多彩的女性世界图画：这里有柳苇、杨秋水那样为挽救国家民族危亡奔走呼号、为人民事业义无反顾、英勇献身的秋瑾式巾帼英雄的高洁灵魂；这里有燕珊珊、燕寅儿、银娣那样在白色恐怖、特务横行的险恶环境里同敌人机智巧妙斗争，捍卫真理、撒播火种的革命者和爱国青年的飒爽英姿；这里有欧阳素心、卢婉秋、“小翠红”、金娣、庄嫂这样善良无辜的弱女子在日寇铁蹄践踏和反动邪恶势力摧残下的痛苦呻吟和辛酸血泪；这里也有方丽清、陈玛荔这类醉生梦死的势利小人和甜言蜜语的阴险鬼魅的心灵曝光……

大浪淘沙，风吹云散，战争有如灵魂的净化剂，美的升华了，丑的暴露了，一方面是庄严的战斗、英勇的献身，一方面是荒淫无耻、苟且偷生，一幅战争时期的人性百变图，如此触目惊心、鲜明强烈地呈现在读者面前。这些不同女性的人生轨迹和心路历程，既受那个大的战争环境的制约驱使，也同每个人的不同出身、经历、个性和所处的具体家庭、社会环境密切相关。她们的形象，既留下了鲜明的历史时代烙印，也闪烁着独特个性的光彩，血肉丰满，栩栩如生。这些各具风采的女性形象，构成一个相对独立的形象世界，其丰富的历史文化蕴涵和独特美学价值，是不容忽视的、耐人寻味的。

考察《战争和人》中女性形象独立的美学意义，当然离不开作品整个结构框架和人物关系总的设计安排。应当看到，作品中女性形象的塑造，主要是围绕着主人公童霜威、童家霆父子的人生遭际和心路历程来展开的，在凸现这些女性形象时，也多侧面、多层次地塑造了童氏父子的典型性格，特别是深入细致地揭示了他们丰富的感情世界和复杂的心理变化。因此，确切地说，这些女性形象与童氏父子形象，是相互依存、相互影响、相互补充、相互映衬的关系，使他们在相映生辉中凸现了各自的性格风貌。

基于这样的总体设计，作品对这些女性形象的描绘，很少选择作家叙述人的视角，用第三人称叙述方式作客观冷静的描述，而主要采用主人公童氏父子的心理视角，从他们的眼光和心理感情来展现这些不同女性的音容笑貌。恩格斯在谈人物性格不仅表现在他做什么，而且表现在他怎样做时，非常赞赏那种“把各个人物用更加对立的方式彼此区别得更加鲜明”的表现方法。在《战争和人》中，与主人公心理视角的描写相协调，作家也惯爱采用这种对比描写的手法，让不同女性的性格、命运、教养、气质在主人公心理屏幕上以“更加对立的方式”鲜明地呈现出来，而且通过反复描写，层层递进，以不断强化主人公心理感受的强烈反差和感情好恶，从而也不断加深这些女性形象在读者心目中的印象。在童霜威曲折坎坷的人生历程中，有三个女人曾先后同他命运相连、难舍难分，掀动过他酸甜苦辣的感受波澜，并且从不同方面影响着他的人生选择，这就是柳苇、方丽清、卢婉秋。

从童霜威视角对这三个女性的描写，同时也恰好表现了童霜威自身从彷徨、苦闷到觉醒、战斗的心灵阵痛和蜕变的历程。在童霜威的一生中。柳苇的形象无疑占有特别重要的地位。柳苇是童霜威的前妻，出身贫寒，纯洁美丽，学识渊博、情趣高雅。同童霜威结婚后，她不愿依附地位显赫的丈夫做“花瓶”，日益倾向革命。她们婚后曾有过一段时间情趣相投的和谐幸福，但大革命失败后，童霜威从明哲保身渐向右滑，政治信仰的深刻分歧导致了他们不可避免的分手。柳苇不惜抛夫别子。投身抗日救国的洪流，成为一名坚贞不屈的共产党员，英勇牺牲在南京雨花台。在小说的故事里，柳苇实际上已不在人世。但是，柳苇的生命，柳苇的音容笑貌，却贯串全书始终。她存活在童霜威的记忆、怀念里，珍藏在他心灵深处，而且随着他历尽人世沧桑而越发唤起他绵长的思念和无限的崇敬。柳苇短暂的人生，长长地影响着童霜威的人生选择，也激动、指引着儿子童家霆的成长之路。

柳苇在作品中首次出现，是在第一部第一卷《“双十二”：狂飙从西安来》的第五章。前妻弟柳忠华从苏州监狱的一封来信一下子冲开了童霜威记忆的闸门。“往事如烟。信的来临。似一块石头投入生活的湖泊中。掀起一圈圈感情的涟漪。引起了心的颤抖。”作品在这里从童霜威的心理视角简略描述了柳苇的家世、经历、人品和他们之间的婚姻波折。也表露了童霜威至今内心深处对她怀有的一种剪不断、理还乱的“特殊的感情”。柳苇在童霜威的回忆中“亮相”后，紧接着在小说第二卷《旧梦新怨：一支金陵散曲》里，就让童霜威现在的妻子方丽清，从现实中上场了。这位上海滩富商的千金，年轻貌美，从小娇生惯养，无才无德，只知吃喝玩乐，刁钻吝啬。

她比童霜威小十几岁、是看上他的地位财富才嫁给他的。她对家霆冷漠无情，对用人刻薄虐待，处处要显示女主人的威风，胡搅蛮缠。小说在这里仍取童霜威的心理视角，以较多的篇幅，细腻地甚至是不厌其烦地描绘了方丽清种种偏执任性、不近情理的怪癖恶行。她一从上海回来，就搞得全家不得安宁，而童霜威对此却无可奈何，烦恼不堪。

柳苇、方丽清依次出场亮相，一开始就在童霜威的心理感受中，也在读者面前，形成这样鲜明强烈的对比反差。这种用笔一虚一实，一淡一浓的写法，实际上也划出了贯串全书的对这两位主要女性对比描写的基调。随着作品故事情节的进展，这种对比描写时断时续，时起时伏，绵延不绝，但在涉及童霜威心灵阵痛和人生选择关键时刻的主要章节，作家也浓墨重彩地展开了这种对比描写，衬托、表现了童霜威丰富复杂的感情世界。在全书三部中，大体上每部都有一次这样的着重描写，形成书中相当富有艺术感染力的精彩篇章。

第一次着重描写是第一部第二卷第五章。西安事变后，国事蜩螗，家事烦恼，童霜威官场遭暗算排挤，应吴江县长江怀南之邀到苏州“散心”。苏州是柳苇的故乡，到了枫桥镇、寒山寺，处处触景生情，梦绕魂牵，夜不成寐，“他寻找着逝去的梦，寻找着昔日曾有过的美好的回忆、心头酸楚……”对柳苇的美好回忆，又时时使他想到眼前的方丽清，心理感受是如此不同，“他觉得柳苇真是可爱的。她是一种气质的美加上容貌的自然美。见过了她，再同方丽清生活，真有一种‘曾经沧海难为水’的感觉了。方丽清像蝴蛛，却没有蝴蛛在银幕上那种恬静与华贵。方丽清的庸俗与粗浅，方丽清的无事端端喋喋不休，方丽清的精利吝啬，和柳苇一比一衬，高下优劣就更分明了。”

第二次着重描写，是在第二部第三卷《钟声回荡：寒山寺沧桑》里，这时童霜成因拒不附逆被敌伪秘密绑架囚禁于苏州寒山寺。此时寒山寺历尽战火浩劫，破败凄凉，童霜威整日幽居荒凉古刹，佯装悟道参禅，修身养性，外表形同槁木，心如死灰，内心深处却大海翻滚，忆昔思今，百感交集，他又一次再次地忆起了战前与柳苇相识、新婚幸福的时光，“常仿佛听见柳苇在秋夜的月下吹箫，洞箫袅袅，声入心扉”。对柳苇的深情回忆，使童霜威从她的坚贞气节和献身精神汲取了抗敌御辱的勇气，他发誓决不做汉奸。“为了达到保持操守、保持大节的目的，他宁可吃苦受难，哪怕要下十八层地狱!”而此时的方丽清，竟然偕同汉奸江怀南一道前来寒山寺劝降，堕落成公然与汉奸狼狈为奸、沆瀣一气的无耻女人。方丽清的种种无耻言行，令童霜威深恶痛绝，再也无法忍受，他逃离“孤岛”来到大后方后，立即像甩掉灾星一样毅然与她离婚。

第三次着重描写，是第三部的第三卷《禅林觅知音：雾都多凶险》，小说在这里引入了又一个与童霜威的生活和感情紧密相连的奇女子卢婉秋，并让卢婉秋与柳苇、卢婉秋与方丽清在童霜威心目中形成相互交叉对比，彼此相得益彰。童霜威九死一生来到大后方，却报国无门，目睹种种黑暗腐败，对柳苇的思念愈深。这时，友人出面给他介绍了一个抗日将领的遗孀卢婉秋女士。卢婉秋的丈夫战功卓著，壮烈殉国。夫妻感情甚笃，她本来生性爽朗，感情丰富，才华横溢，不料丈夫殉国后，儿子又不幸在缅北战死，她受到刺激太大，心灰意冷，在缙云山幽居带发修行。友人望童对卢多加劝慰，并热心“作伐”。童霜威多年来与方丽清相处，十分厌烦，从上海到四川又见多了尘世中的凡夫俗子，像卢婉秋这样一位经历、学识、气质与易安居士酷似的超凡脱俗奇女子的出现，不禁使他“心向往之”。他欣然登上缙云山拜会卢婉秋，以自己当年在寒山寺诵经学佛、韬光养晦及逃离“孤岛”的亲身经历，诚恳劝慰卢不要消极出世，而应振作起来，为国为民尽一分责任。卢为童的诚意所动，却并不改变出世之念，凄然相告：“我对战争，已经深恶痛绝”，“我确已看破红尘，这里是我尘世中的天堂”。同卢第一次见面，使童久久难忘，不禁又想起柳苇，觉得她们的学识才貌颇为相似，而人生态度却又迥然不同。卢消极出世，柳积极入世；卢在带发修行，而柳已为国家民族献出了生命。童霜威浮想翩翩，“既觉得柳苇比卢婉秋要高，又觉得卢婉秋也自有她不平凡之处”。八个月后，童二上缙云山，再次语重心长相劝时，卢已剃度为尼，“皈依佛祖、六根清净”，全然无动于衷了。童为卢惋惜伤感，也以此自慰自劝，直面人生，激流勇进。果然此后不久，童就做出了明智果断的抉择，积极投身到轰轰烈烈的抗日民主运动中去了。而超然尘世的卢婉秋，不久就病故“圆寂”，凄然辞世，待到童三上缙云山时，已是到卢的墓前凭吊了。而对着深山里一抔凄凉的黄土，童霜威怀着深深的哀痛，不禁想起卢悲惨的身世和他与她之间短暂的情缘，也想起自己的感情悲欢和三个与自己命运交关的不同女性，颇多感慨：“对柳苇，我们因爱结合，因恨分手。但当她离开人世后，我对她只有爱没有恨，每当想起她时，就爱得更深。对方丽清，我欣赏过她的美貌，却厌恶她的内心丑恶。同她分手有一种甩掉重负的轻松感。对卢婉秋呢？我们没有谈到过结合，也没有形成爱情，却有一种钦慕。当她死去、留给我的却是深深的同情、遗憾和哀思。”

同样。小说中从童家霆视角对他的两位舅妈杨秋水、“小翠红”的对比描写，也是富于表现力的。杨秋水是柳苇生前的战友，似活着的柳苇在作品中出现，小说对她的描写用笔不多，却画出了人物的鲜明形象。她朴素、热情、乐观、刚强，在险恶的“孤岛”，机智勇敢地从事抗日活动，敌伪 76 号特工总部送一只断手恐吓她，她无所畏惧，最后惨遭特务暗杀。她死后墓碑上镌刻着一句诗：生如春花之灿烂，死如秋枫之壮丽，正是她光辉坚贞生命之写照。与杨秋水的悲壮献身相对照，童家霆的另一个“舅妈”——“小翠红”，却是在抑郁痛苦中悲惨死去的弱女子。“小翠红”是“堂子里出身的苦命女人”，心地善良，有同情心。来到方家，备受歧视，郁郁寡欢，像关在笼子里的金丝雀。最后患重病，用拒绝服药的“自戕”方式摆脱痛苦。杨秋水、“小翠红”对家霆都怀着一种母爱的特殊感情，“小翠红”对家霆的关心和帮助，更多是出于同病相怜和对方家势利的不满。使家霆在父亲被囚后四面荆棘的方家得到了“有时可以避免风暴和刺痛的避风港”，受伤的心灵得到某种抚慰。而杨秋水对家霆的关心爱护，不仅是出于血缘亲情，更是出于关心培养下一代的革命责任感。她言传身教，以她生命的壮歌激励家霆在逆境中拼搏奋进。

《战争和人》具有丰富的文化蕴涵和高雅的审美追求。作家追求史和诗的完美结合，作品既有深沉的历史忧患意识，又有浓郁的诗情画意。具有史诗的境界和品位。在作家的整个艺术描写中，浸透了作家真挚强烈的感情。行文上叙述、纪实、抒情、哲理较好地融为一体。作品的这种史诗品格的审美追求，在女性形象的塑造上表现得特别鲜明突出。作家竭力从严峻的历史、苦难的人生中提炼、升华出诗意和美。在人物的具体刻画上，往往设置情景交融、清新淡雅的生活环境，渲染浓烈的诗意氛围，并善于运用古典诗词的意境、琴棋书画的神韵，烘托作品的文化韵味和人物在特定情境下的感情、心理，从而使人物形象的整体生命具有一种诗意的象征。应当说，正是这些格调高雅、风采各异的女性形象的塑造，给整个作品增添了浓郁的诗情画意。是作品史诗品位的重要构成因素，富于独特的艺术魅力。

柳苇的形象不啻一首诗，一曲刚健清新的红梅赞。在童霜威心目中，柳苇仿佛是美神的化身，令他终生难忘："她纯洁得像片雪花，像一泓清泉，一片芳草，是气质美与形象美的统一，和谐、秀丽，在俯仰顾盼、一笑一动之间，都似乎洋溢着芬芳、素雅、清新的气息。"童霜威对他们相恋和新婚幸福情景的回忆，也是那样充满感情，富于诗情画意：苏州园林，太湖烟雨，枫桥夜月，寒山洞箫，吟诗论文，心心相印。作品又着意描写柳苇经常吟咏并抄录唐代张继名诗《枫桥夜泊》，借此明志抒怀。她说："现在就是在白天，也感到是在夜里，是在一种'月落乌啼霜满天'的环境里。"她期盼着聆听那响彻夜空的时代的"钟声"。柳苇将一个革命者的人生体验和感情融入古诗的意境之中，借以抒发心灵的寄托和理想和追求。柳苇在她生前遗下的一张照片上自题小诗："一陂春水绕花身，花影妖娆各占春。纵被东风吹作雪，绝胜南陌碾作尘。"借唐诗名句的心灵自白和这首自题诗，不正是柳苇凛然高洁的女中豪杰的生命写照吗？

柳苇的生命是一首诗，卢婉秋的悲惨，又何尝不是一首诗，一首哀婉凄恻、令人感伤的哀诗呢？如果说。对柳苇的塑造，是通过童霜威绵绵不绝的回忆来完成的，使柳苇的形象有一种空潇、含蓄、飘逸的诗意美，那么，对卢婉秋则主要通过童霜威三上缙云山的不多章节，用饱含感情的清新淡雅笔致来集中加以刻画的，使卢婉秋这个奇女子形神毕肖。卢逝世后，童只身前往墓前凭吊，作为对卢形象描写的终结。小说里写了一段浸透感情、凄婉动人的悼亡词："没有带鲜花来，也没有带纸钱来，只带来了伤逝眷怀之情和深深的悼念。往事历历，山竹间有一种不知名的翠绿小鸟在雨中哀啼，霏霏的细雨像落不尽的无边无际的苦雨，湿了头发，湿了衣裳，人去了，魂魄何在？能知道我今天在你的墓前悲痛凭吊么？"对卢婉秋形象的整个描写，都笼罩在这种感伤哀婉的悲剧氛围之中，怎不令读者为这位美貌多才的奇女子的悲惨命运一洒同情之泪呢？

欧阳素心的短暂人生同样也是一首诗，这是爱的幻灭、美的夭折、叫人心碎、催人泪下的诗。书中不仅多次描绘了家霆与欧阳真诚相恋、如醉如痴、如诗如画的情态，而且着意用欧阳画的一幅名为《山在虚无缥缈间》的画，作为她追求幻灭、悲惨归宿的象征。画面上山海空蒙，云雾缭绕，山花似火，宛若仙境。但一切都如梦似烟，虚无缥缈。正如欧阳的自白："我画的是我想追求的东西。也许是和平？是幸福？是爱？是美？是真理？……总之，是最最美好的东西，也是在我想象和感觉中缥缥缈缈的东西。最美好的东西都被战争破坏了！……"欧阳仿佛是纯洁、善良和美的化身，她最后的悲惨结局，就成为这幅画的形象注脚。美的毁灭，激起的是对罪恶的战争和反动势力的猛烈控诉。

作家王火在独特人生体验和丰富社会生活阅历的基础上，竭力追求人物性格的多样性复杂性，写出人性的深度和各种复杂的心态。应当说，主人公童霜威的形象塑造，最鲜明地体现了这种艺术追求。人们已公认童霜威是新时期文学中确属罕见的一个具有独特个性、命运的爱国民主人士的典塑形象。在女性形象塑造上，也同样体现出这个特点。卢婉秋就是一个具有独特性格命运和美学意义的人物，另一个比较独特复杂的人物是陈玛荔。陈玛荔是当时高层政治圈内和交际场中炙手可热、风云一时的人物，是一个艳丽、华贵、高傲的女人。她是 CC 干将毕鼎山的新夫人，却不是依附于显赫丈夫的"花瓶"。她留学美国，同"第一夫人"宋美龄关系密切，掌握着战时新闻图书检查的大权。她有政治才干，也有学识、风度和女性的魅力。她对家霆这位风度翩翩、年轻有为的记者，表现出"亲昵和暧昧难以说清"的特殊感情。她要家霆把她当作

"姑妈"，她把家霆看作孩子，对营救冯村也给予热心帮助。她对家霆的特殊感情，不无挑逗和玩弄的意味，但也不轻薄庸俗，不失她的身份教养。她与丈夫貌合神离，她先前的美国恋人不幸战死，而家霆的容貌气质又处处酷似当年的恋人，因而同家霆的交往实际上是她孤独失落中一种感情寄托和心理补偿。她明知家霆的政治态度和对她的冷淡回避，却无法克制因家霆而唤起的炽烈爱情，内心充满矛盾和痛苦。不能说她的感情不真诚，她希望得到家霆感情的回报，她并不强求于人，并无"损害一个年轻人的用心"。当然，陈玛荔对家霆的女性的感情，归根结底要受她政治立场、政治感情所左右和制约，她顽强地要按照她的人生信条和政治功利来把家霆"栽培"成党国所需要的"名记者"。为此她亲自安排家霆到湘桂前线采访，并允诺为他提供赴美留学深造的机会。当家霆从前线九死一生归来，如实地写了几篇揭露前线混乱腐败的通讯，陈玛荔拿去改头换面发表，为国民党当局涂脂抹粉。这使家霆大为恼怒，深感上当受骗，从而看清了陈玛荔甜言蜜语包藏的祸心，最后抛弃了对她曾有过的某种好感和幻想。

陈玛荔是一个能干而有风韵的高级文化特务，也是一个内心矛盾、感情复杂的女人，这是那个时代特殊政治环境所孕育的一个独特的个性化的"怪胎"。作家写出了这类半人半兽、亦神亦鬼的复杂人性，不是模式化、脸谱化、漫画化的反面人物，同我们常见的一些女特务形象或"美人计"的写法迥然有别。

总之，《战争和人》女性形象塑造的多样性复杂性的追求，使作品中众多不同身份、地位、教养、气质的女性，命运遭际有别，个性风采各异，构成一幅内涵丰富、异彩纷呈的女性世界图画。

（原载《小说评论》1994 年第 1 期）

一部有价值的作家研究论集

——评介《王火〈战争和人〉论集》

陈朝红

最近，四川文艺出版社出版了《王火〈战争和人〉论集》（中共四川省委宣传部文艺处、四川省作协创联部合编），这是一部有价值、有特色的当代作家——研究论集，内容丰厚，资料翔实，许多文章具有相当的理论深度和学术水平，对活跃当前文学评论，促进文学创作繁荣，无疑具有积极的意义。值得一读。

众所周知，当代著名作家王火历时四十余年呕心沥血创作的长篇巨著《战争和人》三部曲（《月落乌啼霜满天》《山在虚无缥缈间》《枫叶荻花秋瑟瑟》）自1987年起陆续出版以来，在文艺界和读者中引起强烈反响，全国数十家报刊先后发表了百余篇评论研究、消息报道、作家专访等文章。去年该书三部出齐，四川省作协、《当代文坛》编辑部及北京人民文学出版社等单位先后召开了这部作品的专题研讨会。与会许多作家、评论家、编辑家、出版家高度赞赏《战争和人》是一部立意高远、思想深邃、气势恢宏、风格独特的史诗型巨著，是新中国成立以来我国长篇小说创作的重要收获。作品从人生去透视历史，从一个独特的审美视角真实生动地展现了抗日战争时期风云变幻、波澜壮阔的历史画卷，熔历史小说、政治小说、社会小说、家庭小说于一炉，内容深沉凝重，富于诗情画意。作品塑造了那个时代各色各样、丰富多姿的人物形象，特别是主人公童霜威的形象，堪称新时期文学人物画廊中新颖独特、个性鲜明、血肉丰满的艺术典型。作家王火被誉为“当代谈迁”，他怀着高度的历史责任感，不顾伤残折磨和左眼失明，克服难以想象的困难，以惊人的毅力完成了这部高品位的文学巨著。这种执着追求、勇攀高峰的拼搏奉献精神，确实令人钦佩，在当今文坛值得大加提倡。该书第一部《月落乌啼霜满天》1988 年荣获四川省首届郭沫若文学奖。今年人民文学出版社将此书全套三部再版发行，并将作为下一届茅盾文学奖的推荐作品。

正是在《战争和人》受到文艺界和读者广泛欢迎的情况下，为了进一步扩大这部文学精品的社会影响，充分肯定其思想艺术成就，总结经验，探讨得失，以利于促进当代作家的研究和文学创作的繁荣，有关部门编辑出版了这部作家研究论集。此书内容主要分为“研讨报道”“评论选辑”“话说王火”“王火自述”四个部分，共三十余万字。四川省作协主席、老作家马识途为此书作序，热情地肯定和推荐了王火的高尚人品和文品。书中广泛收集了发表于全国各报刊的由著名作家、评论家、编辑家萧乾、陈荒煤、邓友梅、张炯、谢永旺、江晓天、蔡葵、滕云、陈辽、王笠耘、胡德培、吴野、殷白、冯宪光等撰写的数十篇评论研究文章，从各个方面深入地论述剖析了《战争和人》深广的历史内涵和独特的美学价值。书中还汇编了一组作家王火表述自己丰富独特的生活体验，对历史、人生深沉思考和高雅审美追求的创作手记、心得体会文章，并附发了王火创作年表和有关研究资料编目索引。这大量的研究文字和详尽的资料，清晰地勾画了王火四十余年文学创作发展历程和作品广泛的社会影响，有助于读者和评论研究者全面了解王火的人生之路和文学之路，为促进对王火《战争和人》及整个创作的深入研究，会提供不少方便和有益的启示。

在文学评论研究领域里，对当代作家的研究工作应引起充分的重视。对有成就、有影响的当代作家认真地进行系统深入的研究，总结其创作道路和艺术得失，这不仅对文学教学和研究工作有实际的帮助，对广大业余创作者也有借鉴的意义。十多年前，当全国三十几所大学中文系协作编辑《中国当代文学研究资料》丛书时，文学前辈茅盾为丛书作序，热情肯定这一系统工程，他说：“这是一桩很重要、很有意义的工作，属于文学研究中的基本建设”，认为这套丛书的出版，“填补了新中国成立以来文学研究工作中的一个空缺”。新时期以来，当代作家研究和资料汇编的工作取得了不小的成绩，但同当今文学创作蓬勃发展和作家队伍不断壮大的现状相比，仍很不适应。在这种情况下，《王火〈战争和人〉论集》的出版，确实为繁荣文学事业做了一件实事，对加强我国当代作家研究的工作，无疑会是一个有力的推动。

（原载《当代文坛》1994 年第 2 期）

《战争和人》随感录

雷　达

一

王火的《战争和人》，由《月落乌啼霜满天》《山在虚无缥缈间》《枫叶荻花秋瑟瑟》三大卷组成，凡一百六十多万言，是目前海内最长的长篇之一，仅次于周而复的《长江万里图》。欲读此书，望之生畏，我随时准备撤出，但尽管时有沉闷的章节，作者也不时“阻挠”我读下去（后面要解释这一点），我还是把这部大书读完了。其中有这大量已知的东西——我们接受过的史书、文艺作品、资料、电影、回忆录等前文本，却把抗战初期吏治之腐败表现得淋漓尽致。但其中最主要的部分却是未知的，是作者亲历并有切肤之感的极独特的生活。暂且不论此书的历史价值、思想价值、文化价值和史诗规模，单就吸引我的最直接的原因来说，在于它写出了抗战时期特有的氛围，尤其是写出了那时的人的面孔和灵魂。（人的面孔和表情是有时代印记的，现在的演员无论多么努力，往往难以还原历史上人物的表情，只能达到形似。）《战争和人》的审美秘密之一，即在它的许多人物许多场面进入了神似的境界——写出那一时代的“神气”。

吴江县县长江怀南，是个极贪鄙的虎狼之吏，偏又文质彬彬，惯会装孙子，谦恭如一介寒儒，柔媚如妇如女。他在吴江县怎样气焰万丈、鱼肉百姓，叫人很难设想，或想来令人战栗。他犯了大案，本该严惩，但他勾结谢元嵩，设计了一整套拉童霜威下水的步骤，严丝合缝。以致老练如童氏者身不由己入其彀中。他不但在童的庇荫下逃脱了惩罚，后来竟把“恩人”童霜威的妻子也玩弄了，他最后成为汉奸自然是不奇怪。他只是书中的一个小配角，位置类于《红楼梦》中的贾雨村之流，但他的送厚礼、充小辈、暗中要挟、善于逢迎的水磨功夫，他的凫泳官场如鱼得水，使我们熟悉甚至有可能编撰出类似的东西，我们今天不是也有些腐败的贪官吗，其表现形式和心理动机与江怀南就大不一样，江怀南属于他的特定时代。

另一人物陈玛荔，也属抗战中后期及至新中国成立前夕政治生活的特产，具有极鲜明的时代特征，以前没有，以后也没有，乃时势造出的怪胎。她是高级文化特务，新闻书报检查官，无情地扼杀进步书刊的出版。但作为一个女人，她却是身材窈窕、气质华贵、充满魅力。她在美国留过学，讲究穿戴、讲究饭食、讲究礼貌、讲究效率，爱听小提琴，也爱看京戏，涂着红指甲的纤手，总是夹着一支骆驼牌的烈性香烟。按那时女界的时髦，她崇拜并模仿蒋夫人，何况她与蒋夫人关系密切。她和丈夫毕鼎山之间不过维系夫妻的名分罢了。她的内心其实是很鄙夷毕鼎山的。这样一个风骚的、欲望勃勃的女人，自然逃不开女人的需要，她对比她小得多的童家霆的那份丢不开的感情，其实是一种意淫。为了这份隐衷，她甚至极少有地违背政治态度，帮过童家霆一点小忙。然而，这种情欲扰乱理智的事对她来说毕竟绝无仅有，她是真正的反共中坚分子，她的美丽的嘴唇里吐出的，常常是阴狠和一党专制的滥调。当童家霆并未接受她的栽培，沿着反方向发展后，她很快就压下了情欲之火，换上了一副冰冷的、让人捉摸不透的面孔。陈玛荔同样不是书中多么重要的人物，但她对于表现那个特定时期的氛围所起的作用，不可低估。

我们现在的一大时尚是讲“超越”，即超历史、越现实，也喜欢讲“普遍”，即主题的人类性和形而上，认为只有具备了超越性的作品才是值得首肯的，无形中对写实性强的作品有几分鄙薄。事实上，在我看来，欲达到超越，第一步须得不超越——不要以为把时空界线模糊了，搞一些神龙见首不见尾，前不着村后不巴店的东西，就天然地具有了超越性。思维方式和表现手法无法代替对事物本身把握的深度。

江怀南也罢、陈玛荔也罢，在今天的某些人身上未必找不到与之相似的踪影，但他们首先属于他们的时代。黑格尔是被马克思称赞为“第一个想证明历史中有一种发展，有一种内在联系的人”，也就是热衷于研究“超越”的人。让我们听听这研究超越的人是怎么说的，他说：“每个时代都具有如此独特的环境，每个时代都是如此特殊的状态，以至必须而且也只有从那种状态出发，以它为根据，才能判断那个时代。”（黑格尔《历史哲学讲演录》）

我读《战争和人》，关心的不是用批评家惯用的几把尺子来衡量它，而是首先关心它是否“从那种特殊的状态出发”。答案较为满意，于是我们才有了讨论的基础和前提。

二

说作者自己在阻挠我们读下去，指的是此书每一卷前面见缝插针似的“卷头语”。你本来读得很投入，津津有味地循着故事线索和人物逻辑前行，它甚至引起了你的思索和感触，这时候总会拦路跳出一个声音。“战争啊战争”地感叹一番，所说的话与正在发展中的情节了无关涉，无非是一些并不深刻、相当空泛的议论。这很像是你正在聚精会神地看一部电影，躲在旁边的人每隔一会儿就要打断你，逼着你听他说一些庄严的大话，空话；听他说够了，你才能继续看下去。恕我不敬，这些卷头语均标明“摘自创作手记”，其实有的像是从《毛选》中摘录一段话后略加改变，有的则空洞得让人惊讶，如：“历来光明总是与黑暗并存，高尚总是与卑鄙同在。正义与邪恶、美与丑、苦与乐、爱国与卖国、总是对立统一地存在。任何时候，这都并不奇怪，也不可怕。”是呵，的确没有人觉得奇怪，所以与其说不如不说。若依照我的看法，这些卷头语应该全部删去。作者当然是绝对不会答应的。托尔斯泰的长篇里，总要夹杂大量的说教，有的小说结束了，还要附录几万字的感想，其心态大约都很接近吧。

不过，《战争和人》的作者的卷头语有个明显的意向，那就是竭力要把此书的主旨往战争与和平的“问题”上靠，换句话说，虽然这部作品主要写沦陷区和大后方的生活，但作者竭力要证明，他写的不光是抗日战争，而且是关系到全人类的时代主题。这就很值得商榷。在《战争和人》这部书里，战争实际上是无所不在的背景，真正写到战争场面的笔墨非常之少，只有淞沪战役和南京屠城的一些片断，这自然无可无不可，但作者觉察及此，大约怕影响到他所主观规定的战争主题，便运用卷头语尽量往战争方向拉。于是也就出现了明明正在写的事与战争关系不大，而此时的卷头语却在大谈战争与和平问题的不协调现象。如果说，作家的主观意图与作品形象世界的客观意义往往发生矛盾，那么，此书又是一个例子。据说有的论者完全跟着作者的自我表述走，也在论定此书的主题是“战争和人，战争与和平问题”，这倒激起了我想辩论的兴趣。我想，可以断定的是，此书的主题并不是茫无边际的“战争和人、战争与和平问题”之类的抽象说法。

那么，这部书主要写了什么，它的主题意蕴和艺术成就主要表现在哪里？一切只能从具象的艺术形象体系出发。我以为，《战争和人》之所以不同于《青春之歌》《野火春风斗古城》《敌后武工队》《风云初记》《长城万里图》等涉笔抗日战争的长篇，其独特性表现在以下方面。

一、它写的不是地下党或学运，也不是根据地我党军民的抗日活动，它从这些习见的视角跳了出来，视野所被是整个沦陷区和国统区，力图全局性地把握抗战时期的社会历史生活流向。但任何艺术都是具体的，个别的，它用以概括时代的媒介又是一个家庭和几个主要人物。童霜威、童家霆父子无疑是核心人物。他们的位置颇为奇异，似在旋涡中心，通过他们以及汇聚在他们四周的纷繁人物、事件，仿佛摄像机一样，展现了一个大时代形形色色的命运浮沉和世相百态。童氏父子的足迹所至，如上海、南京、香港、武汉、河南、重庆、江津等地方的世情，得以展露，与童氏父子命运攸关的各种势力，如共产党人，进步人士以及蒋系，汪逆，日特，学界，商界，官场，特务机关中的人物等得以轮番出场，这就更真实、更广阔地展现了1936—1946年十年间中国社会的历史面貌和人心动向。

二、更重要的是，此书的主题具有很强的精神性和心理色彩，如果说，表现抗战时期的氛围和面貌是其表层的话，那么其深层意向则是我们民族被置入风狂雨骤的战争环境时，民族灵魂所经受的痛苦、蜕变，探求的历程。不错，童霜威不过是个国民党的上层失意官僚，童家霆不过是个官宦家庭的正直子弟，其他的人，如钩心斗角的各派政客，被拘囚的共产党人，身陷魔窟的少女，堕入空门、心灰意冷的女人，勇武的军人，贪婪的奸商，学界的鬼蜮，形形色色，不一而足，他们足以代表我们民族的精神发展轨迹吗？即如童氏父子而论，童霜威到头来也是从国民党的中右分子转变为“左倾”，童家霆是靠拢进步力量的，但他从陪都的新闻界和女人圈子走出时，也只是萌动了投身革命的朦胧意向。结尾时，他做了一个梦，梦见自己又变成小孩子，勇士似的高举一面红旗挥舞，很像负伤的安德烈眺望夜的苍穹时的顿悟。的确，童氏父子都不算我们民族中最先进、最优秀的分子，他们在暗夜中摸索时间很长，他们的变化也颇为缓慢，但唯其如此，这种缓慢的摸索别有一种深刻的意味。我们能够因为葛利高里在革命与反动势力的夹缝中不断动摇反复，而怀疑《静静的顿河》的价值么？关键在于主要人物负载的社会历史内容的多寡。

三、如果不算人为地拔高或“挖掘”的话，我以为此书部分地摆脱了习见的政治视角，融入了文化视角，这在处理急促的战争题材上是不容易的，在处理政治性极强的题材上，也是不容易的。所谓文化视角，主要倒不是作者随处征引诗词歌赋，遇到寺院道观就更忍不住掉书袋子或津津乐道于某些典故。这些只是增加了书卷气，与我说的文化还不一样。我所说的，乃指文化心态和一种内省的风格，根源于文化传统的内在人格结构，深入及此，就突破了一般的政治判断层。这一点，后面还会谈到。

以上三点，即是我看到的《战争和人》的主旨和主要特色。

有人认为，《战争和人》的风格和形态是完全独立的创造，好像全无依傍和借鉴来源似的，这就值得商榷。

准确地说，这部作品写的是战争对一个民族精神和心理的影响，而非战争本身。在那个战云密布的时代，作品采取的基本是不写暴力冲突和武装斗争的方法。假如这部作品与周而复的《长城万里图》比较，区别就很明显，《长城万里图》用是编年史、战争史的纪实写法，国、共、日、伪几个方面的决策人物和主要势力在每个时期的表现，均有史事可征，它才是真正在写战争的纪实小说；《战争和人》则是典型的虚构型历史小说。就小说的形态而言，它向《战争与和平》《战争风云》的借鉴，其实很明显。《战争风云》中亨利上校一家是虚构的，战争场面注重纪实，《战争和人》似借取了前者。至于它学习《战争与和平》的结构方式，就更明显不过了。茅盾先生在谈《战争与和平》时说：“这么一部百余万言的巨著，人物多至一百以上，场面自血战，国土的会议，贵族做生日，剧场，跳舞会，打猎乃至小儿女的情话，农民的生活，十九世纪初那十年间的，俄国的政治事件和社会现象几乎网罗无遗，然而贯穿这一切的线索，就是对拿破仑的战争。”接着他归结道：“第一，其中虽然写了拿破仑、亚历山大以及别祖霍夫等历史人物，可他们绝对不是《战争与和平》的主角。这小说的主角是彼得和娜塔夏一类青年人。其次。《战争与和平》又写了整个俄罗斯民族，从农奴到贵族地主，各阶层的生活都不缺少。最后，而且比较最不重要的，才是那些‘和’与‘战’的历史事实。”这段话说得再清楚不过了，回头来看王火的《战争和人》。除了它的广度和深度远不及《战争与和平》（它实际侧重于国民党官场的纠葛），只写了童霜威一家（不似《战争与和平》写四个家族，他开头列出童、管、叶三府，流露过三头齐进的苗头，后来收缩了），其他的，如它也写了十年间的事，也尽力网络般地展开各地方各阶层，证明其结构脱胎或借镜于《战争与和平》则无疑。

三

据我知道，《战争和人》出版后，有些影视厂家欲将其搬上荧屏，却又苦于此书动作性、戏剧性不强，颇感棘手。我要进一步指出的是，此书最具文学价值的部分恰恰是最不适宜改编为影视的，而它的价值较底、较为平庸的部分则是适合改编为影视的部分。此话怎讲？依我看，童氏父子，尤其是童霜威，围绕进与退，隐与显，民族气节，完善自我等问题所陷入的心理冲突，具有较高的思想文化价值，但不好通过影视表现；若从外部动作来看，童霜威无非是个大部分时间在沉思，后来过着很长时间囚徒生活的慢节奏的人。这个老头子，不是装病，就是老在写他的《历代刑法论》，真没有多少意趣可言。

然而，正是在这一点上，作者有意或无意地靠近了当代世界最新的审美潮流，那就是文学的“文化化”趋向。无论是写抗日战争或者别的，我们的文学都曾长期停留在把文学作为政治意识的载体和做出简单化的政治的、道德善恶的判断的阶段。作为文学的发展阶段，这自然无可厚非，但是，若要向更深邃的精神领域和更广大的艺术时空开拓，这种写法就很不够了。作为一个人来看，我并不喜欢童霜威，不喜欢他的优柔寡断，曲里拐弯，自命清高却又不甘寂寞；但他作为一个文化动物，我又觉得其精神活动有较高的典型性。别看他是动中之静，别看他实际上游离于当时战争和权力的中心，其实，他离政治中心远，离文化冲突的中心近。所谓价值，即是指此。

童霜威的官衔很多，什么中惩会的委员、秘书长之类，骨子里他是个典型的知识分子，与其说作者在写一个无派系背景的失意官僚，不如说在写一个曾经是中间偏右的、从政的知识分子，在抗战离乱中的苦闷和挣扎，由于他的特殊出身和政治地位，这种苦闷的政治文化色彩更加浓厚罢了。他经常怀着酸溜溜的心绪，觉得自己这样的人物很可怜："人家把我看作大官儿，其实算什么呢，在政治的漩涡中，我只像一滴随波逐流的小水珠。我既不能左右自己的命运，也不能控制官场的进退。"情况也正是这样。重要的不在于童霜威的进与退，而在于绕系在他身上的矛盾是如此复杂，交织在他心头的情感是如此错综。他是留日的法学博士，日本特务便盯上他，想利诱甚至招纳他；他是惩贪部门的主官，贪吝奸邪之徒要软化他，腐蚀并污损他；他是无党派背景的中间分子，蒋系、汪系都要利用他同时倾轧他。这只是政治生活的方面。由于他既清高又不甘寂寞，既廉洁又未能全然拒绝利禄，他包庇过坏人，拜见过汪精卫（汪氏附逆之前），用装病逃脱过日特和汪伪的胁迫。他是学者，又是官僚，于是又在学术和从政上也很矛盾。像许多传统的中国知识分子一样，他的自全的法宝无非是儒道互补的策略。在人性的、情感的层面上，他的心态就更加矛盾。前妻柳苇是共产党人，被杀害在雨花台，他与她因政见不合而离异，但在情感上，他又终生怀念着柳苇，成为情感上的"死结"。他厌恶后来的妻子方丽清，爱慕入山为尼的卢婉容，但因种种原因，在个人生活上始终不如意。

这就是矛盾百结、无所依归的童霜威其人。我们切不可小看他拒绝当汉奸、坚守节操的难度，对他这样背景复杂的人来说，装病也好，自残也好，退归林下也好，能保住气节实在不容易。在如火如荼的抗战中，他的大部分时间便是千方百计地抵制充当汉奸，为此付出了不小的代价。他的抗拒汪伪，认清国民党的腐败，转向进步立场，其迟缓而沉重的觉醒，意义也不可低估。童霜威的概括力是有局限的，但也是极独特的，以往的文学不曾有过。

四

读《战争和人》，我一直遗憾于童家霆真正介入全书的生活矛盾太晚了。在前二卷、甚至第三卷的开始，他始终是个孩子，只有简单的爱憎。围绕着他的欧阳素心、燕寅儿、陈玛荔、燕珊珊、曹心慈等人也只好因他的成熟太晚而出场太晚。在前二卷近一百万言中，主要是围绕着童霜威的政客们的表演，如谢元嵩、叶秋萍、管仲辉、张洪池、毕鼎山、江怀南、诸之班们上蹿下跳，活跃异常，未免使作品的总格调显得老气横秋；假若童家霆的年龄再大些，成熟再早些，让他和他的同辈们早点出场，全书的气氛、密度、丰满感必会大增。现在的前二卷，线索未免太单一了，可一言以蔽之曰：童霜威的大逃亡。

很欣赏童家霆和环绕着他的女性们，是他们带来了青春气息，即使像蛇美人似的陈玛荔，也毕竟带着人间活气和欲望之火。老实说，我最怕看童霜威总在书房里写他的《历代刑法论》的章节，我常常想，这种劳什子，写成了又有什么意思，作者干吗总要煞有介事地渲染这件事呢，总要欣赏这老头不紧不慢踱方步的模样呢，就算这是“文化”，也是可厌的文化。我甚至怀疑，童霜威是否作者父亲的影子，自叙传使作者的趣味出现偏嗜。

童家霆是可爱的，他的可爱在于一点也不世故，纯真得不知道什么叫风险，更可爱的是他对欧阳素心的恋情，真是“执着如怨鬼，纠缠如毒蛇”，这等痴情人，现在大约是不好找了。欧阳素心的失踪，是后半部的大悬念，谜底揭开，她已掉进军统特务老巢，成为一名播音员，过着极端压抑、闷暗的生活，以泪洗面，强颜以肉体侍奉一个大特务。

读至此，不由人不默诵《腐蚀》的著名序文：“呜呼！尘海茫茫，狐鬼满路，青年男女既未能不屈不淫，遂招致莫大精神苦闷。”那个画出“山在虚无缥缈间”，老是吹着琴的少女，就这样毁灭了。童家霆和欧阳素心之恋，是这部沉重的写实长卷中难得的抒情旋律，因而给人的刺激力格外强烈。

（原载《小说评论》1994 年第 3 期）

历史的激情和诗心的燃烧

覃　虹

1997 年 12 月 25 日的《文艺报》终于报道了第四届茅盾文学奖评选揭晓的消息。这一届评选花了两年多的时间，可见是慎之又慎了。令人欣喜的是，王火的《战争和人》名列榜首，可谓“众望所归”。这部三大卷、一百六十余万字的现实主义巨著，以其带着鲜明个人风格的史诗性特色，奠定了王火作为当代著名作家的地位，并将在中国文学史和世界战争文学史上闪耀光芒。可以从许多方面来分析这部作品的成功得失，但史诗性——并且是烙上了王火个人徽记的史诗性，是其最为鲜明的艺术特色。真正成功的“史诗性”长篇小说，必须是“史诗性”和“个人性”两相融合的产物。而《战争和人》，正是二者成功结合的一次勇敢尝试。

我们之所以认为《战争和人》是“史诗性”和“个人性”的结合，是因为它所富有的美学形态——“雄浑美”，是独具风格的“雄浑美”。

不能否认，长篇小说也可以写得十分柔婉，也可以而且应该允许“小桥流水”“小家碧玉”式的长篇小说存在。但《战争和人》这样的长篇小说，却应该是而且只能是“黄钟大吕”“史记离骚”式的作品。也就是说，就其美学特点而言，它在总体上必须显示出一种“雄浑”之美。但是，即便同为“雄浑”之美，对于长篇小说来说，也应该具有完全不同的形态。《战争和人》无疑是具有雄浑之美的佳作，但它的雄浑，又是与众不同的“雄浑”。

为了说明问题，可以将《战争和人》与文学史上的几部名著做一简洁的比较。

雨果的《九三年》是一部举世公认的“雄浑”之作。这部小说以充满惊险色彩的故事情节描写了法国资产阶级革命时期革命与反革命两大对立力量的生死决战。小说的主要人物——代表反革命一方的朗德纳克和代表革命一方的郭文，雨果是以对比衬托的手法来描写和塑造的。朗绝非鼠辈，郭才显得不凡。其人物形象刻画成功，然而是浪漫主义风格的。小说的主题当然十分厚重，但最鲜明的是人道主义光芒。朗德纳克舍身救小孩、郭文因而私释朗德纳克、西穆尔登于处决郭文的同时开枪自杀等情节，都是在人道主义烛照下，按浪漫主义的创作方法描写“应该如此的生活”这一特点来虚构的。而王火的《战争和人》却是以当代现实主义手法来创作的，他描写生活的本来面目。塑造人物的方法更有变化，小说不仅富于人道主义思想，更有历史唯物主义和辩证唯物主义思想。这无疑加强了《战争和人》形成雄浑风格的内在动力。

《战争与和平》是雄浑美的杰作，《战争和人》也是雄浑美的杰作，但二者的区别是很鲜明的。《战争与和平》主要写罗斯托夫和包尔康斯基两个理想化、宗法制的领地贵族家庭。主要人物是彼埃尔和安德烈。《战争和人》主要是通过一个家庭而且是通过童氏父子的经历来展现抗日战争的。这是小说视角的不同。《战争与和平》中，法俄交战双方的统帅——拿破仑和库图佐夫正面出场，是重要人物。托尔斯泰正面描写了 1812 年的战争。王火的描写却是从抗战中截取了一个“侧面”，放入自己的小说中来做“正面”描写，即是实写抗战的“正面战场”，虚写“敌后战场”，虚实相生，交战双方的统帅不是出场的重要人物。这是小说描写的不同。

《战争与和平》在雄浑的主题下有一些作者思想的“不和谐音”，如娜塔莎形象体现的“宗法制家庭的贤妻良母理想”，库图佐夫形象体现的“反对理性、崇奉无意识活动的自发的生活原则”，特别是卡拉塔耶夫形象“美化了宗法制下的落后农民，宣扬逆来顺受的不抗恶的思想”。而《战争和人》避开了这些，这是小说思想的不同。

《战争和人》在视角上、题材上与赫尔曼·沃克的《战争风云》《战争与回忆》应该说更为接近。沃克的小说通过亨利上校一家的活动展示出第二次世界大战的全景。王火的小说则是通过童霜威一家的经历展示出这次世界大战的重要部分。但是，沃克的小说是油画式的大写实，重全景；王火的小说则是中国画式的虚实相映，重诗意。总题《战争和人》，而每部的标题却盎然着中国古典味儿：《月落乌啼霜满天》《山在虚无缥缈间》《枫叶荻花秋瑟瑟》。这种诗意美在全书的结构、人物、意蕴中都可以寻到，不仅仅表现在标题上，而是作为创作的一种美学追求，和全书的一种美学品格在字里行间洋溢着，激荡着。由此，不难看出沃克的《战争风云》和王火《战争与人》大异其趣的地方。

以上谈到的几部作品，都是雄浑风格的长篇小说。然而细品之，我们可味出雨果的《九三年》“模糊的神话”式的“雄奇”；而《战争风云》则是以“雄厚”见长；老托尔斯泰则是“雄健”——《战争与和平》不仅卷帙浩繁、人物众多，场面浩大，而且其议论滔滔不绝，铺天盖地，确实既雄且健；而《战争与人》之雄浑，我们可以谓之“沉雄”——也许，这是中国儒家文化思想表现在美学上的一个独特境界。

澎湃着历史的激情，炽烈着诗心的燃烧，《战争和人》的“史诗性”特色不同于他人之处，也就是它的“史诗性”和“个人性”相结合的地方，在于王火将个人生活经历和中华民族反对日本侵略的伟大的民族革命战争水乳交融地联系在一起，用自己诗心去解读和表达历史，达到了历史的诗化，“史诗性”的“个人化”。

《战争和人》，可以说是一部别人“不能写”的巨著。这部作品被称为“亲历体”，换句话说，长篇所描写的生活，是作家本人亲身经历的，许多人不可同有。著名编辑家、评论家胡德培在一篇文章中写道：“当我问到作家创作素材的来源时，作家在成都的寓所里向我透露说：作品所写的主人公及其一家的生活遭遇，许多都是作家本人及他爱人两家亲人的生活经历和见闻。同时，收集了上千万字的资料，准备创作时大多曾经旧地重游，做过认真的勘察和访问。然后，作家又经过多年反复的艺术虚构和精心的艺术布局才动笔撰写的。”这里所谈的，实际上就是一个创作“个人化”的过程。我们在前边以“沉雄”来概括《战争和人》与其他以“雄浑美”见长的长篇小说的区别，以说明它的史诗性特色。现在要说的，则是王火是如何在雄浑风格的长篇小说中独树一帜、取得这种史诗性特色的。当然，限于篇幅，这里也只能简要地论及。

《战争和人》的一些生活层面，是作家个人独有、别人所无的，这是作家进行诗化即“个人化”的有利条件。但拥有“个人化”的生活，却又不一定真能写出“个人化”的作品，关键还在于“个人化”的意匠，也就是那种在素材面前能够燃烧的“诗心”，能够驾驭生活、表现生活的高度艺术技巧——这是一种从内到外、从外到内、内外结合、缺一不可的真功夫。王火在化史为诗、史诗性与个人性水乳交融方面所做的努力和取得的成功，可以概括为以下几个方面。

个人化的题旨开拓。《战争和人》的题旨，在同类题材作品中显得更为广阔和深厚，但更显得独特。王火在创作手记中写道：“我想写的是战争和人，写战争与和平，写美与丑、善与恶、爱与恨、肯定与否定、是与非的选择。当时的人物、生活、氛围……如果再往下写，将写出一个时代的结束和一个时代的开始。”作家的总体构思决定了作品的深厚和广阔，几句话难以备述。但又如作家所说：“要表现的东西很多，主要的必须明确。”为了这个“明确”，他又进一步沉思，关于抗日战争的现成结论是人民胜利了，侵略者失败了，过去的小说都是这么写的，这也不错，“只是在我的亲身感受上所得到的立意是：与日本侵略者同步失败的还有当时蒋介石领导的‘国民政府’。这个立意发掘下去是大有可写的。”这个立意，是王火独特的个人生活和历史生活的共同赐予，更是作家面对生活千淘万滤的结果。如果在题旨上毫无开拓，与已有的同类题材作品雷同，就没有今日的《战争和人》的成功。

个人化的人物塑造。在生活中找到了人物，哪怕是只有自己才亲近、了解的人物，也必须要用个人化的艺术手段来塑造他。王火写道：“我只愿从生活出发来塑造人物，并没有遵循任何模式。但我确实写了人物性格深层结构中的不安、动荡、痛苦、搏斗……”决不蹈常袭故，塑造唯我笔下有、他人书中无的人物性格，是一切真正作家最大的特征。《战争和人》中的人物之所以栩栩如生，童霜威之所以能在反法西斯文艺画廊中成为一个独具光彩的典型人物，在于作家借战火的烛照画人物的灵魂，凭历史的风云写人生的选择，在这个总目标下，他根据自己独有的生活积累和情感积累，笔如利剑，挑开旧社会复杂万端、犬牙交错的人际关系，在这种关系中雕镂人物性格。国民党要员童霜威，前妻却是共产党人，“因爱结合，因恨分手”，然而她死后，他又对她爱得更深，思念一生。童霜威一生中的三个女人，命运不同，性格迥异，与他在被国民政府、汉奸、特务、日军注意、拉拢、羁縻、迫害，不断逃亡的苦难历程中所做的选择，互为作用，使性格凸现出来。为什么童家霆追求进步，却对身陷泥淖不能自主的欧阳素心缱绻情深？为什么共产党人柳忠华在狱中坚贞不屈，后来却并不与童霜威一刀两断？为什么陈玛荔身为三青团处长，仍然援救共产党员冯村？这些人物性格都不是扁平的，而是浑圆的，经由多侧面的描写达到独特性，这就是王火在人物塑造上的“个人化”方式。

个人化的谋篇布局。有人说，写长篇小说最难的是结构。《战争和人》的结构在一般上说来，可以显而易见的是宏大的布局，是“流浪汉小说”结构式。王火确实借助了这种结构手法，但他又将其个人化，在这种外表结构下，更深层的是人物灵魂发展变化对小说谋篇布局的内在驾驭。这种内外结合的结构方式，是对流浪汉小说结构的超越。情节不是随出随断，人物不是忽来忽去。《战争和人》读来让人觉得大江东去，一泻千里，大气磅礴，一气呵成，这正是谋篇布局个人化的结果。

个人化的笔墨韵致。长篇小说是语言的艺术作品。文学语言是体现作家个人气质、修养、功底的鲜明标志。《战争和人》的语言艺术水准也不输其内容达到的高度。王火笔墨韵致的个人化，表现在叙事语言的起伏跌宕，多彩多姿和人物语言的传神入髓，毕肖性格。写南京大屠杀、寒山寺枫叶、雨花台荒冢、赤地千里走中原、风波凶险雾重庆……无不是当浓则浓，当淡则淡，墨分五色，变化得宜。人物语言，以一小例即可看出特点：“哈哈，童秘书长，在我这里，鸡汤你尽管放心喝。我内人炖的鸡汤，是真正的鸡汤，哈哈，决不是鸡的洗澡水！……我内人炖鸡汤，杀鸡时将颈部以上的皮连同鸡冠、鸡眼、鸡嘴全部刨去，鸡屁股连同尾巴尖统通不要，毛固然要拔净，煮汤之前，先要给鸡好好洗个澡。”从这短短的一段话里，我们不是可以看到“我”和“内人”两个人的性格么？在此恕不多议。

（原载《理论与当代》1998 年第 2 期）

全球一体化语境中本土文学的自我确认

——《战争和人》得失谈

邓经武　陶　镕

一、民族风格的追求

在《战争和人》创作过程中，作者首先是带着一种焦灼，即在中西文化尖锐碰撞下对民族本土文化即将消解的担忧。随着中国的开放国门走向世界，伴随着西方先进科技、雄厚资本进入中国的，是西方文化的大量涌入，由于西方发达国家传媒技术的高度科技水平，西方文化的世界霸权似乎在中国也逐渐确立，全球化、地球村的格局已经被建造在西方文化霸权中心的基础上。中国文学要走向世界，但世界文学之中应该有中国文学的一席之地，这就成为中国当代作家们不无焦虑的思考。一些作家不再将西方视为中国必须赶超的“他者”（如对“诺贝尔文学奖”的不屑一顾），而是悉心关切民族文化特性和独特文明的延展和转化，形成超越焦灼的一种新策略。

出于对西方文化霸权的反抗，《战争和人》的艺术追求，就定位于“想写一本中国味儿、中国生活、中国民族精神的长篇”。这首先，也是最突出的，是小说大量生动的生活场景和风俗画面的描写，六朝烟水与金陵形胜、吴江小镇风情和苏州名胜、寒山寺、枫桥、拙政园、草堂、缙云山的风景等及其地理名物的解说，都在渲染着一种“中国生活”具体状貌，以力图体现出一种“中国味儿”。确实，作品有关江浙的自然景物、地理名物、典故传说，描写得尤为具体感人，这当然是作者的青少年生活积淀和“故土”情结所致，更是作者对“中国风”有意识地艺术营造。特别是大量古典诗词的引用与景物描写的结合，同人物当时的心境融合一体，形成意境，从而体现出一种强烈的中国式文人风采，甚至不惜皈依中国传统文学的老套！也就是说，在作品的描述性语言运作中，其人、其地、其景，都和谐地汇融一体，心理描写与古典诗词的引用交相辉映，确实呈现出中国传统文学的雅韵，体现着在全球一体化语境中作者对民族本土文学特质的自我确认之努力。

这还表现为，根据作品人物的地位、身份和教养，在其对话、书信描写中精心选择一些文雅词语，确实有助于人物特定性格的表现，江怀南信件的词语古雅，冯村书信的文气与准确，都酷肖其人，这都与如方丽清兄妹的浅显直白（商人体）书信用语遣词，互相映衬而相得益彰。作品人物的多数对话语言安排，也很符合特定人物的教养、身份，这都是小说的成功之处。但刻意地追求也同时带来了遗憾。

文学是语言的艺术，但“艺术”指的是语言运作的高度技术化、技巧化而并非仅仅是词语的“雅化”选择，雅化得过分就导致了语言的做作。作者对西方文学话语霸权的警惕，导致小说语言价值取向的向传统语言体系的回归，但操作的失当，却走向了旧式的老套，这在小说第一部尤其表现突出。作为现代小说的叙述语言，首先应该做到明白如话，这是20世纪中国文学与传统（古典）文化在话语符号体系上区别的最大特点，也是中国新文化运动的主要追求目标和20世纪中国现代文化的新传统之一。

文学语言的白话化、通俗化，进而达到大众化、平民化以至于通过形式而达到思想的民主化，已经成为中国现代文化语言符号体系的主流精神。《战争和人》叙述语言却大量使用如“来回踥蹀很久”、“头发银白，头顶大部牛山濯濯”、“侑酒陪客”、“一种徒呼负负的感伤”、“阃令森严”、“踽踽地向自己房里走去”和“踽踽迈步”等生僻、僵死的文言词句，就成为一种“滥用”。这虽然增加了作品的“文气”，体现着“雅化”的艺术追求，却限制了读者的理解并阻碍着欣赏的实现，实际上是得不偿失。粗俗的方丽清文笔只能达意，却能想到“同江怀南刚刚把晤却又要分别感到一种遗憾”，这不能不说是作者只顾自我古典文化知识的展露而忘记了作品人物角色特征。作者的叙述语言用账房“上来迓迎”这样的表述，也很不合适。青年下级军官童军威“惋惜过后来大哥同嫂嫂的分袂”，极不符合人物特定的文化素养。汽车司机尹二的心理活动，无论如何也不应该用“心情凄凉杌陧”等文言词语去表达。又如“杌陧的时局”、“大局蜩螗”、“工事窳败”、“午间踟跌入睡”、“疰夏”、“毵伙着”等作品人物语言和作者叙述语言，都不是当下文学作品面对社会普通阅读者应该有的选择——假如作者确实不准备使作品“藏之名山，传之其人”的话！还有，如果要进行“世界化言说”的文本转化，这些词语又将如何翻译？此外，特务头子叶强，其人可鄙可厌，童霜威当面尊呼其号是上层人物的修养和应有礼节所致，整个叙述语言一概写为“秋萍”，则与全书对之的否定性情感不相符。大量古典诗词吟咏，触景生情的古典文化内容，确实能够起到画龙点睛、烘托气氛的效果，但每处、每时都如此，又落入传统小说“有诗为证”的老套。

总之，无论是用毛泽东的“文学作品写给谁看”的政治标准（因为作者有“作者屁股坐在什么地方写，这点决不含糊”的创作立场），还是用尽可能获得最大读者市场的当下经济利益去衡量（至少该书的出版社是要“与市场效益挂钩”的），这种词语的“雅化”都是不可取的。一种意识形态的传播，当然是希望用最大众化的媒介符号话语方式，传达到更大范围的受众中，以获得最好的传播效果。按乔伊斯的理论，小说作为一种语言的艺术，其根本功能不仅仅是“讲故事”，而是使语言作为一种媒介去艺术地激发、诱引读者的联想和想象，使作品具有更大想象、联想的空间，这绝非阅读的语言障碍所能“激发”。

小说在探索民族文化定位的新可能，悉心关切民族文化特征和独特文明的延展与转化等方面的努力，是值得肯定的。但对传统文化的继承和发扬，决不能以牺牲现代性（五四新文化运动以来的主要成绩）为代价，小说的雅化营造，决不能以阻碍大众的接受为代价。

我认为，远说鲁迅小说的“白描”技巧、周作人散文的“晚明小品”风、汪曾祺小说古典意境，近说陈忠实的《白鹿原》、张炜的《古船》等对民族秘史的穿透和展示，都是使用平白如话的语言却表现着中国传统文学的诗性和韵致，外在的行云流水、漫不经心中，体现着极深刻的技巧——化融成“大象无形”！方块汉字的象形，本身就蕴蓄着形象性，这是20世纪初美国诗人庞德早就清醒看到的。汉字的潜能，就在于形象、通俗中的神韵[①]，语言本身具有其自在意蕴：“清水出芙蓉，天然去雕饰”！

二、历史的全景展示

《战争和人》第二部《山在虚无缥缈间·后记》透露着作者的一个主要创作动因：“与我的同龄好友一同自发地冒险散发抗日传单；在那血腥的沪西‘歹土’上目睹敌伪作恶；在那太平洋战争爆发后的次日上午，从慈淑大楼我上‘最后一课’的窗口里悲伤地俯瞰日本海军陆战队奏着军乐在南京路上举行入城式”，“我仿佛又看到沦陷后那满目疮痍的秦淮灯火石头城和听到铁蹄下中国百姓的呻吟声了！我仿佛又置身在1942年那赤地千里哀鸿遍野的中原大地。”对日本军国主义复活的警惕，个人亲历感受和人生体味的淤积在胸，就形象化为“不忘历史”的真诚呼喊。

从作者三篇后记中我们可以看到，作者的创作意图是“使人看到苦难中国过去了的一段长长的悲惨历史”，要展示出当时人们的“希望、信念、理想、爱国主义和民族精神、历史必由之路”（第三部），以达到“从历史引起对人生的思考，又从人生去发现历史”（第二部），他希望像明清之际史学家谈迁记录历史（第一部），更在小说构思中表达对杜甫式“诗史”的向往，他说：“不管它像不像史诗，我却不妄自菲薄地有这样的创作意图。”通过作品主人公的人生历程作者要总结的是“国民党这样的庞然大物当年是怎样会腐烂垮台的？民主党派与民主人士是怎样产生的？共产党应当如何以史为鉴？”……也就是说，这部作品更主要的是表现作者对历史、尤其是一段社会政治的一种认识！这就必然带有一种政治性历史“大说”讲述的性质！如果说，西方小说源自贵族沙龙中贵妇人消遣的阅读需要，史诗性的叙事和浪漫传奇，就成为长期

① 按：汉字源自图画，其基本构造原理是象形，并延伸为会意、形声、指事等，即汉字的意义与其象形的内涵是紧密包容的，汉字的运用应是取象譬喻。而譬喻的基础则是日常生活使用的普通口语。

以来西方小说的传统之一（其文体被明确界定为 story－故事、fiction－虚构、novel－新颖或新奇的），而中国小说是起于“街谈巷语”、“杂说”、“残丛小语”，鲁迅对之的理解是：乃谓琐屑之言，非道术所在！文学与历史典籍的区别，就在于此。作家陆文夫曾说：小说，就是往小处说！其实，中国古典长篇即使是“讲史”类如《三国演义》，也更多地还是立足于人的性格（曹奸、亮智、关义、飞勇……）。具体表现，从细微处见精神而非“道术所在”，这才是我们应该继承、发扬的民族文学的传统优势。

《战争和人》叙述的，其实就是中国文化一个最古老的文人话题：仕与隐！只不过穿上了现代的外衣——政治的动荡、社会的巨变，使传统文化价值观念就以纷乱的个体存在方式撒向现代知识分子；儒与释、国民党与共产党、民主与专制、法治与腐败、正义与邪恶、随波逐流与气节操守、个人欲望与社会职责……这样“丰富”传统为不同的人在不同的境遇中使用，再一次地突出了作品人物在整体上的精神迷乱，展示出 20 世纪中国社会各类人生在道路选择上的艰难程度。小说的真实性和感人性的基础就建立于此，这也是我从小说中“误读”到的对现代人生的思考。

当然，从 1937 年中国抗战全面爆发，到 1946 年国共之间内战的开始，构成了作品的整体叙事框架：风雨欲来“首都”南京城各阶层的心理和行为，“西安事变”及中国政坛的动荡在不同政治派别人物所引起的反应，南京大屠杀事件的惨烈，主人公奔赴武汉及避居香港和辗转重庆等地的经历，孤岛蛰居和寒山寺囚禁，南京家中软禁及逃脱，逃难途中哀鸿遍野、腐败满目，重庆、江津生活，特务政治，投身民主……一个个具体的生活场面，都由于大多是作者的亲历，而显得真实感人。这就是该作品能够跻身“中国当代最优秀的长篇小说”之列并获得“茅盾文学奖”的原因。总之，作者以现代“儒家”的政治态度去描写展现、揭示和批判，通过主人公的人生历程，穿插着当时社会的各类人物，安排了一个个历史事件，从而达到对那段历史的宏观表现。

不过，历史家最可贵的，在于秉笔直书而尽可能抛弃自己的偏见，给人们提供真实而全面的历史本貌。作品希望构成一段历史的“全景”，但是，我们却感觉到作品对历史真实“全景”展示的明显欠缺。

我们还是先听听作者的同代人对作者所写时代的认识："中国战场拖住了近百万日本关东军和预备队，使之不敢北犯苏联，中国还牵制了百万以上的侵华日军，使之不能南调太平洋战场，从而在整个战略上有力地配合和支援了盟军在西线和太平洋作战，对世界反法西斯战争的胜利做出了重大贡献"，"八路军首战平型关，杀敌凶焰，国民党军浴血台儿庄，英勇壮烈。南北辉映，威震中外"①。至少，除了李宗仁负责的战役外，十万川军抗战及饶国华、李家钰等高级将领为国喋血，戴传贤、杜聿明等中国军人在中（滇）缅战场的对日作战（如邓贤《大国之魂》所描写的），以及作品中提到的张自忠将军，这些都是历史的重大事件，回避之就很难体现出历史的"全景"。即如作者清楚看到的："抗战初期，日本侵略者把国民党当作主要进攻对象，国民党抗日也比较积极。在正面战场作战的国民党军队有二百多万人。国民党正面战场是抗击日军的主要战场，它在共产党领导的敌后战场的配合下，粉碎了日本侵略者三个月灭亡中国的狂妄计划。"② 从创作的技术来说，以作品主人公的身份，要"亲历"或"听到"、传达出这些内容并不是难事，但历史的"全景"、真实、"史诗"式表现等创作意图，却被"与日本侵略者同步失败的还有当时蒋介石领导的国民政府"这一"本质"的说明所消解。其根本原因，也许就是作者强调的"立场"问题："作者屁股坐在什么地方写，这点决不含糊"③。这是作者的"党性原则"及其一生政治追求的情感价值趋向的必然所在，但作为艺术品、尤其对一部有"史诗性"历史真实追求的作品，我们又不得不感到惋惜。

确实，文艺作品的生产过程是从"Fact"（事实）到"Fiction"（虚构），就是说文学创作允许作者主体意识的放纵，而历史的生产过程是从"Fact"（事实）到"Fact"（事实），反对研究者主体意识的放纵。将文学文本所包含的"真实"理解为"作者功能"（authorfunction），我们就不必孜孜以求严格意义的历史本貌。历史（History）←→故事（Story）这是一对非常容易混淆的概念。首先，二者的词根相同，但叙事角色有所不同。后者虽未显示人称代词，

① 殷白：《世界反法西斯文学书系·中国卷·序言》，重庆出版社1994年版。

② 王火：《对时代怀有使命感》，《书林》1989年第8期。

③ 王火：《〈战争和人〉三部曲创作手记》，《文学评论》1993年第3期。

实则昭示着确定的“某述”；前者，不言而喻，“他的故事”（His - sto - ry）。表面上，后者更接近于“事实”的本身，前者则浸染着第三者色彩。本质上恰恰相反。同一故事常常有不同的版本，历史的“他”叙述包含了“它的”（Iis）中有“他的”（His），历史是时空的进程和作者意识的双重叠加。文献是文人记述的，其中必然充满了文人话语。所以，任何历史记录都不能成为单一的历史部分，即真正发生的遗留物，历史的记录本身充斥着人的主观性——视野、视角和“事实”的文化“漂移”。有些学者基于对历史进程中人文话语的认识，提出了所谓“虚构的存在”或曰“非真实的真实”（fic-titious entities）。从本质上看，“虚构的存在”就包含着现行时髦“话语”——“说”的历史化明确意喻。小说“史诗”型真实性和“历史的认识价值”，也只能从这个角度去理解。如此，我们就真正确认了文学的本体特征，作家和社会阅读层也就不必再拘泥于文学的“历史真实”了。

《战争和人》一个突出问题，是篇幅过长。作者太爱惜自己的亲历和感受，太执着于对主人公经历的“全景”展示，甚至“step by step”地步步为营、日记式记录日复一日的生活起居。这都大可不必，有些部分可以省略，如：寒山寺囚禁——囚居家中完全可以代替这部分内容，至于佛学内容，则有卢婉秋有关部分代替——禅机佛学，这部分写得最好；人物议论政治局势太多，许多地方可以再简略些。日记式的记录，每到一处的介绍、尽情展开，并且生怕漏掉什么而回叙前面等，都显冗长。“每到一处都把其环境、情势、社会矛盾、人际关系及风俗习尚”写足写透，甚至用大量笔墨回叙前边的经历见闻，作品整体给人的感觉是挤得太满，没有给人留下想象和联想的空间。这其实恰好违背了中国古典诗学“大象无形，大音希声”的训示。虚实相间的东方神韵未能得到体现。心理描写的丰富和细致。大时代巨变中的矜持、官场争斗中的清高、气节与物质欲望的矛盾。“几乎一切都向政治内容靠拢凝聚，绝少闲笔”[①]；时空叙述的摹真重构及虚幻的“复活”历史、人物塑造、事件的描写完全服务于叙述者的政治意识。如果说，由于作者当年的采访积累使“南京大屠杀”部分写得令人难忘，童家霆的江津中学生活部分，主要是为了渲染突出对国民党特

① 谢永旺：《别开生面》，《当代》1993年第1期。

务政治的揭露与批判（不知作者及其同龄人是否大多都有这样的经历），情节设置带有“巧构”（good-made）的虚假，删除这个近乎一部长篇小说的文字，并不影响全书的基本思想表现。西方一位著名雕塑家说：艺术品，就是将材料多余的部分去掉。

20世纪末上海发起评出的“90年代10部最有影响的作品”，就遗漏了《战争和人》。这是“将政治还给政治家”的文学思潮发展、重新追寻文学本体特征的必然结果，是平民化、民间化社会价值观念的必然选择。

三、人物形象塑造

小说的另一独创之处是塑造了一个特殊的现代政治人物、中国文学画廊的一个崭新典型形象——一个现代社会的新型阶层代表——民主人士！主人公童霜威是一个现代型“士子”，隐与仕的矛盾贯穿其整个人生。

中国文化的基本精神来自儒家哲学，来自儒家所提倡的积极有为、奋发向上的思想。孔子自称“发愤忘食、乐以忘忧”，重视“刚毅”，表现了积极有为的态度。这种思想在儒家经典《易传》中有进一步的发展。《易传》提出“刚健”观念，又提出“天行健，君子以自强不息”的著名命题，这包含勉力向前、坚韧不拔的意义。儒学的这种“刚健”“自强”的思想在二千多年的长时期中激励着正直的人士奋发向上，努力前进，不屈服于邪恶的势力，坚持与外来的压迫做斗争。历史上，坚持反对不法权贵的忠直之士，尽力抵抗外来侵略的民族英雄，孜孜不倦探索真理的思想家、科学家，致力于移风易俗的文学家、艺术家，都体现了“自强不息”的刚健精神。作品在第二部就描写了主人公面对汪伪诱降的英雄气节：“我自幼熟读孔孟，早些年又研究过宋儒之学，坚守‘成仁取义’，是做人之道。”这就是传统意义上的民族英雄！总体上看，作品主人公的精神状态，使我们联想到鲁迅对柔石《二月》中肖涧秋的性格剖析：他极想有为，又过于矜持。当然，作者塑造童霜威这个“人”的根本目的，还是想以之去反映一段急剧动荡的中国“战争”历史，作者对主人公的价值评判，亦基于其是否积极有为地投身于时代斗争进步的洪流。

但从真正意义的现代精神来说，儒家价值观的真正实现，需要一个基本前提：做人的自由！应该是对人性的全面实现、人格的完全独立等的追求，而不只是英雄“政治进步”的完成。实际上在作品中“士子”的气节操守、“清流”型超越污浊，恃才傲物背后的实质还是被当权者冷落的愤愤不平；“非无产阶级”的人生决定着童霜威对共产党必然地隔阂。一个传统型“士子”面对现代剧变的无所适从，传统人格精神在现代人生中的尴尬和存在的荒谬，作者对这类人物的认识是深刻的，表现是极为准确的，因此塑造是成功的。

我们还看到，童氏父子的个人情感隐秘所在，各是三个女性。童霜威的妻子方丽清，虚荣、贪财、狠毒、自私，可用两点去概括：商人家庭出身的老姑娘、后母性格的表现——这种人物类型在生活中到处可见，很有真实感。但这个形象的最大作用是对主人公性格的表现，是童霜威性格变化中的一个主要驱动因素（如果从普遍意义上看，要是没有“遇人不淑”，童霜威性格变化又将会怎样?）；但始终萦绕在童霜威内心深处、无处不在地笼罩着童霜威的内心情感，是前妻柳苇，犹如虚幻中的吕蓓卡支配着现实中一切人物的手法，使我们联想到《蝴蝶梦》。但是作者将其作为知识和思想的传达者去塑造，使之成为传统优秀遗产（文化知识）、现代革命思想（共产主义学说）二者兼美的现代革命圣人。通过柳苇之口，作品给我们传递了大量的古典文化文学知识，作品的传统文化意蕴（即作者刻意表现的民族特色）就在很大程度上借此得到体现。乃至于小说第一部的标题“月落乌啼霜满天”，就是基于与柳苇定情的“枫桥情结”（当然，还有对当时政治局势的隐喻）。而就柳苇二十余年的短短一生，就其贫寒的家世（小说介绍道：“她家盛菜的大碗还有补过的”）、蚕桑学校毕业以及乡村小学教师的身份（还要花相当的时间去学习革命理论并成为坚定的共产党人）来说，要具备如此渊博的古典文化修养（还善于吹箫）似乎不太可能，这个形象给人的感受不太真实。在童霜威生活中犹如彗星闪现的卢婉秋，其出身、身世和坎坷经历，决定了她沉醉于佛学禅理，以避世来消磨生命（“痛苦的美丽”），犹如一首凄婉的宋词和悠扬的禅偈行板。这是作品塑造的最成功、最感人、也是最具有文化内涵和美学意蕴的一个现代女性“隐士”形象。作者在塑造这个人物形象时，将自己对一种人生的理解和感悟灌注其中，写出传统文化对现代人生的某些影响，写活了人生的存在荒谬，也烘托出女主人公人生道路选择的艰难。柳之“仕”、卢之“隐”、方之“俗”，就构成了主人公特定人生及精神存在的环境和性格变化的驱动力。

在儿子童家霆的生命历程中也有三个女性：中学同学欧阳素心，其人生历程类似《腐蚀》中的赵惠明（作品对此有过暗示）。小说尽情地渲染她那“安琪儿”式的美丽以及绘画的才华，类似于徐訏《鬼恋》中的女主人公那种“虚无缥缈间”的朦胧神秘（小说第二部“山在虚无缥缈间”的标题，除了隐喻作品主人公人生道路选择的困惑外，在很大程度上还是用欧阳素心的画名去体现她的身世以及童家霆的初恋心理），用“美的幻灭”去表达对黑暗世界鬼魅当道的愤怒批判。大学同学燕寅儿，出身上层名门，热情正义又不乏温柔体贴的时代进步青年，虽然描写简略，但有真实感；在童家霆身上追寻初恋情人影子的陈玛荔，是个“既有权势又有美貌和能力的美国风的女人”，在国民党特殊部门担任要职的职业女性，那种大胆表露情感的直率、为其提供帮助想使对方就范却不强求的宽容，安排有关事宜的精明等，都塑造得真实具体感人。其中最感人的是欧阳形象，由于作者充分展开想象和大胆进行虚构，设置一个个悬念，并灌注了强烈的情感，穿插了大量有关西洋油画、音乐的描写对话，辅以雪莱、惠特曼等外国诗人的众多诗歌，这都使这个形象更具形象感染力。

在人物形象描写上也存在明显的缺陷：江怀南在列车上、在童公馆忠实秘书冯村的眼皮底下勾引方丽清一段，这完全不符合江怀南一心攀附权贵且做事“严丝合缝”极为得体、聪明至极的性格，是败笔。省略这段情节，后面关于方、江关系的描写、方对女仆的威胁等情节完全可以暗示，这也符合作者整体叙述风格。

在对反面人物的塑造上，小说基本上是一个模式。特务头子叶秋萍“锐利、凶狠的目光”、“脸上阴阳怪气，一双眼睛冷冷的”、近视眼睛下，“两只蛇眼忽然泛出一种肃杀之气，带着一种逼人的猜度和审视”；县稽查所长鲁冬寒“穿军便服，面孔白净，有双阴险的小眼睛、胡须剃净后露出铁青肤色的东北人”，“像一只无感情的冷血动物，脸上冷冷的，阴沉得可怕”，“苍白、阴险的面容和两只诡秘的小眼睛”；小特务“尖头怪”韦锋“他两只眼老是露着凶光”，“办起案来，不讲人情，也不讲人性”，“脸色突然阴沉，不以为然地眼露凶光”；女特务叶吉卿“长得俏丽，就是美中含有一种凶相”，日伪特务头目丁默村“眼里有血丝，两颊潮红，体质虚弱，眼睛白多于黑，发出令人毛骨悚然的幽光”；而日本特务“细细看，就使人感到残忍可怕，连笑容都是虚伪冷酷、凶狠毒辣的”。也就说，所有的特务都被模式化为“心毒手辣”、面目狰狞。中央社记者特务张洪池是着笔较多的人物，“有两只叫人看上去觉得他在生气的眼睛”，“走路姿势很怪，外八字，像只鸭子”，“面孔蛮凶的”，“两只老像生气的眼睛始终未变，叫人看了总是心里麻辣辣、凉丝丝的”，难道真的是职业决定着人物的性格？

四、余论

抗日题材的小说已经有许多部。以个人的生活尤其是心理历程去反映抗战时代风云、其中蕴蓄着强烈亲历感受的作品，我更喜欢路翎的《财主的儿女们》。路翎有着与王火相似的战乱漂泊及从南京辗转入蜀的经历，但他立足点在“人”——从人道主义、个性主义的立场去透视时代剧变——对黑暗世界的愤怒、对美好未来的向往，都是显得那样地自然。虽然，《财主的儿女们》语言运作粗糙、人物及场面描写上技巧欠缺，也不像《战争和人》那样去追求丰厚的“雅化”意蕴，却由于展示“精神世界底汹涌的波澜”、“火辣辣的心灵”搏斗而极富情感冲击力。其关键在于如胡风所指出的：“路翎所要的并不是历史事变底记录，而是历史事变下面的精神世界底汹涌的波澜和它们的来源去向，是那些火辣辣的心灵在历史命运这个无情的审判者前面的搏斗的经验。”① 路翎不是要让我们“知道”什么、“懂得”什么，而是以“青春”热情给我们展示战争和人、人和战争的关系，个人命运和民族命运的关系。在路翎笔下的“老中国的儿女”，不再是鲁迅茅盾所看到的那样一味麻木地挣扎在生存的底线上，他们已经开始修复自己千年以来的精神奴役的创伤，探寻现代的“立人”理想，人格独立、个性尊严成为小说的言说焦点。用博尔赫斯的话来说：只要抓住“实质精神”，“整个句子粗糙或细腻，对纯真的文学来说，这是无关紧要的”②。

王火40年代毕业于“西化”极浓的大学和专业（复旦大学新闻系），加上

① 胡风：《青春的诗》，《胡风选集》（第一卷），四川人民出版社1995年版。

② 谢有顺：《文体的边界》，《当代作家评论》2000年第5期。

家庭提供的良好阅读条件，对西方文学浸润甚深，尤其是喜爱托尔斯泰、屠格涅夫、肖洛霍夫、爱伦堡、雨果、巴尔扎克、莫泊桑、狄更斯、哈代、德莱塞等十位作家。这种阅读经历，尤其是处于全球一体化浪潮中对西方话语霸权的警惕，使作者能够站在中外文学比较的角度，有意识地去寻求“中国气派、中国味道、中国风格”①。小说的艺术优势和失误，也都是从这种追求而来。文学是社会生活、现实人生的反映，但必须是艺术化的反映，对比路翎《财主的儿女们》中的“老中国儿女们”、张爱玲笔下现代大家闺秀形象、钱钟书的《围城》和《写在人生边上》对中国现代知识者尴尬困境的绘写、李劼人的“辛亥革命三部曲”浓郁的日常生活叙事，我们不难看到《战争和人》的失误所在。可以说，“茅盾文学奖”的获奖作品中，《战争和人》是在文学语言的“雅化”——传统古典化营造最有力的，也是语言操作失误最明显的。

再说作者“崇杜”情结——他希望像杜甫那样写出“史诗”以表现20世纪中国社会发展的一段历程。但文学首先应该是文学——给人以情感震撼、审美愉悦的一种虚构的艺术世界。在二十年的高校教学过程中，我曾经多次对学生进行过调查，结果是“崇李厌杜”者居多，喜欢杜甫者，也主要还是对其入蜀后的作品（如草堂诗、夔州诗）——以抒发个人情感为主要内容、而绝非“史录”、“载道”之作！杜诗的成功首先在于语言艺术上的成功。宋代张戒《岁寒堂诗话》早就看到：“王介甫只知巧语之为诗，而不知拙语亦诗也；山谷只知奇语之为诗，而不知常语亦诗也。……杜子美则不然，遇巧则巧，遇拙则拙，遇俗则俗。……一切物、一切事、一切意，无非诗也”，“世徒见子美诗之粗俗，不知粗俗语在诗句中最难。非粗俗，乃高古之极也”。这里的“高古”实际就是我们所说的“归真返璞”，也就是语言本体的还原。② 苏轼关于“随物赋形”、“行云流水”等文学的语言主张，值得我们再次强调。

---

① 翟迪：《孤单地在另一个语言世界中》，《成都日报》，2002.2.7。

② 又如被正史推崇为现实主义诗歌代表的白居易，其受欢迎的作品绝非“讽谕”类涉猎政治之作。元稹就说得很直接：“乐天《秦中吟》《贺雨》《讽谕》等篇，世人罕能知者。”白居易也承认：“人所爱者悉不过杂律诗与《长恨歌》以下耳。”陈寅恪《元白诗笺证稿》指出：元和体盛极一时的关键是“次韵相酬的长篇排律”，“杯酒间之小碎篇章”。文学发展的历史经验，是值得我们的作家们特别注意的。

一位在美国屡获文学大奖的华裔作家，最近给我们提出这样的参考意见："大部分中国作家还没有达到高峰。总的印象是题材很壮，有内容，但对小说的技巧掌握不行"，"读作品时，觉得很新颖，但漏洞很多。"[①] 瑞典学者Joakim Enwall也告诉我们："如果你的文学更多的是记录了当时社会生活的一些情况，对以后的研究很有价值，但文学性本身不是那么强的话，瑞典文学院就会觉得给这样的作家颁奖可能不太合适"，"政治性太强，导致中国20世纪60、70年代的文学发展特别慢"[②]。他们所说的文学性、技巧，当然是指文学语言的运用技巧，尤其是文学的想象和虚构能力。《战争和人》开篇"红旗事件"的童趣，第三部开头"鸡的洗澡水"的谐谑，南京大屠杀与"尹、庄婚礼"的张弛曲折安排，"猴脑宴"场面的铺张扬厉，特别是"枫桥定情"的回忆，"禅林觅知音"的人、景、情交融一体，以及"山在虚无缥缈间"对欧阳人生和命运的隐喻等，都是精彩之笔。

小说的成功之处和失误都同样地明显呈现着，遗憾的是，大多评论文章一味地"捧杀"，很少有人实事求是地具体分析。中国要发展，要进步，就不得已地被"裹挟"进全球一体化大潮之中，因此更多的是危机感，我们在"与狼共舞"时当然要警惕失掉自我和民族文化被"淹没"，但在全球一体化语境中对民族文化的自我确认，不能变成"义和团运动"！"茅盾文学奖"不应该只是一种授圣仪式，应该是推动新文学前进的一种力量，更应该是一种正确的文学趋势导向标！

（原载《西南民族学院学报》2002年第12期）

---

① 参见王火《四面来风》，《外国文学评论》1992年第5期。又如小说开篇的"鸽子"，在西方文化中喻为"和平"，在英语俚语中 pigeon 指"妩媚的少女"，加上英谚 love me，love my dog，小说的"鸽子事件"写出了方丽清的狠毒，也隐喻着童家霆性格发展，这可以看出作者的西方文化修养。

② 李宏宇：《中国大陆作家与诺贝尔文学奖擦肩而过》，《作家文汇》，2002年第3期。

小说、战争与历史

——有关“抗战小说”中的个人、家族与民族国家

李祖德

引　言

20世纪的中日战争给中华民族带来了深重的灾难。中华民族被迫中断了寻求自我现代化的历史进程，被迫卷入另一种现代性的历史旋涡之中，那就是民族的自由、独立与解放。① 这场战争构成了整个中华民族充满悲情的历史记忆。正是这种集体的历史记忆，推动着中国文学对这场战争反复无尽地叙述。自1931年九一八事变和1937年中国抗日战争全面爆发以来，中国文学至今没有停止过对这场战争的思考和书写。② 以抗日战争为题材和背景的“抗战小说”是其中最重要和最主要的部分。

“抗战小说”不仅为我们提供了一份珍贵的历史档案，也为中华民族建立

① 阿瑞夫·德里克认为对于第三世界国家来讲，存在着这样两种现代性：“一种现代性是霸权主义的现实，另一种现代性则是一项解放事业。”本文认为，20世纪中国的抗日战争即是在反抗霸权主义的斗争中寻求民族自我解放的现代性事业。参见阿瑞夫·德里克：《现代主义和反现代主义》，邓正来译，见萧廷中主编《在历史的天平上》第219页，中国工人出版社1997年版。

② 关于中日之间的战争的小说记叙，早在20世纪初就已经出现，最具代表性的作品是洪兴全的《中东大战演义》（1900年香港中华印务总局版）。参见陈平原、夏晓虹编《二十世纪中国小说理论资料》第1卷第25页，北京大学出版社1989年版。

了一个自我认同的基础。因此，“抗战小说”作为历史叙事和自我想象的方式，它为20世纪中国寻找、建构和获取的正是现代民族国家的本质和新的民族性。在“抗战小说”丰富的想象和多样化的叙述中，也展现着不同的个人命运、家族记忆和民族国家想象。基于此，本文要讨论的正是1930年以来直至1990年“抗战小说”基本的发展脉络、存在样态、文学故事，及其所揭示的复杂的历史图景和丰富的内涵。

本文所谓“抗战小说”不仅指那些以抗日战争为主题、题材的小说，还包括以抗日战争为主要故事背景和历史背景的小说。唯其如此，我们才能更充分地理解抗日战争在中国现当代小说中的表现以及此类小说对战争、人和历史所表达的情感和意义。本文以年代顺序为线索，对“抗战小说”进行总体的概述和分析。

一、1930年至1950年：小说、战争与历史的共时性

这一时期的“抗战小说”主要涵盖自1931年九一八事变至1949年新中国成立前夕。在这个阶段，“抗战小说”的叙述和抗日战争是处于同一历史时空之中的。小说与战争之间存在着特有的共时性；小说叙述的指涉与战争和历史之间具有直接性。总体上，这一时期“抗战小说”的主要特点是突出的现实性和历史真实性。

大约以1937年抗日战争全面爆发和1938年“中华全国文艺界抗敌协会”成立为界，这一时期的“抗战小说”又可以分为两个阶段。前一阶段以东北“流亡作家”群的创作为主；后一阶段又可以“国统区”、“沦陷区”和“抗日民主根据地”为主形成了“抗战小说”三个不同的写作空间。

1. 东北“流亡作家”群的“抗战小说”。

以萧军、萧红、舒群、李辉英、端木蕻良、罗烽、白朗等为代表的东北“流亡作家”群，他们在九一八事变后东北沦陷时期就已经开始创作，而且他们的创作也贯穿整个抗战时期。他们主要以故土东北大地为题材领域，描写东北人民抗日斗争的现实生活。以民族解放、爱国主义为基本主题，以英雄主义

为基本的精神格调，他们集体书写了一部充满悲怆的宏伟史诗。其时“抗战小说”主要的代表作品有李辉英《最后一课》《万宝山》《松花江上》，马加《登基前后》（后改名为《寒夜火种》），舒群《没有祖国的孩子》，萧军《八月的乡村》《羊》《江上》《第三代》，萧红《生死场》《牛车上》《呼兰河传》，罗烽《呼兰河边》《归来》，端木蕻良《乡愁》《大地的海》《科尔沁旗草原》《浑河的急流》，白朗《沦陷前后》《生与死》，骆宾基《边陲线上》《东战场的别动队》等。

《万宝山》是一部纪实性较强的“抗战小说”，也是20世纪30年代表现东北抗日斗争较早的作品。这部作品以日本侵略军制造长春万宝山事件为题材，初步涉及抗日爱国的时代主题。《没有祖国的孩子》讲述的是一个朝鲜儿童在中苏边境一个小学校的经历和感受，体现出一种对家国的朦胧意识。《登基前后》则表现了东北人民在伪“满洲国”皇帝登基前后的灾难生活，在“寒夜”之中寻找着那些许“火种”的渴望。《浑河的急流》则直接表达了“刀劈小日本”激越的民族情绪和抗争精神。这些“抗战小说”都直接切入东北的抗日斗争，展现在国家民族危亡状态下人民的困苦生活和精神渴求。

在东北“流亡作家”群的“抗战小说”中，最富代表性的是《八月的乡村》《生死场》和《科尔沁旗草原》等。

《八月的乡村》描写了东北一支抗日游击队在战争与血火中艰难的成长历程。小说塑造了几个来自不同家庭的人物形象，展现了在家国危亡时刻，拯救民族于水火的民族精神和英雄主义情怀。小说中，这支革命队伍是一个“大家庭”，其中有“扛活出身的农民”、“旧军队的士兵”、“像萧明那样文质彬彬的书生”，也有“来自异国的朝鲜姑娘安娜”。作为一部以战争为题材的小说，《八月的乡村》在内容上也包含着一定的丰富性，有战争、爱情、日常生活，也有人与人之间的微妙关系。但这些场景和关系被放置在一个民族国家成长的过程中来叙述，便获得了更丰富的意义。抗战的现实为人们组织了一种对新的民族和国家的想象。个人、家庭与民族国家因此建立了一种更深刻意义上的关联。

《生死场》则没有较完整的故事情节和贯穿始终的人物，而是由种种不同的相对独立的生活场景构成。小说描述了东北贫苦农村一种近乎原始的残酷生存状态——生是动物性的生，死是动物性的死。“在乡村，人和动物一起忙着生，忙着死。”[①] 作者怀着悲天悯人的情怀去描写这些普通人的生存状态，展现的是“生死场”人生和命运。《生死场》还描写了这样一个正在“觉醒”和“成长”中的“中国人”：赵三“从前不晓得什么叫国家，从前也许忘掉了自己是哪国的国民”，而在家国破碎的时刻却发出了这样的声音：“我是个老亡国奴，我不会眼见你们把日本旗撕碎，等我埋在坟里，也要把中国旗插在坟顶，我是中国人！我要中国旗子。我不当亡国奴，生是中国人，死是中国鬼。”[②] 在战争状态和异族统治之下，这种民族主体性和对民族的认同自然就形成了，自我的本质在与他者强权的对抗中获得。

《科尔沁旗草原》则展现了一个有着百年基业的大地主家庭从繁华到消亡的过程。小说将一个家族的兴衰史放置于民族危亡和抗日战争的历史背景下，表现了人民群众在寻求自身解放的“革命”中，将自身的命运和国家、民族的命运紧密联结在一起的觉醒过程。

东北“流亡作家”群一方面表现了东北人民在异族铁蹄践踏下的痛苦生活，另一方面，也触及家族、秩序、礼俗及人的思想、价值观念在战争状态下的变迁。在他们的“抗战小说”中，东北人民在命运和异族的控制下，对民族主体性开始有了一定程度的觉醒，对于家国、民族有了更深刻的理解和认知。

2. 国统区及上海“孤岛”时期的“抗战小说”。

对于东北“流亡作家”群来说，战争给中华民族带来的伤痛自然最先感受到，并进入他们“抗战小说”的历史书写中。对于1930年至1950年整个中国现代文学来说，抗日题材小说的创作成为一股新的潮流则是在1937年抗战全面爆发和1938年“中华全国文艺界抗敌协会”成立之后。

“对国内，我们必须喊出民族的危机，宣布暴日的罪状，造成全民族严肃的抗战情绪生活，以求持久的抵抗，争取最后胜利。对世界，我们必须揭露日本的野心与暴行，引起全人类的正义感，以共同制裁侵略者。……今日最伟大

---

① 萧红：《生死场》，《萧红小说全编》，浙江文艺出版社1995年版，第145页。

② 同上。

的行动，是协力抗日，重整山河。”①

急迫的现实境况对现代文学有了新的要求，在全民族抗日战争这一巨大历史潮流的推动之下，“抗战小说”继东北“流亡作家”群的创作之后形成了又一次高潮。在“文协”“文章下乡，文章入伍”口号的号召下，大批作家深入战地、农村，投身于抗日战争的历史洪流之中，创作出了大批“抗战小说”。

从1938年到1949年，在国统区，除了东北“流亡作家”继续创作之外，主要的“抗战小说”有吴组缃《山洪》，丘东平《我们在那里打了败仗》《一个连长的战斗遭遇》《第七连》，萧乾《刘粹刚之死》，艾芜《两个伤兵》《山野》《石青嫂子》，陈瘦竹《春雷》，姚雪垠《牛全德与红萝卜》《差半车麦秸》，欧阳山《战果》，郁茹《遥远的爱》，沙汀《困兽记》，李广田《引力》，王西彦《古屋》《神的失落》，巴金《寒夜》，老舍《四世同堂》，路翎《财主的儿女们》，碧野《没有花的春天》，田涛《灾魂》《流亡图》《潮》，庐隐《火焰》，白薇《北宁路某战》《敌同志》，齐同《新生代》，楼适夷《SOS》，张天翼《华威先生》，沙汀《在其香居茶馆里》《还乡记》等。

国统区的“抗战小说”大多以抗日战争为主要背景，展示在这一民族与家国危难中的个人命运、家庭悲欢、世态时事，展示了在战争年代中国社会的变迁和各阶层的生活状态。在这些小说中，值得注意的主要有《四世同堂》《寒夜》以及《财主的儿女们》等。

《四世同堂》是中国现代长篇小说的一部名作。小说以祁家四世同堂的生活为主线，表现了抗战期间沦陷区人民的苦难经历，以及他们在苟安于现状的幻想破灭之后，逐渐觉醒最终意识到只有抗争才有出路的过程。这部小说除了浓厚的北平地方特色之外，还延续了新文学国民性批判的思想与主题。老舍把抗日战争看作是对民族性的一场严峻考验：经过这场战争，中国文化的优越性会得以保留，而那些劣根性则将在战争的洪流中被清洗干净。老舍表达了在民族战争的烈火中清算历史与文化病根的渴望，满怀着重造和更新民族性的信

① 中华全国文艺界抗敌协会《中华全国文艺界抗敌协会宣言》，原载《文艺月刊》1938年第9期。参见文天行、王大明、廖全京编《中华全国文艺界抗敌协会资料汇编》第12页，四川省社会科学院出版社1983年版。

念。《四世同堂》从对抗日战争中个人和家族命运的展示和思索上升到对整个民族文化的反思。

《寒夜》讲述的是抗战后期重庆一个知识分子家庭的悲剧故事，描述了知识分子小家庭在社会和国家磨难过程中的毁灭。《寒夜》没有直接批判所描写的人物，而是着力刻画相互冲突的人物性格以及人物关系，深入挖掘各自的内心世界，充分展示其合理性与必然性。小说里的主人公汪文宣与曾树生之间错综复杂的爱与恨，构成一个充满张力的情感世界。小说对现实的感喟和对人物性格命运的揭示更深层地触及对社会的批判、对伦理的审视、对幸福本质的探究等诸多层面。作者要反思的正是个人主义与人道、理想、社会、国家和民族之间的矛盾冲突。小说展示了在抗日战争期间社会动荡的环境中，一部分知识分子个人及家庭的命运悲欢，揭示了个人、家庭和社会深刻的裂变和悲剧的根源。

《财主的儿女们》描写了一个封建大家庭后代们之间的矛盾和斗争。地主蒋捷三是整个大家庭的统治者；长子蒋蔚祖是一个罗亭式的人物，最终为他的旧世界的崩溃而疯狂，为他的乌托邦理想付出代价；蒋少祖则是一个叛逆的人物，是五四哺育成长起来的英雄；小儿子蒋纯祖在战争的洪流中走上了革命的道路。这部小说通过对家族命运的描写展示的是知识分子的命运，并从知识分子与人民的关系这一角度进行思考和阐释，展示了在抗日战争这一宏大的历史背景下，中国知识分子不同的道路选择和命运归宿。

而在上海的“孤岛”时期，“抗战小说”在封闭的文学环境中也仍然存在，与国统区及抗日民主革命根据地的“抗战小说”呼应。“孤岛”的“抗战小说”主要有谷斯范的《新水浒》《太湖游击队》和程造之的《地下》等。

3．延安及抗日民主根据地的“抗战小说”。

与此同时，在延安及各抗日民主根据地则产生了另一批“抗战小说”。抗日民主根据地的小说创作也是在抗日战争这一巨大的时代主题下开展起来的。“我们要求一切文化工作者认识自己在这抗战大时代中的使命，认识自己工作的复杂和繁重；我们要求全国文化界人士不拘成见，不分畛域，不论新旧，摒绝破坏分子的挑拨离间，在民族抗战大旗下，进行大团结，进行分工合作，互相切磋，互相帮助，以求文化工作的迅速、活泼的发展，以服务于抗战。”①

和国统区以及沦陷区的“抗战小说”不同，延安及各抗日民主根据地的“抗战小说”更注重“文化的新内容”和“旧的民族形式”，“文化的新内容和旧的民族形式结合起来，这是目前文化运动所最需要强调提出的问题，也就是新启蒙运动与过去启蒙运动不同的主要特点之一。”②

在延安和各抗日民主根据地，有影响的“抗战小说”主要有马烽、西戎的《吕梁英雄传》，孔厥、袁静的《新儿女英雄传》，柯蓝的《洋铁桶的故事》，邵子南的《李勇大摆地雷阵》，丁玲的《一颗未出膛的子弹》，华山《鸡毛信》，管桦的《雨来没有死》，孙犁的《一天的工作》《邢兰》《琴和箫》《荷花淀》《钟》《光荣》等。

延安及抗日民主根据地的作家们深入农村，深入工农兵的生活中，努力将中国民族文学的传统和民间文学形式融入自己的创作实践中，开创出了一个有别于五四新文学的文学样态，也创造出了一批新鲜的人物形象和性格类型。这些人物性格和人物类型的文学形象和抗战的现实也同样是互相照应的，具有一种共时性。《吕梁英雄传》《新儿女英雄传》等新章回体小说以古典英雄传奇小说的方式表现了抗日民主根据地人民抗日斗争的生活，塑造出大批抗日英雄人物形象。这些新章回体小说极富传奇色彩，深刻地影响了新中国成立后“抗战小说”的叙事模式。

在这些“抗战小说”中，尤以孙犁的小说最为广大读者所喜爱。孙犁的小说并不直接去描写战争的场景，而是从严峻与残酷的斗争中选择平凡的日常生活作为小说的题材，并在其中发掘生活和斗争中的人物性格、命运、美学和诗意。著名的短篇小说《荷花淀》描写了根据地一群妇女在抗日战争中的斗争生活和日常生活，精心刻画了她们鲜明的性格。《嘱咐》讲述的是水生嫂与丈夫分离八年，在团聚后毅然送丈夫上前线的故事。小说通过人物的语言展示了一种新型的人物性格。在孙犁的小说中，我们看到的是在战争年代，国家和民族

---

① 陕甘宁边区文化界救亡协会《我们关于目前文化运动的意见》，原载《解放》1938 年第 39 期。见刘增杰等编《抗日战争时期延安及各抗日民主根据地文学运动资料》上卷第 21 页，山西人民出版社 1983 年版。

② 同上。

的解放事业对妇女、个人和家庭的召唤，以及对个人成长的深刻意蕴。

如果说国统区及沦陷区的“抗战小说”更多的是展示在抗日战争背景下知识分子的命运和社会的变迁，那么孙犁及抗日民主根据地的“抗战小说”则展示了在这一背景下，一种“新人”的成长历程。在孙犁的小说中，这种“新人”以在抗战中成长的妇女形象最为突出。在这个过程中，我们也可以看到一个现代民族国家在战火中的成长过程，以及一种新的“国民性”的诞生。这种新的“国民性”寓示着一个新社会和新国家的可能性。

二、1950 年至 1970 年：历史故事与时代精神

这一时期的“抗战小说”主要集中在 1950 年代末期。这段时期出现了一大批以抗日战争为题材的长篇小说。其中有影响的主要有：徐光耀的《平原烈火》、刘知侠的《铁道游击队》、刘流的《烈火金刚》、雪克的《战斗的青春》、李英儒的《野火春风斗古城》、冯德英的《苦菜花》、冯志的《敌后武工队》、孙犁的《风云初记》、艾萱的《大江风雷》、宋定的《关连长》、梁斌的《播火记》、碧野的《我们的力量是无敌的》、白刃的《战斗到明天》、石言的《柳堡的故事》、肖平的《三月雪》、杨沫的《青春之歌》等。甚至在小说作品比较匮乏的“文革”期间也出现过像郭澄清的《大刀记》、向春的《煤城怒火》、伍繁的《盐民游击队》这样的“抗战小说”作品。

概括地讲，这一时期的“抗战小说”主要有两个特点：一是在叙事模式和故事结构上富有传奇的色彩；二是更注重战争年代中英雄人物形象的塑造。这两个特点体现出在新中国成立后新的时代所特有的美学理想、时代精神和新的文学范式。诸如《铁道游击队》《烈火金刚》《敌后武工队》等一类小说，主要取材于抗日战争最艰难困苦的时期，描写在敌后坚持抗战的八路军武工队、民兵游击队英勇斗争的事迹，并塑造出了一大批抗日英雄人物的形象。

《铁道游击队》讲述的是抗日战争时期，一支由刘洪为大队长、李正为政委的铁道游击队的故事。这支游击队活跃于山东临城、枣庄一带铁路线上。他们破坏敌人的运输交通，牵制敌人的兵力，配合主力部队作战，屡建奇功，当地百姓称之为“飞虎队”。小说人物和故事情节极富传奇色彩。

《苦菜花》很容易让人想起苏联作家高尔基的《母亲》。小说讲述的是一位革命英雄母亲成长的故事。1937 年，胶东半岛王宫庄贫农冯大娘的丈夫被村里的地主王唯一逼死，冯大娘的大儿子德刚离家出走，参加革命。三年后，村里地下党组织领导了村民进行武装暴动，在村里建立起抗日民主政府，冯大娘的大女儿娟子也积极地参加了这一斗争。这部小说描写了一位英雄母亲走上抗日战争的革命道路，也描述了在抗日民主革命的历史进程中，一种“新人”的成长经过。

《野火春风斗古城》描述的是抗战时期，华北地区某古城地下党组织对敌人进行策反斗争的故事。杨晓东、金环、银环等共产党员，出生入死，不畏艰险，战斗在敌人心脏里，表现出了崇高的革命气节。争取关敬陶起义，是小说故事的主线，一系列惊险曲折的情节由此而展开。小说在充满了惊险的故事情节的叙述中塑造了杨晓东、金环等英雄形象。

《青春之歌》则表现了中国青年知识分子在民族危亡中走向革命的心路历程。在九一八事变之前，女学生林道静因反抗地主家庭逼婚，试图投海自杀，被大学生余永泽所救，随后二人结婚。婚后林道静遇到共产党员卢嘉川、江华等，在共产党员们英勇献身精神鼓舞与召唤下，她加入了中国共产党，并成长为“一二·九”运动的领导人之一。小说寓示着中国知识分子最终只有在革命、民族与国家这些历史的宏伟叙事中才能实现自我。可以说，《青春之歌》展现了中国知识分子在民族解放和革命斗争过程中不断成长、最终找寻到精神归依和自我本质的历史过程。①

这一时期的“抗战小说”主要体现为十分强烈的故事性，但这“故事性”并不在于对抗日战争的历史进行全方位的描述。这些小说的叙述旨在透过艰苦卓绝的抗日战争塑造一种特有的英雄人物形象，对革命史进行另一角度的文学性叙述。塑造英雄人物形象，展现“成长”过程是这类小说的基本叙事模式；对党的领导的信心，以及对党在民族解放中地位的确认，是这类小说基本的叙述动力。

---

① 有关《青春之歌》和知识分子的“成长”的论述，可参阅李杨《50—70 年代中国文学经典再解读》，山东教育出版社 2003 年版。

通览1950年至1970年的“抗战小说”，我们可以感受到一种为民族为国家舍生取义、充满了悲壮的革命豪情，也能感受到一种乐观主义和英雄主义的崇高精神品质。这类小说展现了“知识分子”、“人民”、“党”以及整个现代民族国家的成长经历。这些成长经历也意味着整个中国现代历史的成长。“抗战小说”所描述的“成长”正是联结历史和现实的精神纽带。新中国成立后社会主义建设的宏伟事业为“抗战小说”的历史叙事注入了新的时代内涵，充满传奇色彩的故事、抗日英雄人物形象、革命乐观主义和英雄主义，也正是一个新社会和新国家的文化氛围、美学理想和时代精神。

三、1980年至1990年：历史叙述与文学想象

在1980年至1990年这一时期，“抗战小说”呈现出一种多样化的态势。无论是在叙述方式、人物类型，还是小说的审美向度上，这一段时期的“抗战小说”都展现出一种多层次的结构和意蕴，体现出这些小说的作者对历史、战争和人以及小说艺术的多方位思考和探索。

这一时期“抗战小说”主要有：王火的《战争和人》（包括《月落乌啼霜满天》《山在虚无缥缈间》和《枫叶荻花秋瑟瑟》），王文计的《魔界》，周而复的《长城万里图》（包括《南京的陷落》《长江还在奔腾》《逆流与暗流》《太平洋的拂晓》《黎明前的夜色》和《雾重庆》），李尔重的《新战争与和平》，宗璞的《南渡记》、孙汝春的《弹痕》，杨沫的《东方欲晓》，管桦的《将军河》《晋阳秋》，马加的《血映关山》，冯骥才的《石头说话》，尤凤伟的《五月乡战》《生命通道》，石钟山的《残局》，李叔德的《生死套》，庄旭清的《炮楼子》，张华亭的《葬海》，叶兆言的《日本鬼子来了》，柳溪的《战争启示录》，黎汝清的《漠野烟尘》《皖南事变》，周梅森的《国殇》《大捷》《事变》《焦土》，倪景翔的《龙凤旗》，陆颖墨的《龙子龙孙加点水》，张廷竹的《落日辉煌》《黑太阳》《酋长营》《支那河》，邓贤的《大国之魂》《日落东方》，莫言的《红高粱》《红高粱家族》，谈歌的《野民岭》，季宇的《县长朱四与高田事件》，叶楠的《花之殇》，高建群的《大顺店》，苏策的《寻找包璞丽》等。

中国当代文学进入新时期以来，文学格局、文艺思想、文化氛围等诸多因素都发生了很大变化。“抗战小说”自进入新时期以来也随着整个当代文学的转变而经历了小说叙事与审美的嬗变。关于抗日战争的叙述呈现出一种多样化的态势。关于战争、历史、个人命运、家国想象的叙述也都呈现出一种多样化的趋势。从部分作品中，我们可以看到其中的丰富性和复杂性。

在1980年至1990年的“抗战小说”中，其中一种创作趋向就是力图实现小说的纪实性和文献作用。这类小说以更为广阔的视野，从政治、军事、社会等全方位的角度去描写抗日战争，产生了一批鸿篇巨制。其中值得注意的有《长城万里图》《战争和人》等。《长城万里图》以史诗笔法全景式地展现了20世纪中华民族抗日战争的历史过程。这部小说以世界反法西斯战争为历史背景，围绕中国抗日战争，描述了当时国际社会、国内政治军事纷繁复杂的斗争。小说以“战争/政治”为主要叙述框架，展现了中华民族波澜壮阔的抗日战争。

《新战争与和平》也是一部以史诗的笔法展现抗日战争的作品。这部小说采用编年体的形式描绘了从九一八事变到1945年抗战胜利的全景。其间重要的历史事件如淞沪会战、何梅协定、台儿庄大捷、西安事变、南京大屠杀等都在小说中得到了正面的描绘。

《战争和人》则以国统区的生活为主要故事场景，以“战争/人”为基本叙述框架展现在战争状态中“人”的存在状态。小说描写了日本侵略军在南京大屠杀事件中的野蛮行径，叙述了一段民族悲怆的历史。小说还描写了国民党高级军官童霜威及其家庭在战争中的经历和遭遇，试图表现战争与人之间丰富和复杂的内容。

战争作为一种人类历史现象，它总和人性、伦理、道德有着深刻的联系，折射出人类在一定时期的多重境遇。“抗战小说”的另一种写作趋向就是以战争为小说故事的内容，旨在探索和揭示在战争状态中人性本质的表现和嬗变。如《魔界》讲述的是一个家破人亡的土匪头子，专门袭击日本女人和小孩的故事。这部作品一方面展现了日本侵略军“三光政策”的野蛮和残忍，另一方面试图揭示战争对人性和道德所带来的戕害。对人性和历史的探索与思考使得新时期以来的“抗战小说”突破了以往“抗战小说”以民族矛盾、爱国主义为主题的基本框架，在更深层的意义上来思考战争和人之间的关系。

另有一部分“抗战小说”以战争为背景建构一个充满神秘力量的想象世界。其中最为引人注目的是《红高粱》。这部小说描绘的是20世纪三四十年代生活在山东高密的一群农民纯朴而又充满野性的日常生活以及他们与侵略者浴血奋战的“地方史”。小说以抗日战争为背景构建了一个想象的世界，试图发掘那些潜藏于民间社会的文化原动力。在这个世界中，正义与邪恶、情欲与暴力、野蛮与温情同时混杂在一起。在小说的叙述里，人们反抗侵略的动力并不来源于对民族、国家的自觉意识，而是源于一种人性本能的冲动，人们最基本的生存底线。《红高粱》以普通人为主要人物，以一种民间立场和价值观来观照战争，以“家族记忆”来追溯和想象战争与历史，体现出对战争和历史的另一种理解和认知。

从新时期以来“抗战小说”多样化的叙事中，我们可以看到“抗战小说”的一些新变化。“抗战小说”不仅仅寄托着作家们对抗日战争的想象，也包含着他们对战争的认识和感受。在1980年至1990年，“抗战小说”与战争本身也已经拉开了一定的距离，从而在多种视角上展开了对战争的想象与叙述。民族矛盾、民族意识、民族悲情以及战争本身不再是“抗战小说”最主要的诉求，而对历史、战争和人性的思考却得到了更为充分的展开。无论是力图对战争进行客观而全面的描述，还是以抗战为背景构建一个想象性的文学世界，这些文学实践充分体现了叙事和历史之间的微妙关系和丰富的可能性。也因此，文学想象和历史叙事之间展开了更为丰富和复杂的话语交往和话语实践。

结　语

“抗战小说”在半个多世纪发展历程中，展现了现代中国特殊的历史遭遇和建构现代民族国家伟大的历史行动。从个人到家族，再到民族、国家，“抗战小说”的多重叙事正是源于这种历史遭遇，展现了一个现代民族国家在战争中充满了痛苦的成长历程。在战争与小说之间，在历史与叙事之间，浓缩着这个国家与民族充满了悲情的历史记忆，凝结着这个国家和民族最基本和最稳定的情感。

“抗战小说”最初对于战争的记叙，再现了在战时状态下的历史图景，蕴涵着历史与叙事之间的共时性。在和平年代，“抗战小说”从对战争的史诗性描绘到进一步展开对战争的反思，包含着历史与叙事之间更为丰富的可能性，体现出我们的时代精神、美学理想、价值诉求，以及对历史和人性的探索、感受和认知。可以说，无论是作为历史叙事还是作为文学想象的方式，“抗战小说”已经成为我们民族认同最为重要的价值根据和基础。中国文学在未来的叙事中，还将继续对这一基础进行多层次的想象、建构与书写。

一切历史都是当代史。对“抗战小说”的历史性回顾，有助于我们更深层地理解历史与叙事、想象之间的关系，有助于我们探究历史、战争和人性的内蕴和奥秘，有助于我们理解个人、社会、国家和民族之间的关系。在现时代全球化的历史进程中，“抗战小说”有助于我们清楚地认识到我们对于民族情感、文化身份和国家认同的需要。

主要参考文献

[1] 刘增杰等编《抗日战争时期延安及各抗日民主根据地文学运动资料》（上、中、下卷），山西人民出版社 1983 年版。

[2] 吴野、文天行主编《大后方文学史》，四川教育出版社 1993 年版。

[3] 艾芜主编《中国抗日战争时期大后方文学书系》第三编。小说（第一、二、三、四集），重庆出版社 1989 年版。

[4] 秦贤次编著《抗战时期文学史料》，文讯月刊杂志社 1987 年版。

[5] 文天行、王大明、廖全京编《中华全国文艺界抗敌协会资料汇编》，四川省社会科学院出版社 1983 年版。

[6] 陈颖：《中国战争小说的世纪回眸》，《北方论丛》2002 年第 2 期。

[7] 林凌：《论九十年代抗战小说》，《解放军艺术学院学报》1999 年第 4 期。

[8] 郭志刚：《论三四十年代的抗战小说》，《文学评论》1995 年第 4 期。

（原载《文艺理论与批评》2005 年第 4 期）

穿越历史的烟雨

——解析长篇小说《战争和人》中的雨及其意义

邓　英

翻开王火的长篇小说《战争和人》三部曲，我们发现，无论是在《月落乌啼霜满天》，或者《山在虚无缥缈间》，还是《枫叶荻花秋瑟瑟》中，都有大量的对雨的描写。与很多长篇小说不同的是，这些描写中的雨已不仅仅是一种自然现象了，它已经和小说中的人物融为一体，打上了情感的烙印，主人公的喜怒哀乐、悲欢离合乃至社会的动荡离乱、变幻无常都能通过多种多样的雨来表现，雨已成为《战争和人》不可或缺的艺术表现要素。

一

在《战争和人》中，雨是多种多样的，既有江南烟雨，也有香江细雨，更有巴山夜雨；有沥沥春雨，还有绵绵秋雨，也有冰凉冬雨。无论是地域的不同，还是季节的变化，所有的雨都已“人化”，是有情感和生命的自然。在小说中，雨一方面从自然的层面上烘托和渲染主人公的情感，另一方面它实际就是主人公内心情感变动外化的具体体现，也就是“物的形象是人的情趣的返照”[1]。从这种意义上来讲，《战争和人》中多样性的雨实际也就是表现多种人类情感的雨，也是其与众不同的特色所在。其大体上可分为甜蜜之雨、忧伤之雨、矛盾之雨、光明之雨。甜蜜和忧伤之雨侧重在表现主人公个人情感生活；矛盾和光明之雨着力表现的是主人公政治情感的抉择。

甜蜜之雨是指从自然层面上给人一种舒适的感觉，同时又能让人感受到小说主人公的美好愉悦情感的雨。《战争和人》中对童霜威、童家霆父子爱情生活的描写贯穿了整部小说，美好的回忆、浪漫的情怀，甜蜜之雨总是适时出现，营造出良好的氛围，反映出主人公愉悦的心情。童霜威第一个妻子柳苇主要是通过童霜威的回忆出现在小说中的。在无尽的回忆和现实生活的对比中，童霜威更加感到柳苇的可贵，也就越来越怀念和柳苇在一起的美好日子。

“那是一个美丽的春天。……雨潇潇落着。……雨声淅沥，他们沿着长廊漫步。……他不但被她的美貌倾倒，也为她的博闻和独见所倾倒。……”[2] 寒山寺故地重游，童霜威回忆中轻柔的雨、美丽的人、开心的事显得那么的自然和谐，那么的甜蜜温馨。童家霆和欧阳素心的爱情更是在雨中萌芽成长。在一个雨夜，童家霆来到欧阳素心家，两人“在秋天的雨声中，吃着晚饭，回忆起从小学到初一在南京时的往事，谈得欢洽”[3]。两人都表现出对雨的喜爱，“回忆使他们亲近，沉湎在一种甜美、温暖的情绪中”[4]。爱情在甜蜜之雨的陪伴下来到了两个年轻人身边。当童家霆和欧阳素心两人的感情出现波折时，又是在一个雨天，童家霆冒雨来到法国公园，在这里，他遇到了欧阳素心，爱情之火熊熊燃烧，他们和好如初，“一阵春风拂过，树叶激动，沙沙作响，似在窃窃私语。周围淋浴在嗞嗞的顽皮的轻柔雨丝中。……雨，霏霏地下，下得格外起劲。”[5] 此时的雨不仅是甜蜜，更像是他们的朋友，为他们的爱情欢呼、歌唱。

忧伤之雨首先要给人一种凄凉悲伤的感觉，同时在此种环境下的主人公内

---

① 朱光潜：《谈美谈文学谈修养》，三联书店2005年版，第23页。

② 王火：《月落乌啼霜满天》，人民文学出版社，2003年版，第162－163页。

③④⑤ 王火：《山在虚无缥缈间》，人民文学出版社，2003年版，第127页，第128页，第268页。

心情感是非常痛苦和难以诉说的。《战争和人》反映了中国人民抗日战争的苦难历程，其间生离死别、爱恨离愁、离乡背井种种人生的悲剧，不仅是那个时代的特质，更是那个时代的悲哀，而无处不在的忧伤之雨织成密密的网，让人感到压抑，透不过气来。柳苇被枪杀在南京雨花台下，童霜威回忆起“那天，倒是老天爷似乎在哭泣，下着淅淅沥沥的秋雨。……童霜威。……望着窗上淋漓得像泪水似的雨滴，涌着恻然的感情。”① 雨伤心，人也伤心。受到排挤的童霜威在江怀南的邀请之下，到苏吴一带春游，他在一夜蒙蒙细雨中“梦见了柳苇用两只美丽、生气的眼睛瞅着他。……更做了一个梦：那是一个春三月初的阴雨天，他同柳苇先是在邓尉香雪海一带赏梅花，突然又幻化为在一个细雨蒙蒙的夜晚淋着雨沿着一条没有街灯的青石小巷在急急走路。”②忧伤之雨像驱不散的阴魂，在现实生活中让他烦忧，连梦中也缠绕着挤压着他，让他永生难忘。童家霆和父亲被软禁在南京，清明时节，在纷纷细雨中，童家霆祭奠母亲、舅妈、金娣、“老寿星”时巧遇尹二，“针尖细雨蒙蒙地越发紧密了。……雨，突然由蒙蒙变为潇潇，又由潇潇变为哗哗了。……雨，由哗哗又变成霏霏了，使远处近处的房屋、树木、街道都淋浴在淡灰色的雨幕中。……重逢的凄楚和惆怅，是无法冲淡的。……针尖雨，又纷纷洒下来了。清明节啊！使路上行人欲断魂的清明节啊！”③ 从被尹二误解到接受，忧伤的雨就像童家霆的心情一样时而起，时而落，时而有，时而无，时时刻刻揪动着读者的心。从同学曹心慈处得知欧阳素心的下落后，童家霆理解了欧阳为何“失踪”，他冒雨来到欧阳的住所，但欧阳“似乎永远永远地消失了！”④ 心上人的离去，爱情的失落，忧伤的童家霆失魂落魄，“雨轻轻敲打着空房间的玻璃窗。……他带着怅惘的心情走下楼来。……他冒着雨，拖着疲软的脚步走着回家。……他心上好像给剜空了一大块无法填补。”⑤年轻人爱情受挫的忧伤已融入了冰凉的阴雨中。

矛盾之雨主要出现在小说主人公何去何从，选择走什么样的政治道路时，

---

①② 王火：《月落乌啼霜满天》，人民文学出版社，2003年版，第83页，第152页。

③ 王火：《山在虚无缥缈间》，人民文学出版社，2003年版，第324－331页。

④⑤ 王火：《枫叶荻花秋瑟瑟》，人民文学出版社，2003年版，第343页。

反映他们内心的激烈矛盾和痛苦挣扎。那是一个“光明同黑暗搏斗，抗战同投降较量，进步同反动对垒”[①]的时代，在这样的时代背景下，“人，随时随地会遇到不容回避的抉择，正确与错误，不应归之于命运，它首先决定于你本人。”[②]童霜威也面临着同样的抉择：童霜威有着学者的身份，还有留日的背景，更是在国民党高层任职的显要；他自视清高，却又不得不和官场中形形色色的人物周旋，在各种官场势力的较量中受到派系的挤压；知识分子的本性使他认识到抗日的大义，却又害怕战争带来的破坏，甚至想通过“隐居”来逃避现实。一时间，他成为各种政治势力关注、争取的一个焦点人物。何去何从，走什么样的路，他在彷徨、犹豫，无情的现实逼迫他做出抉择。一开始，童霜威选择了逃避，他来到了当时还是“世外桃源”的香港，过着闲适的寓公生活，“从来到香港开始，就决定隐姓埋名，采取秘密状态，使自己处在一种不事宣扬与人隔绝的状态中”[③]。可一切并不如他所想，国民党特务张洪池找到了他，日本代言人季尚铭找到了他，各种势力都在争取他，在他心事浩茫、感慨万端的时候，雨悄然而至。“雨声淅沥，下了整整一夜。雨点打在屋上，听着雨声，凄凉极了。……他懒懒睁开眼，透过那有铁栏杆的北窗，望着外边那块有限的长方形的灰色天空，呆呆地有时想这想那，有时什么似乎都不想。”[④]此时的雨完全就是童霜威彷徨不安心态的表现，让人看到了童霜威内心的矛盾冲突。当躲进租界的童霜威被汪伪特务李士群“请”去吃饭时，还在犹豫是不是离开上海的他，“心头千头万绪。……天上，忽然打了个响雷发疯似的立刻降下了倾盆大雨。急雨打着屋顶、窗玻璃。天地间被碰撞得响声大作，使童霜威心情更加忐忑。……雨，仍在哗哗地下，挡风玻璃上的扫雨器刷刷地左右摇摆着，车窗外的世界一会儿模糊，一会儿清晰。”[⑤]此时内心的矛盾斗争，就像雨一样激烈、动荡。

光明之雨具有非常强烈的指示意义，表示主人公走上了一条正确的人生道

---

①② 王火：《〈战争和人〉三部曲创作手记》，中国人民大学复印报刊资料《中国现代、当代文学研究》，1993 年第 7 期。

③④ 王火：《月落乌啼霜满天》，人民文学出版社，2003 年版，第 499 页，第 618 页。

⑤ 王火：《山在虚无缥缈间》，人民文学出版社，2003 年版，第 47 页。

路，走上一条历史发展所证明了的正确光明的大道。抗战八年中，忧国忧民的童霜威父子一直在寻找救国的出路，一直在追求一种崇高的理想和信念，以期找到一条光明的历史必由之路。作为一个曾经是党国要人的童霜威，他的选择是一个痛苦的过程，如何重新认识这个时代，如何重新认识自己，如何走一条正确的人生长路，他不停地思考、探索、比较，其间有反复，有曲折。但他最终下决心走上了追求民主、和平、团结、统一的新中国这条道路。在确定了自己要走什么样的政治道路后，童霜威显得特别激动，当收到程涛声的信后，他对儿子说："我也早就不想沉默了，我愿意采取行动了！"[①] 在一个下着滂沱大雨的晚上，程涛声来到童霜威的住所，通知童霜威"三民主义同志联合会"已把他当自己人了，并愿做他的入会介绍人，此时的童霜威激动得不知说什么好，"外边，大点的雨箭又猛又密，屋顶上、树叶上、园里的花台上发出一片响声，倾盆大雨奔腾而下，天河的暴洪倾注到了人间"[②]。那种找到前途，找到光明的无比激动心情，就像这滂沱的大雨，激烈而震撼人心。此时的小说作者也用不加掩饰的心情写道："他不再感到孤单和寂寞了。暴雨，哗啦啦的磅礴气势，此刻正像给他以激励。"[③]在雨中，他找到了光明，找到了自己将要走的人生长路。

相对于童霜威来说，童家霆在这条路上走得就比较快，母亲的选择，冯村舅舅的影响，自己在国立中学的亲身经历等，都让他从一个冲动的热血青年成为一个用理性去思考，从而自觉地选择了跟共产党走的时代进步青年的典型。作者在勾画童家霆思想转变的进程时，雨是一个重要的"道具"。在一个初夏的雨夜，童家霆和"老大哥"等在路上等囚犯组成的运煤队，以便从被捕的共产党员赵腾老师处获得重要物件，尽管夜雨凄凉，但他们终于完成了任务。此次经历对童家霆的思想成熟起着明显的作用，当"那支士兵押运的由囚犯和骡马组成的运煤队又在淅沥的雨声中，在漆黑的暗夜中从西向东负荷着沉重的煤

①②③ 王火：《枫叶荻花秋瑟瑟》，人民文学出版社，2003 年版，第 593 页，第 598 页，第 599 页。

炭路过了”[①]，童家霆回想起了赵腾老师，也想起了那个雨夜里的经历，“家霆似乎领会到了生与死搏斗的严峻，一种神圣的献身感情在心中萌发。他觉得自己突然更加成熟一些了”[②]。小说结尾处，童家霆即将实现他的政治追求，来到“豁蒙楼”接头，“忽然，一个霹雳将天裂成两半，倾盆急雨直落下来。……他又明白，春终于是存在的!”[③]这场急雨预示着一个光明前途的到来，“雨，又在‘哗哗’地瓢泼而下，灰白色的雨线急剧地敲打着窗上的玻璃，发出一阵阵的射击声。”[④]来接头的姗姗大姐代表组织同童家霆谈话，童家霆表明了要舍弃一切地做个革命者时，“他话声不高，但情意真切，配着外面急骤的风雨声，听来动人心魄”[⑤]，在充满活力和希望的光明春雨中，童家霆终于得到了努力追求的事业和要走的光明大道。

二

作为一部史诗性的长篇小说，作者在《战争和人》中所追求的是史和诗的完美结合。有诗的意境，有史的境界，作者力求达到“这应当是一部中国人写给中国人读的小说。有当代意蕴却能散发着中国古典的美学风韵。应当有阳春白雪的高品位，却决不排斥一般读者的阅读”[⑥]。《战争和人》中对雨的描写为这一创作思想服务，必然有着独特的作用和意义。

首先，对雨的描写打开了一扇独特的窗户。王火在谈及《战争和人》的创作时，提出了“窗户”说，他认为：“人可以从窗里看到外界春夏秋冬的变异，感到白昼和黑夜的交嬗，看到热闹的街道或远山近水，看到新的天地、新的面孔，从窗中感到画、感到诗，发挥想象。……有了窗户，小说才能活，才丰富多彩。”[⑦]雨，正是他为读者开启的一扇独特的窗户。透过雨这扇窗户，我们可以看到南京官场的尔虞我诈、香港特务的凶残阴险、上海日伪的横行无忌、重

---

①②③④⑤ 王火：《枫叶荻花秋瑟瑟》，人民文学出版社，2003 年版，第 148 页，第 149 页，第 688 页，第 689 页，第 690 页。

⑥⑦ 王火：《〈战争和人〉三部曲创作手记》，中国人民大学复印报刊资料《中国现代、当代文学研究》，1993 年第 7 期。

庆光明与黑暗的激烈搏斗；透过这扇窗户，我们可以感受到童家父子的甜蜜和痛苦、欢乐和悲伤、彷徨和斗争，可以感受到国家的剧烈变动、感受到时代的巨大转折以及走向光明和进步的历史最强音。同时，从整部小说发展脉络来看，贯穿于作品始终的这扇窗户的独特之处还在于它没有受地域、时空的限制，总是及时而又恰当地出现在它该出现的时间、地点，烘托环境，表达情感，也就是作者所说的“窗户是伴随着情节主要是陪伴人物出现的”①。

《战争和人》以童家父子为主角，围绕着他们的周围各种人物粉墨登场，各种事件次第发生，描绘出了抗日战争时期的中国社会的一个全景式时空结构。童霜威在国民党内是一个受传统文化影响很深的官僚，有着丰厚的古典文学修养，有着传统知识分子的基本品格，可他在官场颇不得意，是派系倾轧的牺牲品。这些从他不时借诗言志，排遣愁绪就可以体会到。童家霆虽出生于官宦家庭，由于母亲的原因，他和一般的官宦子弟不同，他受西方民主进步思想影响较大，为人正直，同情普通劳动者，敢爱敢恨，是一个比较典型的时代进步青年，从童家霆和家里用人庄嫂等的相处以及他和欧阳素心之间的爱情就可以清楚地知道。童家父子两代人性格思想上的差异性，通过独特的雨的窗户反映了出来。例如，当童霜威受江怀南邀请到苏吴一带春游散心，在一个雨停的清晨，听到楼下街道上传来的卖花声，突然想起了两句古诗：“过早惯惊眠雨客，听多偏是惜花人”②。一个优雅而略带忧郁的中国传统知识分子形象跃然纸上。而童家霆在“又是微雨飘拂的时候”③ 来到法国公园，首先记起了雪莱的一首诗中的几行，而后和欧阳素心重逢，一释前嫌，找回了丢失的爱情，他又马上背诵起雪莱的一首诗，一个正直执着又纯真善良的现代青年形象展现在读者面前。没有生硬的说教、大段的阐释，却让读者在细细的品味中比较了童家父子的不同之处。无声的雨像一根珍珠项链上的丝线，巧妙地将整个小说中闪光的“珍珠”串联起来，自然而然中使读者领略到珍珠项链的美丽。这是一种润物无声的境界，在小说的艺术表现上起到了独特的作用。

---

① 王火：《〈战争和人〉三部曲创作手记》，中国人民大学复印报刊资料《中国现代、当代文学研究》，1993 年第 7 期。

② 王火：《月落乌啼霜满天》，人民文学出版社，2003 年版，第 152 页。

③ 王火：《山在虚无缥缈间》，人民文学出版社，2003 年版，第 265 页。

其次，对雨的描写是对中国传统文化的独到继承。按照作者的想法是要写一本具有“中国味儿、中国生活、中国民族精神的长篇”①。也就是作品要散发着中国古典的美学风韵。从中国文化发展的历史来看，由于中华民族农耕性质，造成中国人对与农事安排直接有关的季节和物候的变化最为关心，特别敏感。在中国古典诗歌里，季节与季节感作为题材与意象，几乎成了不可或缺的要素。雨，是季节变化中最常见的自然现象，不论处在什么时候，只要有雨，诗人作家们都会把它写进诗里，融入文章。从《诗经》里“昔我往矣，杨柳依依，今我来思，雨雪霏霏”，到杜牧的“清明时节雨纷纷，路上行人欲断魂”，再到李清照的“昨夜雨疏风骤，浓睡不消残酒”，乃至现代诗人戴望舒的“撑着油纸伞/独自彳亍在悠长、悠长又寂寥的雨巷”，绵绵不断、不紧不慢的雨丝给人带来无穷的惆怅，雨中的各种忧郁情结成为中国诗歌中的程式化意象。《战争和人》很好地继承了中国传统文化中的这一特质，同时又有独特的发挥，从前面对小说中雨的类型进行的分类，我们可以看出这种发挥：雨不再只是惆怅和忧伤的代名词，它还可以让人对激变的时代充满无限的希望，让人看到光明的未来。

第三，对雨的描写是史诗创作意图的重要表现手法。既然是一部史诗性作品，小说中必然要体现出诗的意境来。在文学作品中进行诗意的营造，追求情景交融的意境，从来都是中国文学作品的重要的艺术理想，“艺术意境和艺术典型互相交融的美学特色。……不仅在我国古典小说中有，在我国现代小说和当代小说中也有。……这种美学特色，是同我们民族独特的文化传统和独特的审美心理相联系的。”② 对雨的描写则是达到这一目的的重要手段。我们可以看到小说中有对各种雨景诗意盎然的描写，几乎都是用人物的主观视角去感受、去观察，颇有情景交融的意味。而不时地化诗意入小说，不仅表现出人物的思绪和个性，还深化了小说诗的意境。例如我们前面谈到的童霜威听到的卖花声，清丽的描写，淡淡的忧伤，很容易让我们想起陆游的“小楼一夜听春雨，

① 王火：《〈战争和人〉三部曲创作手记》，中国人民大学复印报刊资料《中国现代、当代文学研究》，1993 年第 7 期。

② 叶朗：《中国小说美学》，北京大学出版社，1985 年版，第 234 页。

深巷明朝卖杏花”所表现的意境。同样，童家霆和欧阳素心在法国公园重逢这一节描写中，我们仿佛看到了欧阳素心就像撑着一把油纸伞，徘徊在雨巷中的丁香姑娘，《雨巷》的诗意被精巧地融入小说中。

总之，独具特色的雨景描写，使雨成为《战争和人》三部曲重要的艺术表现要素，它和其他艺术表现手法一起，构成了《战争和人》恢宏、壮阔的史诗境界，开放出了动人的艺术之花。

（原载《四川教育学院学报》2006 年第 9 期）

独具神韵的转变人物

——谈《战争和人》对童霜威形象的塑造

邹琦新

《战争和人》是王火对亲历过的抗战生活进行了长达四十年的沉淀和反刍后创作的鸿篇巨制。全书重点塑造的童霜威，由国民党的中间派，逐渐演进为国民党的左派人物。这样的人物在民主革命时期确实大量存在，在以往的作家笔下并未出现。可以说，童霜威是在《战争和人》中才首次被塑造出来的“熟悉的陌生人”。因而重点评析作家对这个人物的塑造，对于解读这部作品具有析脑剖心的作用。

一

众所周知，人的本质是“一切社会关系的总和”。假如人的思想性格是一张照相底片，在社会实践中就必然被时代、民族、阶级、党派、家庭、朋友、学历和职业等一切社会元素感光。何况各种元素感光程度的浓淡不一，排列组合的形式各异，从而叠印到各个人身上的“总和”，必然千差万别、千变万化。这是黑格尔为什么要求文学创作必须写出“这一个”的根本原因，也是文学评论必须分析“这一个”的基本原则。《战争和人》开始描写的是抗战全面爆发前的“西安事变”，此时的童霜威已是年近半百的国民党的高级官员，在他那心灵的底片上，早已叠印了半殖民地半封建社会的各种元素，无论显意识，还是潜意识，他对社会、对历史、对人生的立场、观点和方法，都已建构了独具的模式和框架。

童霜威原来是个著名律师、教授和编辑，已积累了一定的财富，后妻方丽清也带来了丰厚的嫁妆，担任司法行政部秘书长和中央公务员惩戒委员会委员兼秘书长后，更获得一份高额薪金。一家三口定居南京潇湘路时，住的是自建的洋房，行的是自备的轿车，不但有专任秘书和专职司机，还有门房、厨娘和丫鬟服侍。在研究阶级社会中的人物时，应注意物质条件对思想意识的影响，这是无须论证的马克思主义原理。他曾说过："大丈夫不可一日无权，小丈夫不可一日无钱。"在香港，本可直奔重庆，在孤岛，亦可尽早脱身。只因经济大权被其妻方丽清控制，加之总觉得自己"是一个有身份地位的人"，坐车应坐"头等卧车"，乘船"不能坐四等舱"，才一再迟滞，致使身陷困境。童霜威作为年龄上的中年人、政治上的中间派、经济上的中产阶级，同一般处于社会底层的群众相比，其心灵的转变必然艰难痛苦，其前进的步履必然沉重蹒跚。作家开始就如此细致地揭示出人物的身份、地位、年龄对其思想行动的深刻影响，就为后面描写他复杂曲折的转变历程，做了广泛而充实的铺垫。

然而，童霜威这个国民党的中间派，终究转变为国民党的左派，其转变的内在根据，只能从他的出身、教养和经历等社会元素中去探寻。作家如果不能从其独特的DNA结构中检测出转变的遗传密码，这个转变人物就不可能说是成功地塑造。首先，从其出身来看：他的父亲作为一个有儒学功底的秀才，又是长期悬壶济民的医生，就曾教导儿子："爱国莫为人后，趋利莫在人先。"他不仅"常常记住父亲的教诲"，而且以此教育子弟。其次，从其教养来看，他虽曾留学日本，但"自幼熟读孔孟"，"又研究过宋儒之学"，深知"成仁取义，是做人之道"。同时，"他是个爱以文人雅士自居的人"，虽稍沾烟酒，但既不赌钱扶乩，也不寻花问柳，要讲嗜，就是"读读诗词，种种花草"。尤其在面临气节问题时，他总是以屈原、苏武、岳飞、陆游、文天祥等的诗词自警自励。再次，从其经历来看，他在青年时期，就是自觉投身孙中山领导的反对清朝政府和北洋军阀斗争的爱国志士。后来他作为"学法执法"的法学权威，理所当然地"对是非抉择清醒"。无论宪法，还是民法，或者刑法，在各种法律中热爱祖国，坚持操守，抗击侵略，维护独立，都是每个公民应尽的神圣义务。唯物辩证法告诉我们，内因是事物变化的根据。作家因为从多个角度和多个层面描写了童霜威思想性格中的基调和底色，所以后来表现他始终保持了一个堂堂正正的中国人应有的气节，并由中间派转变为左派，这种转变就不是无源之水、无本之木。

二

任何事物的转化，内因是根据，外因是条件。如果已经具备内因，外因就成为事物转化的必要条件。从宏观的外因来看，假若没有爆发抗日战争，童霜威即使因无派无系而暂时受到排挤，以后仍有可能东山再起。抗日战争这一外在的历史条件，不但改变了他的命运，而且转变了他的思想。一方面，南京大屠杀令他深积怒火，颠沛流离让他备尝艰苦，汪伪魔窟使他饱受摧残，这无不增强了他对日本帝国主义的刻骨仇恨。另一方面，中原大地的天灾人祸，陪都重庆的醉生梦死，湘桂战役的丢城失地，这些都泯灭了他对国民党统治的些微希望。与此同时，共产党在“西安事变”时的力促和平解决，在“皖南事变”时的力主团结进步，在“重庆谈判”时的力求共同建国，更让他看清了中国的光明前途。他作为一个爱国主义者，必然会认识到自己应该奔向国民党的左派阵营，投身共产党领导的统一战线，为中华民族的复兴而献智出力。

从具体的外因来看，童霜威作为抗战时期的一个中间派，就必然既是右派拉拢利用的对象，又是左派团结争取的力量，两方面都是他转化的具体外在条件。他的妻弟柳忠华作为身份公开的共产党员，可以说是他人生历程中的引路人：在苏州监狱里，为他树立了坚贞不屈的榜样；在武汉轰炸下，给他指明了长期抗战的方向；在上海囚居时，将他从汪伪魔爪里搭救出来；在长途跋涉中，带他历尽艰险奔赴大后方……尤其是要求他做出正确的人生选择，希望他“做一个国民党的左派”等，更像警钟经常督促他严格自律，鞭策他向左靠拢。他的学生和秘书冯村作为身份隐蔽的共产党员，则是他生活道路上的促进者，不仅无私地给他安排生活，向他通报信息，为他联系各界，劝他投身抗战，帮他出版专著，更以自己的英勇牺牲，促使他彻底认清了国民党反动派实行法西斯特务统治的卑劣性和残酷性，成为他放弃中派立场，转向左派观点，由量变到质变的转折点。

此外，作家在第三部还描写了冯玉祥、黄炎培和程涛声等左翼人士的进步言行对他的帮助，以及他直接受到毛泽东、周恩来等共产党领袖的指引。正因为在他周围存在多种革命力量拧成的一股强劲拉力，才使他最终走进了国民党的左派队伍，成为共产党领导的统一战线中的一员。与此相反，同他相联系的还有汪派的李士群、江怀南等卖国贼和蒋派的叶秋萍、张洪池等刽子手，以及在蒋汪之间翻云覆雨的谢元嵩、管仲辉等变色龙，这些人都妄图把他拉向助纣为虐、为虎作伥的黑暗深渊。不过，因为他具有“决不做民族的罪人”的崇高气节，所以几股反动力量不仅没有成为向右的拉力，反而成为向左的推力，促使他进一步认清汪精卫等的卖国本质和蒋介石等的独裁面目，加速他奔向抗击侵略、痛恨腐败和向往自由、追求民主的光明大道。

在童霜威的家庭成员中，前妻柳苇虽然早已牺牲，但他经常睹物思人、触景生情，尤其在身处困境和面临选择时，总是看到她那“美丽的眼睛”，听到她那“动人的箫声”，觉得她像“秋瑾式的巾帼英雄”，不断召唤他前进。对于后妻方丽清，他虽曾“欣赏她的外形美”，但在抗战期间的颠沛流离和蛰居囚禁中，方丽清不仅在经济上卡压他，在生活上刁难他，在婚姻上背叛他，而且在政治上逼迫他叛国投敌，所以他觉得“同她的分手有一种甩掉重负的轻松感”。两相对照，柳苇像一股无形的吸引力，方丽清像一股有形的排斥力，同方丽清的决裂，标志着他已沿着柳苇走过的大道前进。同时，他从儿子童家霆由一个不谙世事的少年，进步为一个投身共产党领导的战斗行列的青年的成长经历中，也“深感时代在前进”，因而他“从反对到支持，又从支持到指导策略”，终于父子“都为一种新的信仰和追求走到了一起”。

三

任何事物矛盾斗争的转化都有一个运动过程，长篇小说中的故事情节应是人物性格发展和变化的过程，是主题的巧妙显现的过程。作家是否能够充分展现主要人物思想变化的轨迹和性格发展的经历，既是塑造转变人物的必要手段，也是衡量作品艺术质量的重要标志之一。王火的《战争和人》三部曲在塑造童霜威这个转变人物时，就自始至终通过他在抗战时期曲折的人生道路，揭示他立场观点转化的艰难历程。

在对待日本帝国主义方面，童霜威虽然抗日的思想和意志是一贯明确而坚定的，但是他的态度及方式却存在变化和发展。抗战爆发时，他因为已经过惯了养尊处优的生活，所以"变得虽有爱国之心，又害怕战争，只想苟安一时"。在抗战前期，他不但没有积极投入，反而消极逃避。先是到南陵"做躲避乱世的隐士"，继而到武汉，认为可以"进退方便，来去自如"，接着到香港成为"高级难民"，后来竟然到上海孤岛幻想"养晦读书"。直至被日伪辗转囚禁于各地，"等于上了刀山、下了油锅、走了奈河桥"，他才断然冒险采用"苦肉计"，于1942年6月逃离沦陷区，越过封锁线，跋涉五个省，直奔大后方，真正决心投身抗日洪流之中。他在抗日的道路上，由消极逃避，到被动抵制，再到积极脱逃，最后主动投入的艰难人生历程，也是"这一个"社会上层人士的痛苦心灵历程，因而突出了这个人物思想性格转变过程的独特历史价值和审美意义。

在对待国民党方面，童霜威自从担任"双料"秘书长直至抗战中期，几乎同国民党左派没有联系，"也没有急切想做什么国民党左派的要求"。他在派系倾轧中受到冷落和排挤，虽常有"一种狐狸没有吃到葡萄说葡萄酸的复杂心理"，但总认为自己"既已参加了国民党，而且它是执政的党"，"就不能不混在大家中间跑"。所以后来他自残逃离沦陷区，冒死奔赴大后方，不仅认为这"才是唯一正确的道路"，而且认为中枢"一定会体谅我的初衷，赞赏我的坚定"，并安排一个职务以施展抗日的抱负。然而，"流水送走官场梦，空余豪情心却寒"，可悲到只能靠"海上闻人"杜月笙施舍的"车马费"度日。何况他这样一个逃离"人间魔窟"，穿越"人间地狱"，决心到大后方献身抗日的志士，竟然时时被特务盯梢，处处遭特务监视，岂不"好像老是被人用凉水一盆盆地浇泼"。还有，自己最亲近的秘书冯村和儿子最亲密的恋人欧阳素心，分别落入特务的魔掌之后，他虽然想方设法进行过搭救，但是冯村终被摧残致死，欧阳素心也被蹂躏崩溃，这怎不使他"对国民党是看透了"。所以他终于决定用"佛祖'我不入地狱，谁入地狱'之心来做个正直的党人"，毅然加入国民党左翼人士组织的“三民主义同志联合会”。童霜威对国民党及其政府的认识和态度，由自命清高、实则依附的中间偏右派，到心存幻想、藕断丝连的中间派，直到分道扬镳、勇敢斗争的左派的转变过程，既是“这一个”人物做出的人生选择，更是当时大批正直的国民党人做出的历史选择，因而不仅在政治上极具代表性，而且在艺术上极具典型性。

在对待共产党方面，童霜威原本“既无好感，也无仇恨”。大革命失败后，他尽管“反对剿共和血腥屠杀”，但在言论上“噤若寒蝉”，加之既“主张中庸”，且“明哲保身”，竟与身为共产党员的柳苇离了婚。“西安事变”后，他虽又“赞同国共合作”，对共产党却是敬而远之。即使在设计逃离日伪魔窟时，也要舍近求远、弃易就难，宁肯长途跋涉去重庆，也不就近求易去新四军的苏北和淮北根据地。他此时仍对国民党心存幻想，对共产党心存疑惧。实际上当历史进入抗战中期，共产党已经发展、壮大、成熟，已经“无处不在，无处不有”。且不说前妻柳苇的英灵经常在眼前闪亮，也不说冯村的身影时时在近旁伴随，更有妻弟柳忠华总在他人生关口进行指引。他同柳忠华关系的变化，可以看作他同共产党关系发展的一个缩影。大革命失败后柳忠华被捕，童霜威因“怕受牵连”而远离他，直至抗战开始时才关心他，以后逐渐在思想上信任他，在感情上亲近他，在历险时依靠他，在久别时思念他，甚至想到应尽力保护他。至于对共产党的整体看法，由于既看到了共产党领导抗日军民取得伟大胜利的事实，又聆听了毛泽东、周恩来在“重庆谈判”期间关于中国命运的谈话，所以清醒地认识到，若要“克服中国落后腐败，消除民族屈辱”，只能对共产党“寄予希望”。这说明他跟共产党的关系，从离心离德，到若即若离，直至同心同德，自觉地成了共产党的真诚朋友。

王火在《战争和人》每一部的扉页上反复地说：“我只愿从生活出发来塑造人物，并没有遵循任何模式。但我确实写了人物性格深层结构中的不安、动荡、痛苦、搏斗。”虽然不能说王火塑造转变人物的方法是必须遵循的唯一“模式”，然而，我敢肯定，作家如果能像王火在《战争和人》中这样，既深入地挖掘人物转变的内因，又全面地表现人物转变的外因，还充分地展示人物转变的过程，那么“一切社会关系的总和”就会在这个人物身上得到系统的体现，成功地塑造出“这一个”人们“熟悉的陌生人”，从而避免某些作品在刻画转变人物时，由于转变根据不足和转变过程太快，致使转变人物不够真实可信的弊端。这正是这位茅盾文学奖的获得者为抗日战争文学，也为中国新文学做出的巨大贡献和提供的宝贵经验。

（原载《当代文坛》2007 年第 2 期）

抗战叙事的艺术探索

——论《战争和人》

廖四平

王火的小说《月落乌啼霜满天》《山在虚无缥缈间》《枫叶荻花秋瑟瑟》最初分别于1987年、1989年、1992年由人民文学出版社出版；1993年，三部又合在一起以“战争和人”为题由人民文学出版社出版。《战争和人》再现了中国人民八年抗战艰难而又复杂的历程，揭示了中华民族虽屡经苦难但仍蓬勃兴旺的根本原因——坚韧不拔、不屈不挠的民族意志和生生不息的爱国主义精神，对历史与人生进行了颇有深度的审视，堪称一部抗战题材的力作；从艺术表现的角度来看，小说也颇有亮点。

一

小说在艺术表现上最突出的成就是塑造了童霜威、童家霆、方丽清等堪称典型的人物形象。

童霜威为一法学家、官僚。其父亲是一个有儒学功底的秀才，也是一个长期悬壶济民的医生，他本人则在青年时代就投身于孙中山领导的革命，并在参加1913年的“第二次革命”后，亡命日本；从日本学成归国后，先后做过律师、教授、编辑、国民政府司法行政部秘书长、中央公务员惩戒委员会委员兼秘书长等。他结过两次婚，前妻柳苇是共产党人，两人因政见不合而离异；续弦方丽清出身于富商之家，两人因情趣不同而互不投机。“他自幼熟读孔孟，早些年又研究过宋儒之学”①，加上父亲童南山教导他“言谈要谨慎，遇事要三思，爱国莫为人后，趋利莫在人先”②。于是，从政后，谨守孔孟之道：在政治上搞“中庸”——“对蒋介石是既拥护也反对……对那种不抵抗主义和对日本的卑躬屈膝以及对英美的逢迎谄媚，都感到从心里发出厌恶……害怕共产党那种极端的左的做法，觉得那不符合国情……但对用屠杀的血腥办法来剿灭共产党，他又从心里反感”③；西安事变发生后，所想的是“两方面，我都不得罪，我都挂个号！”④

西安事变平息后，赞同国共合作。为人处世谨慎、稳重甚至圆滑——在目睹江津的黑暗后，虽对国民党当局不满，但仅是远离官场而不稍作反抗；既主张抗日又希望能和平解决中日问题；“既对贪赃枉法深恶痛绝，又收受了江怀南巧无痕迹的贿赂”⑤。恪守“己所不欲，勿施于人”的儒家准则，洁身自好、乐而不淫——不强人所难，也不以邻为壑；平时总以文人雅士自居，“不像许多中枢要人一样喜欢女色。烟酒只是稍沾一点。要讲嗜好，倒是读读诗词，种种花草，游山玩水，比较喜欢。”⑥葆有民族气节和爱国心、追求进步——在得知谢元嵩背着他替他在汪伪中央委员会名单签名后，他立即奋笔疾书文天祥的《正气歌》，并寄给远在重庆的于右任；在“猴脑宴”上，日本特务要他充当“和平”的牵线人，他拒不相从；面对汪派的李士群、江怀南等，蒋派的叶秋萍、张洪池等，在蒋汪之间翻云覆雨的谢元嵩、管仲辉等，以及方丽清的威逼利诱、软硬兼施，方丽清娘家人冷嘲热讽……他毫不苟且妥协，并以自残的“苦肉计”寻求自由，为能前往大后方而不惜装成痴呆症病人；他自己饱历了人生坎坷后，加入到为祖国的民主、统一而斗争的行列，如加入“三民主义同志联合会”，在“特园”参加了“民联”的第一次全体大会，并在会上做了积极的发言；参加了反内战联合会并也做了发言。不过，他也自私、冷酷、无

---

①②③④⑥　《战争和人》（一），人民文学出版社，1996年版，第178页，第69页，第70页，第34页，第156页。

⑤　谢永旺：《别开生面——评〈战争和人〉》，《当代》1993年第1期。

情——柳苇身陷囹圄、血洒刑场时，他虽身居国府要津，但未曾稍伸援助之手；柳苇遇难后，他对收尸安葬之事也避而不管；内弟柳忠华被捕入狱，他起初并未积极营救；柳忠华因思念姐姐的遗孤童家霆而登门拜访，作为童家霆的父亲，他先是避之唯恐不及，后是冷漠少言相待，直至童家霆离去。

总的来看，童霜威可谓性格复杂、个性鲜明，颇具典型性，是抗战期间国民党中间派政治力量的代表；“童霜威对国民党及其政府的认识和态度，由自命清高、实则依附的中间偏右派，到心存幻想、藕断丝连的中间派，直至分道扬镳、勇敢斗争的左派的转变过程……是当时大批正直的国民党人做出的历史选择，不但在政治上极具代表性，而且在艺术上极具典型性”①，真实地反映了民主革命思想及实践对正直的旧式知识分子的积极影响。

作为一个文学形象，童霜威具有独特的意义和价值：

其一，童霜威是中国现当代小说史上最早出现的国民党中间派高级官员形象，因而，具有“开先河”的性质。

其二，童霜威“是一个信守民族气节的爱国者……是一个由国民党的高级官吏向一个革命的民主派转变的典型”② ——他身处国民党阵营，但基本上能洁身自好，而且能不屈服于外来强敌的淫威，是现实生活中同类人物的代表，其转变过程也是现实生活中同类人物转变过程的真实写照。

其三，童霜威“是当代文学画廊中一个前所未见的、真实而丰满的人物典型”③ ——小说把童霜威这一人物形象放在中国整个民主革命的进程中、放在国共日伪各种政治势力的角逐中、放在家庭及社会诸方面的矛盾中进行刻画，且注重对其方方面面性格的刻画，从而使之显得血肉丰满，令人信服。

童家霆是童霜威之子，是一个由思想和斗争方式都不太成熟、注重个人感情的高中生成长起来的思想成熟、能独立思考、将国家的和平大业和光明前途放在首位、办事讲策略的热血青年。他富有文采——既喜欢“雨后春笋满林

---

① 邹琦新：《历史地描写具体人性的一个典范——王火的〈战争和人〉新论》，《邵阳学院学报》（社会科学版）2008 年第 1 期。

② 谢永旺：《别开生面——评〈战争和人〉》，《当代》1993 年第 1 期。

③ 同上。

闹，淋雨一夜一尺高”[①] 之类的旧体诗句，又喜欢“女神呦！/你去，去寻那与我的振动数相同的人；/你去，去寻那与我的燃烧点相同的人/……把他们的智光点燃吧”[②]之类的新体诗句，还喜欢外国诗，如雪莱的诗；在高中时发表了长达十一万字的关于河南大灾荒的纪实文章《间关万里》，后又创作了一些作品并发表在自己和同学燕寅儿合办的《明镜台》上。他爱憎分明——关心父亲、思念母亲、厌恶后母、崇敬老师、看重友情、钟爱情人，而且均形诸言行。他孝顺——父亲被特务劫走，他忧心如焚；在父亲被软禁于南京潇湘路故居时，他朝夕服侍；在父亲从楼梯上跌下摔伤头部回到上海后，他不顾后母娘家的冷嘲热讽而精心照料。他正直、善良、富有同情心——虽然他与燕寅儿合写的《黄金存款舞弊案之谜》一文的内容牵扯到自己所主持的《明镜台》的投资人杜月笙和褚之班等，但他也置之不理；在前往香港的途中，方丽清命丫头金娣为自己遮挡炸弹，金娣被炸死，之后，金娣的妹妹和母亲到方家索赔，结果被方家轰出，他则从家里拿钱欲送给她们；大舅妈“小翠红”被其丈夫方雨荪害死，他为此悲伤不已；对国统区官场的腐朽义愤填膺，对百姓的悲惨处境则充满同情。他正直勇敢、积极进取——在江津国立中学读书时，校长邵化对学校实行专横统治，他和同学们奋起反抗；在与蓝教官对抗时，同学窦平被打伤了，他勇敢地站出来为窦平打抱不平；在民声新闻专科学校学习时，他与燕寅儿一起关心国家时局，呼吁热血青年都关注抗日形势；为救冯村而四处奔走。总的来看，童家霆“这个人物的成长反映了历史的进步”[③]。

同时，童家霆也是中国当代文学史上的一个崭新的人物形象——它与此前的知识青年形象，无论是《红旗谱》中的运涛、江涛，还是《青春之歌》中的林道静、余永泽、江华、卢嘉川，以及《三家巷》中的陈文雄、陈文婷等都迥然不同：既不像江华、卢嘉川那么激进，又不像余永泽、陈文雄、陈文婷那么“落后”；虽像林道静那样随着时代的发展而前进，但其步子没有林道静迈得那么大；因此，它实为一个崭新类型的知识分子形象。

---

①② 《战争和人》（三），人民文学出版社，1996年版，第109页。

③ 王火：《关于〈战争和人〉答书城杂志记者问》，《书城》1995年第2期。

方丽清为童霜威的续弦。她虽然“个儿高高的，长得丰满，皮肤白白的”[①]，“外形长得像‘电影皇后’胡蝶那么漂亮”[②]，“却庸俗、狭隘，无知无识，一点也不可爱”[③]——“尹二背后叫方丽清‘双十牌牙刷’，意思是说她‘一毛不拔’[④]，齐啬。庄嫂背后叫她‘狐狸精’，这是因为方丽清的名字谐音像‘狐狸精’。刘三保背后叫她‘铁公鸡’，那也是觉得她‘一毛不拔’”；常常搞得全家不得安宁，如烹吃童家霆饲养的鸽子，对金娣“不是骂就是劈脸一个嘴巴子，不是揪头发就是掐大腿”[⑤]……贪婪——她虽然家境富足，但只关心钞票，甚至出于自身利益而劝童霜威附逆。无情无义、狭隘自私——她对童霜威的兄弟童军威和儿子童家霆均漠不关心甚至视同路人、冷若冰霜：“既嫌童军威长得不讨欢喜，又嫌童军威食量大饭吃得多，更嫌童军威并不是童霜威的同天地亲兄弟”[⑥]；在前往香港的路上遭遇空袭，她让金娣挡在自己身上，致使金娣被炸死；在抗战开始后，一家漂泊流离，她没有产生丝毫的国仇家恨，而想到的只是自己过的日子苦；在经济上对童霜威“严防死守”；不守妇道——她竟然与已沦为汉奸的自己丈夫昔日的学生江怀南勾搭成奸。

总的来看，方丽清是一个出身于富商之家并深染商贾固有恶习且不知悔改的恶妇。作为一个文学形象，方丽清除了以其鲜明的个性而颇具“文学”价值外，在文学史的层面上也具有意义——在中国现当代文学史上，她是继张爱玲《金锁记》中的曹七巧、路翎《财主底儿女们》中的金素痕之后的另一类恶妇形象。

二

小说在艺术表现上也颇有特色，其中，最为夺人眼球的大致有以下几点：

---

①②③④⑤⑥ 《战争和人》（一），人民文学出版社，1996年版，第106页，第105页，第132页，第106页，第319页，第143页。

（一）**人物形象众多而又个性鲜明**。

除童霜威、童家霆、方丽清等外，小说还塑造了其他众多的人物形象，其中，有些是虚构人物，如管仲辉、叶秋萍、江怀南等，有些则是历史上的真实人物，如毛泽东、蒋介石、汪精卫等。[①] 从成分来看，人物可谓形形色色——从官僚、政客、特务、流氓、军人到普通民众，一应俱全。对于这些人物，小说往往善于抓住其语言、神态、动作的特征予以刻画，因而刻画得个性鲜明，能给人以活灵活现之感，如“矮胖秃顶皮肤光溜溜的谢元嵩，长着两只蛤蟆眼和一张蛤蟆嘴，笑起来给人一种挺老实憨厚的印象”[②]，短短的几句话，就把谢元嵩的音容笑貌一股脑儿地写了出来，让人能如闻其声、如见其人；而对江怀南、冯村、方丽清兄妹等的刻画，则能根据其身份、教养来使用语言，如同样是写信，江怀南做过县长，贪且奸，文化程度较高，便在写信时使用古雅的语言；冯村受过高等教育，做过童霜威的秘书，便在写信时使用文气浓重而又并不酸腐的语言；方丽清兄妹出身于富商之家，深受商贾气的濡染，凡事“利”字当先且爱“明码实价”，便在写信时使用浅显直白的语言……人物形象由此而个性鲜明、跃然纸上。

（二）**史诗性特征强**。

小说从空间上来看，涵盖了南京、南陵、武汉、香港、上海、河南、成都、重庆、江津等为数众多的地区，实际上为除东北沦陷区、华北解放区之外的大半个中国，地域相当广阔；从时间上来看，涵盖了自西安事变至解放战争爆发前夕的整个抗战时期；从所描写的对象来看，涵盖了西安事变、卢沟桥事变、庐山讲话、“八·一三”事变、南京大屠杀、平型关大捷、台儿庄激战、广州的陷落、武汉的失守、河南大灾荒、湘桂溃败、重庆谈判、共产党的多次声明和国民党的重要会议以及国际舆论的动向等重大历史事件，而且许多事件实有所据，颇具全景性地展现了抗战时期风云变幻、波澜壮阔的历史画卷，熔

---

① 参见吴野《美和真的结合，诗和史的汇聚——〈战争和人〉管窥》，《理论与创作》1993年第5期。

② 《战争和人》（一），人民文学出版社，1996年版，第53页。

历史小说、政治小说、社会小说、家庭小说于一炉，内容深沉凝重，史诗性特征鲜明。[①]

（三）结构宏大而又严谨。

小说包括三部，每部又分多卷，如《月落乌啼霜满天》分为八卷；各部之间既彼此独立、自成一体，又紧密联系；卷与卷前后连贯、一气呵成，有些内容即使前后似欠衔接，那也只是表象，如小说整体上是以童霜威父子的行踪为线索行文的，可《月落乌啼霜满天》的第六卷《啊！血雨腥风南京城》并没有描写童霜威一家，而是描写南京沦陷后军人和百姓的悲惨命运，歌颂为国捐躯的战士和顽强抵抗的普通劳动人民，因而看起来好像情节不连贯，结构松散，而实际上则并非如此：在小说中，童霜威是一个具有“枢纽”性质的人——各种矛盾汇聚其身；他也是一个颇为敏感的人——外在的事情很容易引起其情绪的波动，而像战争这种大事件，则更容易引起其内心的震撼，因此，当作为政府首都的南京惨遭屠城，且其家园、其家人和亲朋均陷其中时，其内心世界必然是“波诡云谲”，他也便自然而然地重新审视自己及其所生活的世界，其思想、感情、性格也会随之发生变化，也就是说，这一卷的内容实际上即为童霜威的思想、感情、性格发生变化的依据……小说由此而显得结构宏大而又严谨。

（四）诗情画意，“散发着中国古典的美学风韵”。

作者在创作《战争和人》之初的预想是：该小说是一部有“中国味儿、中国生活、中国民族精神的长篇”[②]，既有当代意蕴又“散发着中国古典的美学风韵”，既有阳春白雪的品位又能吸引一般读者的眼球[③]——小说也确实达到了作者的这些写作预想，具体地说：

其一，小说的主人公童霜威本身就是一个深受中国古典文、史、诗、书、画等影响的文人，散发着“古色古香”的气息，诗意色彩浓郁。

---

① 参见王火《〈战争和人〉三部曲创作手记》，《理论与当代》1998 年第 2 期。

②③ 王火：《〈战争和人〉三部曲创作手记》，《文学评论》1993 年第 3 期。

其二，小说引用了大量的古典或旧体诗词，如标题“月落乌啼霜满天”引自张继的《枫桥夜泊》，“山在虚无缥缈间”引自白居易的《长恨歌》，“枫叶荻花秋瑟瑟”引自白居易的《琵琶行》——就小说而言，以古典诗句作为标题至少有两个作用：其一，标示了各部小说的中心情节或主要线索；其二，勾勒出了主人公所处时代的总体历史氛围。[①] 童霜威每当犹豫伤感时，总是借诗抒发忧思，如在“双十二”的消息传到后，他在玄武门的城墙上借吟王安石的《桂枝香·金陵怀古》以表示对国民党内贪污腐败的不满，在重游寒山寺时，借清代胡会恩的送春词——“画屧苍苔陌上踪，一春心事怨吴侬；晓风欲倩游丝绽，愁杀寒山寺里钟”[②] 以表达对已故前妻的思念；在被软禁在寒山寺时吟咏元末诗人倪瓒的诗以表达自己的心志：“秋风兰蕙化为茅，南国凄凉气已消。只有所南心不改，泪泉和墨写《离骚》”[③]；柳苇则通过其生前在照片上的自题诗句“一陂春水绕花身，花影妖娆各占春；纵被东风吹作雪，绝胜南陌碾作尘”[④]来彰显其风采和性情……从而大大地增强小说的诗意。

其三，景物描写富有诗意。如对南京景物的描写：“荒烟衰草，一登古城墙，天已暮色四合。冷月升起。银光下，湖上和四下里淡淡的白雾氤氲浮动，到处仿佛都蒙上了清凉的水气。南京城北，此时已经清静下来。远处近处电线杆上都亮着昏黄的金莲似的灯泡。夜，幽深、萧条。看看朦胧中的湖光山影和冬日的枯树荒草，看六朝时留下的古意盎然的城堞，再看看从十六日起戒严的南京城，童霜威沐着冷风，心事浩茫，也说不出为什么会有凄凉心情。那玄武湖畔台城上的垂柳和烟景，是清代公认的‘金陵十八景’中著名的一景，叫作‘北湖烟柳’，亦即唐诗中写的‘无情最是台城柳，依旧烟笼十里堤’。此刻，夜色茫茫，从台城上眺望岸堤，叶片落尽的垂柳，朦朦胧胧，烟气更盛，使人有一种置身幻境的意味。”[⑤]在这里，比喻等修辞手法及古典诗词和典故的运用，不仅很好地烘托了人物心理，而且营造出了一种浓郁的抒情氛围，诗意盎

---

① 参见冯宪光《史和诗的一体化——评王火长篇小说〈战争和人〉》，《当代文坛》1992 年第 6 期。

②④⑤ 《战争和人》（一），人民文学出版社，1996 年版，第 181 页，第 688 页，第 97 页。

③ 《战争和人》（二），人民文学出版社，1996 年版，第 237 页。

然。其他如对缙云寺夜晚景物的描写也颇富诗意[1]——此类描写在小说中触目皆是。另外，小说中“有大量的对雨的描写，甜蜜之雨，忧伤之雨，矛盾之雨，光明之雨，多样的雨景已经和小说中的人物融为一体，打上了情感的烙印，表现了主人公的喜怒哀乐、悲欢离合和社会的动荡离乱、变幻无常”[2]，增添了小说的诗意。

其四，对人物的描写满蕴感情。如对柳苇，小说这样写道：“她纯洁得像一片雪花，像一泓清泉，一片芳草，是气质美和形象美的统一，和谐、秀丽，在俯仰顾盼、一笑一动之间，都似乎洋溢着芬芳、素雅、清新的气息。她会吹箫，月夜时，一支余音袅袅的洞箫能使他有一种如闻仙乐置身仙境的感觉。”[3]，此外，她还有一双明亮、倔强的大眼睛——这些使她成为纯洁、执着美和崇高的化身，诗意浓重。其他如对欧阳素心、卢婉秋的有关描写也与此异曲同工。

其五，虚实相生地描写人和事。小说“重点写了蒋管区兼沦陷区，也通过人物重点虚写了解放区和游击区，并实写了共产党人在蒋管区、沦陷区的活动和牺牲”[4]；对柳苇，小说在总体上是虚写——在小说故事情节展开的时间里，她已不在人世，而只是活在童霜威的回忆及童家霆的怀念里，但她的被回忆或被怀念往往是出现在童霜威或童家霆面临着重要的人生抉择之际，因而，她又成了小说中一个不可或缺的角色；她也因此而显得虚虚实实，小说则因此而具有朦胧美。

其六，塑造了形形色色、情感饱满的女性形象。小说中的女性人物有名有姓的有二三十人，其中，饱含着感情的也有十多个，如秋瑾式的英雄柳苇、杨秋水等，地下革命者式的人物燕珊珊、燕寅儿、银娣等，在日寇铁蹄践踏和反动邪恶势力摧残下痛苦呻吟着的善良无辜的弱女子欧阳素心、卢婉秋、“小翠红”、金娣、庄嫂，醉生梦死的势利小人方丽清，手眼通天、翻云覆雨而内心

---

① 《战争和人》（三），人民文学出版社 1996 年版，第 240 页。

② 邓英：《穿越历史的烟雨——解析长篇小说〈战争和人〉中的雨及其意义》，《四川教育学院学报》2006 年第 9 期。

③ 《战争和人》（一），人民文学出版社，1996 年版，第 97 页。

④ 王火：《关于〈战争和人〉答读者问》，《当代文坛》1995 年第 6 期。

空虚的陈玛荔。[①] 总的来看，女性形象的塑造虽然并非小说最主要、最突出的成就，但又大大地增添小说的内涵和光彩——整部小说因而显得内容丰富、结构和谐、诗意盎然。

（五）**心理描写细腻**。

小说的心理描写细腻，如对童霜威、童家霆、江怀南、方丽清等一系列人物均有细腻的心理描写，[②] 其中，对童霜威有关心理的描写尤其细腻。童霜威是一个饱读诗书、深受中西文明熏陶同时又身处复杂环境的人，不由得时时谨慎、处处小心，甚至处事圆滑以求明哲保身，于是，往往看起来心如止水而实际上则是心潮澎湃。小说在刻画这一人物时，颇注重描写其心理——小说主要采取白描的手法，写得丰富、细致、深入、有层次，非常细腻。如有关童霜威处事圆滑的描写：在西安事变发生时对蒋派与汪派两边兼顾，对是否接受江怀南的贿赂、留在南京与之共存亡、前去抗战中心武汉为国出力、去英租界香港隐姓埋名等心理的描写。又如，描写他在避居香港时的有关内容：在香港，他因受到季尚铭的邀请而游子一般漂泊无着落的心感到一种温煦的抚慰；一方面，季家的美丽花园、豪华陈设引起他一阵若明若暗的艳羡；另一方面，一发觉季尚铭的谈话之中隐含着亲日倾向，他便立马警觉起来；本不想多去季家，但接到邀请后又身不由己地去赴约；在季家见到摆好的文房四宝便欣然提笔写下草书屏条，再去见自己所写的屏条精裱悬挂在客厅醒目处时暗自涌起几分愉悦，但随后又有几分后悔，自责不够检点；在“猴脑宴”上，一方面是席面上宾主觥筹交错、亲热有加，另一方面是他本能的反感：对“醉美人”猴脑、妖艳女人香味、席间以政事大局作为谈资及吹捧日军武器精良、贬损台儿庄胜利“联日，防共”等论调、可疑的“缅甸珠宝商何之蓝”等的反感，以至于最后离席。

---

① 参见黄伊《王火与〈战争和人〉》，《博览群书》1995 年第 10 期。

② 雷达：《小说见闻录——〈战争和人〉随感录》，《小说评论》1995 年第 6 期。

（六）线索清晰。

小说主要采用了欧洲古代流浪汉小说的手法，让主人公童霜威、童家霆父子“从这个到那个，从这里到那里”①，形成结构线；在行文时，往往是由一个人物引出另一个人物，再通过回忆来叙写现实，但又都紧紧围绕主人公童霜威这个中心人物展开，以各色人物的众生相来反映社会百态，线索十分清晰。

三

《战争和人》虽然相当优秀，但也存在一些缺憾。其中，最为显著者：

一是“雅化的过分”。像“来回蹀躞很久”，“头发银白，头顶大部牛山濯濯”，“侑酒陪客”，“一种徒呼负负的感伤”，“阃令森严”，“踽踽地向自己房里走去”，“踽踽迈步”，“上来迓迎”，“心情凄凉杌陧”，“杌陧的时局”，“大局蜩螗”，“工事窳败”，“午间踋趺入睡”，“疰夏”，“搿伙着”等生僻或僵死的文言词句，虽然体现了小说“雅化”的艺术追求、提升了小说阳春白雪的品位，但又在一定程度上妨碍了读者对小说的接受，制约了小说对更多读者的吸引力。古典诗词的引用或使用，虽然增强小说的“中国古典的美学风韵”、能使小说更具“中国味儿、中国生活、中国民族精神”，对小说人物形象的刻画、主旨的表达也确实能起到画龙点睛的作用，但引用或使用过多，便有点适得其反——小说由此而有落入中国古典小说“有诗为证”的窠臼之嫌②。

二是烦冗芜杂，拖沓重复。小说日记式记录了主人公日复一日的生活起居；对主人公所到之处的生活环境、人际关系、社会矛盾、风俗习尚，小说往往都有详细、充分的描写，有时甚至还花相当的篇幅追叙主人公过去的经历见闻，从而给人有写得太足太透之感，而没有给人留下应有的想象和联想空间；人物对政治局势的议论过多，在布局上缺少变化；③ 从而，显得有点烦冗芜杂、拖沓重复。

---

① 王火：《〈战争和人〉三部曲创作手记》，《文学评论》1993 年第 3 期。

② 参见邓经武等《全球一体化语境中本土文学的自我确认——〈战争和人〉得失谈》，《西南民族学院学报》（哲学社会科学版）2002 年第 12 期。

③ 谢永旺：《别开生面——评〈战争和人〉》，《当代》1993 年第 1 期。

三是内容衔接不够紧密。如小说在写方丽清宰吃了童家霆养的鸽子后，童家霆发火回到自己房间，童军威也去安慰他，但随后就没有任何下文了——就此戛然而止，略显突兀。又如，欧阳素心名字的初次出现与欧阳素心本人的出现相距过远，两者有点搭不上“界”。

不过，小说尽管存在着这些缺憾，但仍不失为一部成功之作；从抗战题材小说乃至中国现当代小说发展史的角度来看，有几点颇为引人注目：

其一，小说突破了当代革命战争题材长篇小说的模式，在中国现当代小说史上第一次把一个国民党政府的高级官员作为第一主人公来刻画，“为中国新文学和中国文学画廊增添了前所少见的人物形象，在时代的社会认识意义上，在人生哲学的审美意义上都有相应的价值和独到的特色”①。

其二，小说虽然篇幅宏大、内容广博、笔彩庞杂，但又笔力集中、重点突出，即着重描写一个在博大精深而又源远流长的民族精神与抗日战争这个特定的时代风云同时作用下所出现的一个社会阶层——爱国民主人士，他们虽然与保守、落后甚至反动势力有着千丝万缕的联系或或多或少地受其羁绊，但也继承了中华民族的优秀传统，弘扬了民族精神，并随着时代的前进而前进，从而为中国现当代小说增添了一个新的人物类型，也为中国长篇小说的艺术探索提供了一个较为成功的范例。

其三，小说描绘了一幅色彩纷呈的人性图谱：或大义凛然、不畏强暴，如谢团长和八百壮士固守四行仓库，面对仇寇，无所畏惧，即使牺牲生命也在所不惜；或自尊自重而决不苟且偷生，如尹嫂毁容自戕、誓不受辱；或圆滑世故，如谢元嵩左右逢源，总能游刃有余于各种势力之间；或刚直，不愿随势俯仰但又心有不甘，如于右任、冯玉祥不曲意逢迎但又有郁郁不得志之感；或城府深、善包藏，如叶秋萍阴鸷深沉；或卑劣，如张洪池为了一己之利而不分是非；或出淤泥而不染，如日本医学博士冈田不与日本军国主义者同流合污；或诚挚、干练，如冯村对师长童霜威所表现的；或“外强中干”，如陈玛荔虽手眼通天但内心空虚……它们组合在一起，揭示了人性的多面性、复杂性、隐秘性，从而深化了中国现当代小说对人性的刻画。

---

① 殷白语，转引自王火《关于〈战争和人〉答读者问》，《当代文坛》1995年第6期。

其四，小说“写出那一时代的‘神气’”——“它的许多人物许多场面进入了神似的境界”①，从而让人感到真实而绝无胡编乱造、虚假拼凑之感。

正因为如此，小说在出版后在文坛上乃至社会上产生了相当强烈的反响——些机构先后组织了研讨会，如中共四川省委宣传部、四川省作家协会及《当代文坛》杂志社于1992年8月在成都举办了研讨会，人民文学出版社也于同年9月在北京举办了研讨会；一些著名的作家，如萧乾、邓友梅、马识途等，著名的评论家，如陈荒煤、谢永旺、张炯、蔡葵、江晓天、陈辽、滕云、雷达、宋遂良、冯宪光、殷白、胡德培、吴野、戴翔、陈朝红、游仲文等，纷纷撰文评论……《人民日报》《光明日报》《新闻出版报》《文艺报》《文学报》《作家报》《文学评论》《小说评论》《当代作家评论》《云梦学刊》《理论与创作》《理论与当代》《当代》《读书》《人物》《红岩》等为数众多的报刊所发表的文章一百五十余篇；有些刊物还刊出了专版、专辑、特辑评论或转载了相关评论，如《文艺报》刊出评论专版，《作品与争鸣》刊出了专辑，《当代文坛》刊出了特辑，《新华文摘》转载了《作品与争鸣》上的文章；有的刊物，如《文学故事报》连载了小说部分章节的改写稿；小说的第二部《山在虚无缥缈间》被列作《世界反法西斯文学书系》的一卷出版；四川人民广播电台自1994年5月连播小说，峨眉电影制片厂将小说改编为三十集电视连续剧；天津社会科学院出版社出版的《中国当代文学专题史》将小说专列一题予以析评；四川文艺出版社出版了评论集的《王火〈战争和人〉论集》；一些重要的文学奖项也对之颇为眷顾，如小说的第一部《月落乌啼霜满天》获首届郭沫若文学奖，整部小说于1994年获人民文学出版社的“人民文学奖”②，并于1997年获第四届茅盾文学奖。

（原载《当代文坛》2014年第4期）

① 雷达：《小说见闻录——〈战争和人〉随感录》，《小说评论》1995年第6期。
② 参见王火《关于〈战争和人〉答书城杂志记者问》，《书城》1995年第2期。

其他作品研究

英雄人物与传记文学

——兼谈王火的两部作品

张啸虎

在新的历史时期，写英雄，写当代风流人物，仍是文学创作的重要任务，也是传记文学的重要题材。近年来，作家王火先后推出两部长篇传记文学作品：《血染春秋——节振国传奇》（花山文艺出版社）和《外国八路》（百花文艺出版社），着力于塑造正面典型和描写英雄人物，这对传记文学创作提供了有益的经验。

一

我国文学发展史中，传记文学有很悠久而优良的传统。就其产生之早来说，大约是仅次于神话、传说和诗歌，传记文学与历史著作则应是同步发生的。而在神话、传说和诗歌中，其实也已孕育传记文学的质素。在我国文明史的开端时期，无论是远古国家中的右史记言，左史记事，或在先秦时代长于记事的《左传》和长于记言的《国语》，都已显示着传记文学的萌芽。司马迁是我国传记文学的卓越的开拓者，他是以善写历史人物著称的。明代文艺批评家茅坤谓："今人读游侠传即欲轻生，读屈原、贾谊传即欲流涕，读庄周、鲁仲连传即欲遗世，读李广传即欲立斗，读石建传即欲俯躬，读信陵、平原君传即欲养士，若此者何哉？盖具物之情而肆于心故也，非区区句字之激射也。”（《白华楼稿》）这从一个侧面阐释了《史记》中人物形象的逼真性与感人性，也说明司马迁奠定了传记文学的美学基础。现代传记作品的人物，应当是继承发扬这样的传统。

同时，我国源远流长的传记文学传统，又是同我们民族光照古今的英雄主义传统伴生的。这可以上溯远古的神话传说。补天的女娲，射日的后羿，怒触不周山的共工，治水的鲧和禹，以及《诗经·大雅》中史诗篇章有关周民族开国创业的祖先等，都充溢着浓烈的英雄主义精神。而在司马迁《史记》绚烂多姿的人物画廊中，叱咤风云的起义领袖，逐鹿中原的楚汉群雄，慷慨悲歌的燕赵豪杰，驰骋沙场的将军壮士，等等英雄人物，特别写得成功，笔酣墨饱。至今读来，仍觉得英气满纸，故历来也被称为英雄人物的画廊。在此后的发展历程中，英雄人物传记的文学性日益增强，往往带有不同程度的传奇色彩。传记与小说的结合，逐渐孕育成传记小说的文学样式。

之所以介绍上述文学的和历史的两种传统，旨在表明，王火传记作品中的人物画，全要是吸取这类传统的丰富营养，并且结合新的时代精神，博采新的创作方法，而铸造自己的风格。英雄主义是我们时代的主旋律。无论是在20世纪以来的长期革命战争中，还是在民族解放战争或人民解放战争中，或在社会主义建设时期，在爱国主义与共产主义的精神哺育下，都涌现出无数有名的或无名的英雄人物，是我们当代文艺工作者应当为之树碑立传的。王火的《血染春秋》中所描写的主要人物，就是英名传天下的富有传奇色彩的民族英雄节振国。这部长篇传记小说的主题，就是颂扬以节振国为首的英雄群的爱国精神和民族气节。“生有光芒昭日月，死留正气壮山河”。作者热切希望读者从中受到激励和教育，发扬先烈们的传统，“用献身精神为祖国实现四个现代化出力，跟随党中央进行新的长征”。这是王火主要的创作意图，也是这部作品所特具的现实意义。

在我们的时代中，爱国主义与国际主义又总是密切地结为一体的。近百年来，无数中华儿女，为了支援五大洲各国各族人民的革命斗争和建设事业，远涉重洋，英勇奋斗，献出自己的青春和智慧，把汗水和鲜血洒在异国的土地上。与此同时，也有许多同情和赞助我国革命和建设事业的各国人士，特别是不少无产阶级国际主义战士，冲破重重阻难，跋涉千山万水，冒着枪林弹雨，与我国人民并肩战斗，做出卓越的贡献，甚至献出宝贵的生命。白求恩和柯棣华、史沫特莱和斯特朗，就是最为人们所崇敬的名字。王火的《外国八路》中所描写的德国共产党员、作家兼记者汉斯·希伯，也是同样闪烁着国际主义精神的英勇战士。他在我国抗日战争最艰苦的年代，深入沂蒙山区采访，最后在一次反日寇“扫荡”战中壮烈牺牲。他永远活在中国人民心中。用文学形式，给一个战斗在中国土地上的外国人立传，特别是写成一部具有小说规模的传记作品，这在我国文学史上，无论古代或现代，都是少见的。这种可喜的尝试，其意义已超越作品本身。

文学是人学，传记文学更当属于人学的范畴。人物传记，首先要求作家描绘逼真可信、栩栩如生的人物画卷。意大利文艺复兴时期文学家基拉尔底·钦提奥（1504—1573）《论传奇体叙事诗》有谓：“历史家有义务，只写真正发生过的事迹，并且按照它们真正发生的样子去写；诗人写事物，并不是按照它们实有的样子，而是按照它们应有的样子去写，以便教导读者了解生活。”这个见解对传记文学创作有一定的借鉴意义：为英雄人物立传，首先要有历史家的责任感，忠实于事物的固有品质和本来面目，同时，也要富于诗人的激情和才华，调动文学创作方法，发挥丰富的想象力，文采焕然，特别是要刻画人物的鲜明个性，塑造具有典型意义的艺术形象。一句话，历史性与文学性的高度统一，是对传记文学作品的基本要求。我们以此为出发点，评价王火的这两部传记作品的人物刻画及其创作方法，可以认为是具有这样的特征的，并且颇见其创新精神。

二

传记文学作品中的人物刻画，同样适用也应当依循现实主义的创作方法，其基本原则就是如恩格斯在致玛·哈克拉书中所概括的“除细节的真实外，还要真实地再现典型环境中的典型人物”。王火传记作品中的人物画，就正体现着这种原则的基本精神。传记人物与小说人物当然有所不同，主要是在于：后者是虚构的，可以自由驰骋想象，随意挥洒，只要不违背生活的真实；而前者则不能脱离真人实事的基本面貌，虽也可以必要充分调动想象和夸张之类艺术手段，但在典型塑造上则不宜用一般所谓的“拼凑”法，如鲁迅说他作品中人物的模特儿，没有专用过一个人，“往往嘴在浙江，脸在北京，衣服在山西，是一个拼凑的角色”（《我怎么做起小说来》）。显然，传记人物不是这类拼凑的角色。不过，从生活和斗争中涌现的英雄人物，本身就是非常典型的。王火所立传的节振国和汉斯·希伯，也正是具有典型意义的英雄人物，他们的性格和事迹原是很典型的。

然而，困难也恰好在这里。因为是给特定的人物立传，不能不真实于既定的历史事实，不能不在“真人真事”的框架内构思，也就不能不使作家在各方面有所束缚和局限。而且，又由于所立传的都是著名的英雄人物，在以往“左”的思潮干扰下，往往导致两种后果：或作者注意调动各种艺术手段，就难免会被指摘为“歪曲”或“丑化”英雄，甚至招来“棍子”之灾；而另一种情况是：千人一面，模式陈旧不变，形成公式化和概念化。近年来则又似乎走向另一个极端：描写英雄人物的作品受到冷遇或视为不“时髦”了。可喜的是，王火能排除这类来自左右两方面的干扰，以严肃的创作态度，忠于自己的美学理想和价值观，在他的这两部作品中，以饱和政治激情的画笔，塑造了具有典型意义而个性鲜明的人物形象。他所描写的英雄，不是“超人”，也有常人的喜怒哀乐之情，他们的事迹是可信的，是令人感到亲切的。这样，革命烈士节振国和国际主义战士汉斯·希伯，就不仅作为历史人物，而且作为文学典型，活在我们的心中，并沾溉后世。

在传记文学作品中，人物的典型性是以历史的真实性为基础的。为此，作家要收集极丰富的创作素材。从王火的创作成果可看出，他付出了辛勤的劳动。关于节振国的英雄事迹，可说是家喻户晓，编成戏曲，上过银幕，写来最忌雷同，需要善于抉择和剪裁。王火从最初接触的零碎故事到深入搜求有关的准确资料，从创作中篇小说《赤胆忠心》到完成长篇小说《血染春秋》，前后历时二十余年。他在《外国八路》的后记中谈到，为了收集作品第一手材料，曾在沂蒙山中的大青山一带，沿着汉斯·希伯当年的足迹采访，使他深刻体会到当年一个外国作家兼记者、随八路军在那个地区反“扫荡”的艰苦情况。在做了这样的充分准备之后，几经酝酿，进入创作，事迹的可信性有了保证，写来也就得心应手。

当然，历史的真实性只是对传记作品的基本要求之一，决定其成败的关键，还在于作家的艺术才能和创造精神，也就是要求作品达到历史的真实与艺术的真实之高度统一。运用之妙，在于作家的匠心。历史小说《彼得大帝》的作者阿·托尔斯泰对此曾有过中肯的见解："我们评价任何一部艺术作品，包括历史长篇小说和历史中篇小说在内，首先要看作者的想象，这个作者根据流传下来的文献资料和一些片断，表现出一幅时代的生动画图，并且对这个时代加以思考。艺术家和史学家、研究工作者的根本区别就在这里。"（《论文学》）这也是区别历史著作和传记文学的首要条件。这就要求艺术家有创作的勇气和胆识，对所有掌握的据信可靠的资料和传闻，细加抉择，善于取舍，发挥想象，精心加工，集中表现立传人物的鲜明个性。王火的传记创作，是朝着这个方向努力的，作品中的人物刻画取得可喜的成绩。对从事传记文学创作的作家来说，把所掌握的丰富材料，做到大胆而适宜的选择，坚定而恰当的取舍，实赖于有正确的指导思想，这就是马克思主义的理论基础。又如阿·托尔斯泰所指出："马克思主义的思想的力量就在于，它能给我们把历史的真实与历史的内蕴揭示出来，并且阐明历史事件。"在一部传记文学作品中，同样也要用马克思主义的光芒，来揭示历史真实与历史内蕴。在英雄人物的身上，往往折射着一个时代，显示一定的社会本质力量。

所以，我们从《血染春秋——节振国传奇》和《外国八路》所描绘的时代画图中，分明看到中国抗日战争和世界反法西斯战争的伟大历史画图的缩影；我们在节振国和汉斯·希伯的身上，也分明看到一代风流人物的英雄气概与时代精神。王火满怀深情地说："我们永远铭记，染红中华人民共和国五星红旗的，不仅有献身于中国革命的中国烈士的鲜血，而且有国际战友的鲜血。"在这样的意义上，这两部传记作品也是血的记录。

三

传记文学作品中人物画的创作，如前文所说，既要有历史家的严谨态度，又要有艺术家的胆识和创造精神，同时，还要兼具诗人和画家的才华和美学素养。前不久报载，瑞典文学院宣布，1985 年诺贝尔文学奖授予法国作家克洛德·西蒙。授奖词中说：“西蒙在他的小说中，对人物境况的描写，以其对时代的深刻了解，将诗人和画家的创造性融会在一起。”这几句评语的精神，正可借以说明我提出的这个论点。在我读王火的传记作品时，我亲切地感到，作者是以饱含诗情的彩笔，在刀光剑影、电闪雷鸣的抗日战争时代背景下，描绘着充溢传奇色彩的英雄人物的画卷。在《血染春秋·宝剑篇》一节中，矿工节振国看到战友在罢工斗争中被敌人杀害了，满怀激愤，要妻子刘玉兰把参加过义和拳的爷爷传下来的青锋宝剑取出来。那剑用红绸包着，绸上用朱砂写了四句诗：“还我江山还我权，刀山火海我敢钻。哪怕皇上服了外，不杀洋人誓不完。”爷爷用这把剑参加过杀侵略者的战斗。节振国读着这诗句，浑身热血奔流，两眼炯炯发光，手持宝剑，走到院中——

> 天色，黑沉沉，细雪早已停止、化尽了。刘玉兰跟到院中，只见节振国已经金鸡独立手抱宝剑舞开了。
>
> 今夜啊，节振国的剑舞得可不一般。人似游龙，剑似闪电，寒光耀眼。飞舞的宝剑像一条银链，像一根电鞭，白光烁烁，光圈灿灿，团团裹住了节振国，水泼不进，剑飞人转，似月华星采降落在院子里运行、奔突……

是写剑的锋芒，写舞剑的雄姿，更主要的是写人的精神，写舞剑者的忠肝义胆。杜甫《观公孙大娘弟子舞剑器行》中有句：“观者如山色沮丧，天地为之久低昂。霍如羿射九日落，矫如群帝骖龙翔。来如雷霆收震怒，罢如江海凝清光。”诗人不只是赞扬高超的技艺和优美的舞姿，而且是咏唱一种境界，追怀一段往事，并发抒国家盛衰之感。节振国的宝剑，是杀过洋鬼子的爷爷传下来的，是革命传统和民族精神的象征。当他霍地把剑从鱼皮剑鞘中抽出来时，一道寒光，剑锋铮铮发亮，这是革命传统的锋芒，是民族精神的闪光。映现在我们面前的挥舞宝剑的节振国，就如出鞘之剑，出膛之弹，脱缰的骏马，腾飞的雄鹰，将奔向刀山火海，出入弹雨枪林，为拯救危亡的祖国而抗争，而献身。剑，革命之锋，民族之魂，舞剑，这是力的奋发，血的沸腾，浩然正气的激荡，爱国情操的升华。作者通过这样富于诗情的细节描写，刻画出舞剑者节振国的英雄气概。在诸如此类片断中，蕴含着深广的审美内涵。

同样，在《外国八路》中，也随处可见这类富于诗情美感的画面，衬映着国际主义战士汉斯·希伯的生动形象。当他往沂蒙山区的行军途中，秋天的黄昏，沾云挂雾的山峦展现在面前，高峰突兀，茂林郁郁苍苍，气象万千。他顿觉精神抖擞，不禁想起德国南部的梯邳，那是奥地利与瑞士、意大利的交界处，18世纪，山民们曾奋起反抗拿破仑军队的入侵。此时中国人民的抗日战火，使他想起这段历史。读到这里，我觉得真同这位外国人心心相印了。在残酷的反“扫荡”中，汉斯·希伯转战用沂蒙山，他登高远眺，望着潺潺北流的蒙河，只见“银色的水波起伏着，拥挤着，既不似欢乐，又不知忧愁，只是一味地流啊流啊！岁月过去了，它却始终流动不息”。这奔流的河水，引起他淡淡的乡愁。他远离故国，万里跋涉，来到这遥远而亲切的东方，和中国人民并肩战斗。此时这一幅格调粗犷战火纷飞的北国冬景图，不禁引起他联翩的浮想和翻腾的心潮——

> 看到流淌的河水，希伯似乎能听到河水发出的微小的声息。河水闪烁着细碎的浪花，他不禁想起了莱茵河。只不过，莱茵河是暗绿色的，河上总有航船，这儿荒凉得多。他似乎看到了莱茵河两岸的那些城镇，那些红砖黑瓦的房子，人字形的屋顶，哥特式的窗户，德国式的建筑风格。……他心里犹如被甜蜜的醇酒灌醉了，眼神变得安详而充满了憧憬，说：“将来，不知哪一年，我同秋迪回德国之前，是要再来看看沂蒙山的!”

秋迪是希伯夫人，一同来中国的。当时正是世界反法西斯战争处于苦战的年代，蹂躏欧亚两大洲的德国和日本法西斯，猖狂之极，但希伯对胜利的前景充满信心。他轻轻地哼着一首德国古老的民歌：“一切都会过去，一切都会逝往，过了严冬腊月，又是明媚春光。”这时，在歌声中，在战火中，“外国八路”和“中国八路”的心紧贴在一起了。我们现在读来，如拂和煦春风，温暖胸怀，振奋精神。胜利的一天终于到了，希伯却在胜利前夕倒在中国的土地上，作者写到1983年麦收时节，希伯夫人秋迪远道由西德来华扫墓，她在安息在沂蒙山的希伯墓前献了鲜花，又在麦地摘了几穗成熟的小麦带走。她说：“希伯长眠在这儿了，这是生长在他墓旁的小麦，我要把它带回去种在德国的土地上！”这象征着革命者献身于人类进步事业和各国人民友谊的崇高精神，有如种子播入大地，生根，开花，结果，传之久远。王火传记作品对于人物的描写，大都是充溢诗情画意，富于哲思理趣。古人有“诗中有画，画中有诗”之说，又谓：“诗传画外意，贵有画中志。”传记文学作品中的人物画，亦当有这种境界。

四

王火这两部传记作品所立传的人物，都是属于英雄人物之列，他们的名字和事迹是应当载入史册的。写英雄人物，当然要写他们的光辉事迹。如何在这类人物的遐迩流传不胜枚举的传奇式故事中，取其精华，突出重点，这又在于作家的胆识和匠心。《血染春秋——节振国传奇》没有写节振国的生平，而是着重写他一生中最红光灿烂的一段，即从1938年春到1939年秋，也正是我国现代史上最重要最艰难的一段时期，而关于他的童年等等，则用穿插与点染的手法，略加描述。《外国八路》只写汉斯·希伯（1897—1941）一生中最短促的一段，前后仅三个月。王火在后记中写道：“我从文学角度在这本小说中企图再现的，只是他来沂蒙山区与中国抗日军民相处和并肩战斗的一段艰难生活。那是血雨腥风，铁与火交迸的岁月，时间不到三个月；当然，是光辉灿烂、慷慨悲壮、不应被忘却的一段。”正是这样，一个写了一段时间，一个只写三个月，而使我们看到了节振国和汉斯·希伯不平凡的一生，亲切了解他们的整个灵魂和全部性格，永远沐浴着他们的精神的光辉。

传统的传记作品的写法，往往是按照立传人物的生活道路和斗争历程的时间顺序来写，不免成为一篇流水账，而不是具有艺术魅力的人物画卷。前引意大利16世纪文艺评论家基拉尔底·钦提奥论传奇体叙事诗就曾提出：“正如历史的叙述从头说起，描写一个人物的一生事迹也应该从他的第一件辉煌的事迹叙起。如果他从摇篮里就现出伟大的征兆，他的事迹也就要从摇篮叙起。”这种写法，如以作画比较，就近于连环画了。传记文学的人物画则不然，应该采取“点睛”之法，贵在传神。我国东晋时代画家顾恺之以善画肖像和人物著称，他就注种画睛传神之法。鲁迅也说过：“要极节俭的画出一个人的特点，最好是画他的眼睛。”（《我怎么做起小说来》）他把这种画称为“传神的写意画”，不需要细画须眉，着墨不多，而神情毕肖。王火传记作品的人物画，也可说是属于这类写意画的范畴，有不少传神之笔，在表现方法上颇具特色。

在传记作品中，其人真有其人，其事实有其事，是否要完全按照“真人真事”的“原样”来描写，而不容许“走样”呢？我看这是不必要的，而且是不可能的，也不符合艺术创作的规律。仍以作画为例，可以我国传统画论中的“形似”与“神似”之说来作说明。《唐朝名画录》的作者朱景玄曾谓：“挥纤毫之笔，则万类由心：展方寸之能，而千里在掌。至于移神定质，轻墨落素，有象因之以立，无形因之以生。”我体会他的意思是，艺术家施展创造才能，充分发挥想象，使所描绘的事物达到“有象”（形似）与“无形”（神似）的统一。倘是人物画，就要把无形的精神和气质传达出来，这才有艺术的生命力。文学家兼书画家苏轼有“论画以形似，见与儿童邻”之句，现代大画家齐白石则谓：“作画妙在似与不似之间，太似为媚俗，不似为欺世。”这类见解可借以说明传记人物的塑造问题，可以认为，不似当为失历史真实性，太似则失艺术创造性。这样认识，也许有助于理解文学传记人物画的审美价值。

在新的历史时期，在新的长征途中，写英雄人物，为新时代所涌现的英雄人物立传，是很重要的创作任务。《血染春秋——节振国传奇》卷前有几句话：“那种亵渎圣贤、诋毁英雄的年代毕竟过去了。颂扬英雄人物，无疑仍应成为文学创作的主题。”如果真有“永恒的主题”，这应是真正的永恒主题之一。可以认为，英雄人物的形象本身就是高大的，文学有任务，在更广阔的背景下，充分调动各种艺术手段，刻画出我们时代中的英雄群像。这样的要求，同“四人帮”标榜的所谓“三突出”之类谬论，是毫不相干的。阿·托尔斯泰在《文学的任务》中曾热情呼喊：“英雄，我们需要当代的英雄，需要歌颂英雄的长篇小说。我们不害怕粗线条和豪言壮语。生活正高举着拳头，并且发出尖锐的无情的话语。”我们现在呼唤这类作品，也是回答生活所提出的要求，是履行时代向作家所提出的任务。

文学贵在创新。王火在创作上是不倦的探索者。他写《血染春秋——节振国传奇》和《外国八路》，把传记和小说的不同质素融为一体，而形成别具一格的长篇传记小说，在艺术上颇有新意。在创作方法上，看来他是博采众长，不拘一格。从这两部传记小说来看，主要还是运用革命现实主义与革命浪漫主义两结合的方法。像节振国这类英雄人物是富于传奇色彩的，而德国共产党员汉斯·希伯，作为“神秘的蒙面人”，进入沂蒙山区，穿上八路军军装，与日军周旋的故事，也是颇具传奇性的。王火在两部传记中所描绘的人物画，就充溢着“指间剑舞，腕底雷鸣”的雄伟之美，具有浓烈的“传奇体”的艺术质素。刘勰有谓“酌奇而不失其真，玩华而不坠其实”（《文心雕龙·辨骚》）。这也可用以说明文学传记创作上的审美特征：传奇性与真实性的密切结合。在表现手法与语言艺术上，王火已形成自己的风格。他自己曾谈到过：他喜欢选择有自己特色的独特题材，并抒发自己的独特感受，他喜欢真挚、朴素的文风。对于英雄传记来说，致力于语言的明快和朴素美，则尤能显示出人物所固有的精神和风采。“清水出芙蓉，天然去雕饰”，应该追求这样的审美境界。

（原载《贵州社会科学》1988 年第 8 期）

用生命之火熔铸历史的画卷

——论王火新时期的小说创作

陈朝红

当代著名作家王火，在文学道路上日夜兼程，探索奋进，至今已整整五十年了。五十年来，王火的人生轨迹和创作之路，始终与时代的变革合拍同步，与党和人民命运相连。半个世纪的沧桑巨变，人生道路的雨雪风霜，王火的心中始终燃烧着永不熄灭的生命之火，汹涌着创造的饱满激情。作家怀着庄严的历史责任感和献身文学的坚定信念，辛勤笔耕，呕心沥血，创作了多达五百余万字的各种题材、体裁、形式的文学作品。据不完全统计，共出版和发表了长篇小说十部、中篇小说二十部、短篇小说百余篇，还有大量散文、随笔、电影文学剧本、评论等作品。王火努力从自己独特的人生体验和家庭的命运变迁，去观照、去反映广阔的社会生活，描绘时代的风云，展示历史的画卷。

他的主要代表作长篇小说《战争和人》三部曲（即《月落乌啼霜满天》《山在虚无缥缈间》《枫叶荻花秋瑟瑟》）在全国引起强烈反响，深受读者喜爱，先后荣获四川郭沫若文学奖和人民文学出版社长篇小说奖。

需要指出的是，王火在五六十年代主要从事新闻、出版、教育工作，发表的作品不多。他的五百余万字的作品，绝大多数是在新时期十余年间创作的，而其中半数以上又是作家在1985年因救人而头部受伤、致使左眼失明、仅能用一只眼睛写作的极其困难的情况下写成的。可以想见，作家为此付出了怎样沉重的代价！这不是那种时髦的“侃文学”“码字儿”的轻松游戏，这是在用全部激情和整个生命为文学事业拼搏奉献啊！作家的真诚、勤奋、高尚的人品，实在令人敬佩。而尤为可喜的是，由于时代变革的激励推动和作家不懈的艺术探索，王火在创作思想上和艺术上日渐走向深邃和成熟，日益显现出自己独特的题材选择和历史的独特审美把握，鲜明地表现出对艺术的崇高和史诗品格的执着追求，从而在当代作家中显出了自己独特的风采，十分引人注目。

本文拟对王火新时期小说创作发展的轨迹与审美特色，集中地做一些探讨。

王火的创作，从1945年发表第一篇小说《墓前》起，就一直沿着写人生、为社会的现实主义道路前进着。新中国成立后，王火更是自觉地遵循文艺的“二为”方向，坚持从生活出发的创作原则。他在回顾自己创作历程时，不止一次地说过：“我在拿起笔创作时，每每想到自己写的作品应当有益于振奋人们的革命精神，应当能够提高人们的道德和审美水准，应当使读者爱我们的党和社会主义祖国，我是努力这样做的，这点今后将永远坚持。”① “我坚信：生活，是源泉，真实，是灵魂。”② 基于这样的创作原则和审美追求，当十年浩劫的噩梦过去，沐浴着十一届三中全会的春风，王火又重新焕发了艺术的青春，在那短短几年时间，他的创作出现了一个喷涌期。王火抑制不住思想解放的喜悦和反思历史的忧思，从自己的切身遭遇出发，写出了许多控诉“文革”灾难、抨击“左”的流毒，触及现实矛盾斗争以及反映40年代国统区学生运动的短篇和中篇小说。这些作品，真实地记录了在巨大的历史变动中作家的命运沉浮和心灵轨迹，留下了作家对现实生活的满腔热忱和对历史曲折的严峻审视。

在《滚烫的回忆》《新“三岔口”》等作品里，王火着力揭示了“文革”和历次运动造成的深重创伤与人性扭曲。那中学三个当权派在“文革”牛棚中所扮演的一出“三岔口”是颇为耐人寻味的，他们出于迷茫、怯懦和自保，在黑暗中互相猜疑，一团混战。灯光一亮才真相大白，原来是好人整好人。小说

---

① 见王火短篇集《“东方威尼斯”一个京剧女演员的传奇》一书后记，山东人民出版社。

② 见王火中篇集《心上的海潮》一书后记，花山文艺出版社。

将戏曲舞台与现实人生相对应，构思巧妙，意蕴深沉。三中全会正如明灯高照，让人看清并记取这出新“三岔口”蕴含的历史教训，丢掉昔日恩怨，团结一致向前看。

王火新时期初期的这些作品，不乏作家的真诚和对生活的思考，但在思想的深度和艺术特色上却也有所不足。随着艺术实践经验的积累，作家日益体会到应当写自己最熟悉、感受体验最深的生活，他越来越明确地意识到深入发掘自己特殊的丰富的生活矿藏的重要性。从一定意义上说，生活哺育作家，题材选择作家，充分发挥自己独特的生活优势，是提高创作质量、形成风格特色的有效途径。王火在《战争和人》创作体会中说：“我有自己独特的酸、甜、苦、辣、咸的不平凡生活经历和生活感受。我喜欢选择有自己特色的独特题材，并在作品中抒发自己的独特感受。任何一个作家，恐怕只有这样将自己区别于别人，不随风、不趋时才能够写，容易写并且写得顺手。这样做，也许才能形成自己的特色，写出较有生命力的作品。”① 我们知道，王火出身在旧社会一个政法界上层人士的家庭，童年时父母离异给他幼小心灵留下创伤，青少年时代历经战乱，颠沛流离，足迹踏遍大半个中国。由于特殊的家庭和社会关系，在抗战期间，他广泛接触了上至高层政要、各界名流，下至平民百姓、三教九流的各色各样人物的命运和悲欢。新中国成立后，他又做了几十年的新闻、出版和教育工作，亲身经历了各种政治运动，同样接触了广泛的社会人生。作家正是从自己个人命运和家庭遭遇的独特角度，切身感受和体验了半个世纪的历史沧桑和五光十色的人生百态。这一切，确实是生活对王火的赐予，为他艺术探索的深化和凸现自己的特色提供了厚实的基础。

一旦认清了自己的独特优势，有了充分发挥这种优势的艺术自觉，王火在生活的大海里就如鱼得水，他的艺术探索就沿着生活的深井不断掘进，取得了日益明显的艺术效果。我们看到，作家在这十年间以主要精力创作《战争和人》史诗巨著的同时，还创作了不少直接间接取材于自己童年和学生时代生活经历及家庭遭遇的长、中、短篇小说。

这些作品当然并非作家的自传体小说，而是从独特的人生视角透视当时社

① 见王火《战争和人》创作手记。

会生活的艺术篇章，它们有着各自独立的不同的思想蕴涵和艺术特色。

中篇《白下旧梦》取材于作家的童年生活回忆，写得情真意切，凄婉动人。作品通篇取童年视角，用富于儿童情趣和心理色彩的语调，抒发了“我”因父母离异失去母爱的孤寂痛苦心情，并着重描写了“我”的后母林雪，一个旧时代弱女子的爱情悲剧。另一中篇《逝去的怅惘》，表现了在国难深重和白色恐怖年代里几个小学生所经历的人生的第一课。三个六年级小学生日夜想念他们敬爱的杨荃老师，杨老师突然被宪兵抓捕，说她是共产党，几个学生到处打听下落，终于听说就关在学校对门的监狱里，于是他们每天放学后就伫立校门口张望，希望能看到老师一眼，“他们紧蹙着双眉，严肃地思索着，思索着那黑色的监狱，思索着那难忘的人和悲哀的事……”对 40 年代的学校生活体验，王火在《夜，吟着悲歌》《变形记》《心上的海潮》等中篇里做了真实生动的反映。尤其是长篇小说《浓雾中的火光》，显得更有深度和特色。作品写的是 1944 年秋冬重庆北碚缙云山下某大学的一场如火如荼的学生运动，谱写了抗日战争胜利前夜一曲热情洋溢的青春之歌。几个大学生在那光明和黑暗大搏斗的年代各自不同的人生选择和心路历程，写得栩栩如生，富于时代的氛围和人生的启迪。

长篇小说《雪祭》无疑也是取材于作家切身的家庭遭遇及其变迁，作品在半个世纪的历史跨度上，以不断变化的心理视角（童年、少年、青年、成年）和时空交错的手法，展现了几个家庭的悲欢离合，着重描写了两代人、五个女性不同的人生命运和个性风貌，赞颂了一个平凡而伟大的母亲的高洁人品。

以上这些取材于作家人生经历各个阶段的作品，在王火的整个创作中占有相当大的比重，且更具艺术的特色和魅力。我们还注意到，这些作品差不多都是作家在创作《战争和人》的漫长过程中断断续续写成的，它们既有自己的独立的认识价值和美学意义，似乎又可看作是这部大型作品的长期的酝酿准备、反复练笔和艺术经验的不断积累。事实上，《战争和人》正是在这层铺垫的基础上，经过作家艺术典型化的艰苦劳动而必然出现的一个新的艺术飞跃，它的成功绝不是偶然的。

在王火的上述作品里，无不渗透着真挚的感情和鲜明的爱憎，作家总是竭力发挥和表现生活中的真善美，展示历史发展的趋向。他不仅从自己切身的生活遭遇选材，还热心于捕捉富于时代精神的重大题材，把目光投向我国革命历史上那些光辉的英雄人物和斗争篇章，旗帜鲜明地弘扬革命理想，讴歌革命英雄，使作品充溢着时代的阳刚之气。这种健康向上的创作倾向，在王火的另两部有代表性的长篇小说《血染春秋——节振国传奇》《外国八路》里，集中鲜明地表现出来。这两部描绘抗日战争中革命英雄人物的传记体长篇小说，是王火在《战争和人》之前的重要作品，在他五十年创作道路上具有里程碑的意义。王火曾深情地说过："节振国和希伯是我文学道路和人生道路的两座纪念碑！"

王火写节振国，前后经历了二十余年。早在1956年，当时王火在《中国工人》杂志担任主编助理，常到工矿区深入生活。他到唐山收集开滦工运史料，听到矿上干部、职工深情缅怀节振国烈士的英雄事迹，并了解到当年毛主席在延安曾赞扬过这位矿工出身的游击队长，周总理也建议文艺界将他的抗日事迹写成文艺作品。王火为此深为感动，立刻广泛搜集材料，很快写出了《赤胆忠心》一书。该书出版后引起强烈反响，中央人民广播电台连播，还被改编为评书、京剧和电影，又译成外文发行国外，王火也因此而在文坛崭露头角。不料"文革"中冀东党和节振国竟被诬为"叛徒"，王火义愤填膺，粉碎"四人帮"后，他萌生了重写节振国的强烈愿望，他要为烈士辩诬，把颠倒的历史重新颠倒过来，他要重塑中国魂，弘扬中华儿女不畏强敌、艰苦奋斗的光荣传统。于是，王火又再次到唐山、开滦、冀东各县等地往返奔波，搜集了更为丰富的材料，精心创作了一部比原《赤胆忠心》字数多五倍的长篇小说《血染春秋——节振国传奇》。该书问世后，一版再版，印数多达十余万册，后改编为电视连续剧，1989年荣获全国"乌金文学奖"。

同样，王火写希伯，也经历过一个不平凡的创作过程。60年代初，王火下放山东临沂一中时，学校旁边就是有名的华东烈士陵园，园内有国际主义战士、德国知名作家、记者汉斯·希伯墓。希伯1941年战死于沂蒙山区的大青山，在大青山下，流传着一些关于希伯的美丽传说，当地群众时时缅怀这位牺牲在中国土地上的"外国八路"。此事当时就深深触动了王火的创作灵感。粉碎"四人帮"后，几乎是在重写节振国的同时，他又在沂蒙山区艰苦跋涉、采访，并多次远涉京沪等地访问许多中外人士，获得了丰富的材料，终于创作出了表现希伯光辉事迹的《外国八路》。此书问世后同样引起强烈反响，德国报刊还发表文章推荐此书。

两部作品的诞生过程，充分说明这是作家庄严的历史责任感和崇高的审美追求的艺术结晶，是新时期传记文学创作的可喜收获。作家把握了传记体小说的某些审美特征，以真人真事为基础而又不拘泥于生活原型，在基本人物事件忠实于历史真实的前提下，按照艺术典型化的要求，对丰富复杂的生活素材进行了认真的筛选和合理的想象加工，着重选取了最能充分展示人物性格风采的光辉生活片断，浓墨重彩地集中加以描绘。对节振国，着重选了1938年春冀东大暴动到1939年秋他到党校学习这短短一年的斗争生活，在抗日战争最艰苦年代这个大舞台上，展现了这位驰骋冀东、威震敌胆的传奇英雄可歌可泣、威武雄壮的一幕幕活剧。对希伯，作家则选取他不远万里来到沂蒙山区与抗日军民并肩战斗直至壮烈牺牲的一段艰苦岁月，时间不到三个月，却透视了人物一生的光辉业绩和鲜明的精神风貌。两部作品情节惊险曲折，人物性格血肉丰满，艺术上主要以金戈铁马的传奇色彩取胜，某些章节也充满着诗情画意，总体风格上呈现出大气磅礴的阳刚之美。

节振国、希伯的英雄业绩，永垂史册、激励后人，是我们今天必须继承的宝贵的精神财富。然而应当看到，在这两部作品创作和出版的那些年间，文坛曾泛起一股亵渎革命传统，贬损革命理想，宣扬非英雄化、非崇高化的创作思潮。而王火在此眼花缭乱的情况下，却能保持清醒的头脑，坚定地走自己的路，理直气壮地讴歌革命理想，弘扬时代正气，在当代文学人物画廊中塑起了两座革命英模人物的雕像，这种崇高的审美追求值得充分肯定。

恩格斯曾经期望，优秀的文艺作品应当努力做到“较大的思想深度和意识到的历史内容，和莎士比亚剧作的情节的生动性和丰富性的完美的融合”①。对于一个富有历史感责任感的作家来说，这无疑应当是他们终身奋力追求的崇高的美学目标。我们的时代需要有巨大的历史概括深度的震撼人心的史诗式作品，永不满足并充分意识到自己独特生活优势的王火，早就萌生了追求史诗的宏愿，他要写伟大抗日战争的史诗。他在《战争和人》创作手记中表白了这部

① 《马克思恩格斯论文学与艺术》（一）第179页。

作品的创作初衷：“在史诗性的美学探索上我走过一段长长的路。我感到长篇小说都应该是站在当今、回顾过去，昭示或召唤未来的。如果没有这种想法，没有这种气势和审美观，写出的长篇就不可能有很强的生命力，就不会有强烈震撼人心的感染力。时代召唤史诗，不管我的努力能达到什么程度，但必须有这种创作意图，我正是决心这么写的。”

正是这种执着的史诗追求，以及作家对历史、人生的思索、感悟的深化，带来了王火创作新的突破和超越。经历了漫长的艰难坎坷的创作历程，其间包括浩劫中原稿丢失的创痛和前几年眼部伤残的折磨，四十年的心血凝聚，充分的艺术积累准备，终于水到渠成，瓜熟蒂落，一百六十余万字的史诗巨著应运而生了。《战争和人》在王火的创作道路上矗立起一座艺术的高峰，是我国长篇小说创作的重要收获，奠定了王火在当代文坛上的坚实地位。

在这部鸿篇巨制里，王火把抗日战争作为整个世界反法西斯战争的一个重要组成部分，进行了深刻的历史反思和宏观的审美把握。全书以国民党上层官吏童霜威父子的人生遭际和家庭变化为主线，辐射广阔时空，像编年史似的真实展现了从西安事变到抗战胜利前后那风云变幻时代的全景式图画，描写了抗日战争中各种政治、阶级、社会力量的错综复杂矛盾和形形色色历史人物（包括各方的高层人物）的具体活动和言谈风貌，栩栩如生地再现了当年一些震惊世界的重大历史事件，如南京大屠杀、河南大灾荒、湘桂大溃败、重庆谈判、校场口事件。在书中，上层官僚政客的腐化争斗，普通平民百姓的苦难挣扎，革命进步力量的英勇搏斗，乃至五光十色的“孤岛”情景，光怪陆离的大后方芸芸众生，交织叠印，历历在目。历史是一面镜子。作家从人生、家庭透视历史风云，从沦陷区、大后方这个侧面概括展示抗日战争全貌，热情讴歌中华民族英勇奋斗的光辉历程，从而形象地揭示了历史的教训和人生的真谛，给今天的读者以强烈的震撼和有益的启迪。

长篇小说艺术描写的重心是人物塑造，只有塑造好血肉丰满、内涵深广的典型人物，才可能更好地概括时代的面貌。《战争和人》的思想艺术成就也突出地反映在人物塑造上。书中塑造了那个时代各色各样身份教养不同、性格命运各异的人物，尤以对主人公童霜威的形象塑造最为出色。童霜威在战争旋涡和官场宦海中的命运沉浮，他在历史转折关头的人生选择和曲折坎坷的心路历程，都是特定历史时代的各种复杂矛盾造成的，既有丰富的历史文化内涵，又有鲜明的个性色彩，是一个独特的爱国民主人士的艺术典型，这是王火对新时期文学人物画廊的一个新贡献。

《战争和人》具有丰富的文化蕴涵和高雅的审美情趣。作品既有深沉的历史忧患意识，又有浓郁的诗情画意。三部书名皆用唐诗名句，书中也化用了不少古典诗词和历史典故，或表现人物感情心理，或烘托环境氛围，平添了诗的意境和韵味。作品渗透了作家强烈饱满的感情，纪实、抒情、议论、哲理较好地融为一体，书中不乏丰富生动的现实主义细节场面描绘和精彩的地域风俗画。如南京的六朝烟水气、苏州的锦绣园林、枫桥夜月、寒山钟声，以及皖南的小县风光、山城的浓雾迷茫、香港巨富奢侈、残酷的"猴脑宴"等，都给人留下深刻印象。整个作品表现出作家丰富的历史文化知识和深厚的文学修养。

《战争和人》三部曲陆续出版以来，引起越来越强烈的社会反响。全国数十家报刊纷纷载文评论推荐，四川、北京先后召开了作品研讨会。1993 年又由人民文学出版社再版发行，同年四川文艺出版社出版了《王火〈战争和人〉论集》。作品先后被改编为故事连载、电台连播，并正在改编为电视连续剧。在近年来严肃文学不景气时，《战争和人》这样的艺术精品能获得如此强烈的社会反响，实在令人高兴。

四

王火新时期的小说，一直处于一个不断开拓进取，不断探索创新的良好态势之中，这既表现在作品思想内容的广度和深度的不断拓展掘进上，也表现在艺术形式、表现手法的不断变化创新上。在王火《战争和人》之后这几年的创作中，这一生气勃勃的创作进程一直延伸着，并呈现出某些新的特点。王火近几年的艺术探索，主要表现在题材生活层面的不断拓展和作品人生意蕴的深化，作家有意识地涉猎了一些新的题材领域，新的人物命运，同时，在作品的艺术结构、叙事方式、描写手法及小说的通俗化等方面，不囿于驾轻就熟的套路和某种固有的模式，而是广泛借鉴尝试，灵活变化。

这几年，王火有意识地触及了他过去创作中很少涉猎的一些现实题材生活层面，他创作了一批反映当今市场经济条件下妇女生存状态和命运沉浮的作品，如《隐私权》《摩登的困惑》《菟丝女人》《昆虫酒家创业人》等，他称之为女性系列小说。这些作品广泛地探索了当今婚恋生活中的种种复杂矛盾及某些社会热点现象。《隐私权》以清新细腻的文笔，写出了爱情旋涡中几个知识分子不同的性格、心态和复杂的感情变化，触及了是否应当承认和尊重个人"隐私权"这一引人思索的问题，呼唤在夫妻生活，乃至在人际关系中，应当多一些真诚和理解，少一些猜忌和流言。《菟丝女人》描写了母女两代人依附权贵和金钱而造成的不幸的婚恋，揭示了妇女自身存在的缺乏自立自强意识的严重的依附性和虚荣心，并折射出了在商品大潮冲击下婚姻价值观的变化。而《昆虫酒家创业人》则表现了一个在不幸婚恋的逆境中奋进，敢于在商海中搏击，最终取得成功的女强人的性格风采。

这里要着重谈到，王火近几年艺术探索中更为引人注目、也更有特色的作品，当推他前年冬发表的长篇新作《禅悟》。这部作品题材生活层面新颖独特，别开生面，触及的是我国文学作品中还涉猎不多、为世人所罕见的佛门禅院生活领域，写的也是一个有着独特的身世经历、曾出家又还俗的海外游子的漂泊人生与心路历程。与《战争和人》相比，作家把握题材、开掘生活的审美视点是有所不同的，他是在抗日战争那个大时代背景下观照一个似乎远离尘嚣的宁静生活角落，把佛门寺院作为透视社会人生的一个特殊窗口。作家着意于通过主人公晏师明一生的悲欢离合，漂泊坎坷，与五十年前玉龙寺古刹佛门僧众的不同命运归宿、性格心态的相互对比映照，广泛探索了生与死、祸与福、苦与乐、是与非、善与恶、美与丑等大千世界中令人困扰的人生之"谜"，从而深化了作品的文化内涵和哲理意蕴。作品从这个独特的生活侧面对人生的奥秘、人生的信仰的洞幽探微，对当今红尘中芸芸众生无疑具有现实的启迪。

从《战争和人》《血染春秋》《外国八路》等作品中人们看到，王火惯爱采用现实主义的写实手法，但作家并不拘泥于传统的表现方法，他以开放的眼光和宽广的胸襟，兼容并包，博采众长，不管中国的、外国的、传统的、现代的技巧和手法，他都广泛学习借鉴，以丰富自己的艺术表现手段。

如在艺术结构和叙述方式上，他的《王冠之谜》《禅悟》等作品，就采用了与《战争和人》的结构方式不同的框架，即是现实态回忆套历史态回忆，双线发展时空交错、转换视角、虚实相生，浑然一体。特别是《禅悟》，手法更是多样灵活。整个作品笼罩着宗教的神秘色彩，情节起伏跌宕，充满艺术悬念。作家既运用了白描写意的传统手法，也借鉴了意识流、自由联想、内心独白、梦幻、蒙太奇等手法，行文运笔时疾时缓，张弛有致，情景交融，浓淡相宜。

另外，在《隐私权》《王冠之谜》《菟丝女人》《昆虫酒家创业人》等作品中，王火又有意识地注意故事情节的生动曲折，巧设悬念，把严肃的思想意蕴寓于引人入胜的故事和通俗易懂的叙述之中，增强了小说的可读性。他的这些作品被某些报刊连载，引起广泛反响，证明了作家对小说大众化、通俗化的追求尝试是有意义的。

"庾信文章老更成，凌云健笔意纵横"。王火辛勤笔耕了五十年，古稀之年仍然葆有艺术的青春活力，文思泉涌、健笔纵横、生命不息、攀登不止。衷心希望王火熊熊燃烧的生命之火发出更加灿烂夺目的光彩，攀上伟大时代新的艺术高峰！

（原载《文艺理论与批评》1995 年第 3 期）

变换笔法　广泛探索

——评王火长篇新作《女人夜沙龙》

陈朝红

中外文学史上无数作家的创作实践反复证明：艺术的生机与活力，来自永不止息的探索创新，而创作的停滞凝固，老是囿于驾轻就熟的套路，则势必导致艺术生命的枯萎和终结。

一个严肃的有造诣的作家总是深谙此道，从不会放松艺术的追求和创新的努力的。当代著名作家王火以长篇小说《战争和人》三部曲而蜚声文坛，先后荣获四川郭沫若文学奖和全国最高图书奖。这部展现抗日战争宏伟画卷的史诗巨著，是王火几十年如一日，呕心沥血，以生命之火熔铸而成的一座文学丰碑。《战争和人》的成功，标志着王火的创作达到了一个艺术的高峰。然而，这并非作家审美创造的终结，恰恰是他艺术探索的又一个新起点。

考察王火几十年的创作历程，我们欣喜地发现，进入新时期以来，他的创作一直处于一个不断开拓进取、勇于探索创新的良好态势之中。这既表现在作品题材生活层面不断拓展、作品思想内涵和历史概括的不断深化上，也表现在艺术形式、表现手法的不断变化创新上。在《战争和人》之后的这几年里，这一生气勃勃的创作进程一直延续着，他最近推出的长篇小说《女人夜沙龙》，正是这种新的艺术探索所取得的新成果。

众所周知，王火是以擅长反映革命历史题材，特别是抗日战争生活而著称文坛的，这无疑是他在当代文坛所独具的生活优势和艺术特色。但作家并不因此而束缚了自己的人生体验和艺术视野，他也一直在热情地关注和思考当代丰富复杂、五光十色的社会生活。王火说过，《战争和人》完成之后，他有意识地把笔转向现代女性生活题材，着意于探索在当今市场经济条件下都市女性的生存状态和灵魂震荡，涉猎了一些他过去作品中较少触及的新的生活领域，探索了一些新的人物的人生轨迹和心灵历程。与此相适应，作家在小说的艺术结构、叙事方式、描写手法及小说的通俗化大众化等方面，也广泛借鉴尝试，笔法灵活变化。这一切努力，都凝结在《女人夜沙龙》的新颖艺术创造中。

"女人夜沙龙"，乍看书名，似乎神秘而又刺激，容易使人联想到时下充斥于地摊上那些五花八门的冠以"女人"之名以招徕读者的粗俗的东西。人们或许会纳闷，一贯坚持纯正高雅格调的老作家，怎会转而迎合时尚呢？待开卷细读，才发觉完全不是那么回事，望文生义的臆测和妄断多么可笑。这部作品的内容严肃健康，情趣格调高难，与作家一贯的关注历史变革、直面现实人生的总体审美追求一脉相承，而与那些低级庸俗的劳什子泾渭分明，大异其趣。书中写的所谓"女人夜沙龙"，即是"白天鹅度假村"女经理魏碧云别出心裁推出的一项只限妇女参加的周末度假社交联谊活动，每月两次专门邀集一批各种身份职业的女人聚会，在充满高雅文化和家庭温馨的环境氛围中，大家品茗谈心，交流感情，谈人生，论文学，讲述各自的亲身经历或人生见闻，"讲女人的真实故事、讲使女人聪明向上的故事"。全书以女记者罗天天到蒙着神秘面纱的"女人夜沙龙"去探访揭秘的行踪为线索，串联起了由女编辑、女经理、女画家、女社会心理学家等所讲述的八个有关女人与婚恋、女人与家庭、女人与事业、女人与金钱、女人与社会的故事；每个故事各自独立而又相互关联，作家将其巧构妙织，前后照应，浑然一体，成为一部题材新颖、意蕴丰富、结构独特、韵味别致的长篇小说。

《女人夜沙龙》多角度、多侧面地展现了当今市场经济大潮中各色各样女性的生活命运和心灵世界所经受的剧烈冲击和深刻变化，广泛揭示了社会转型期妇女的地位与价值以及婚姻家庭生活中种种复杂矛盾和敏感问题。

王火说："我写这本书的目的是希望女人变得更聪明。"全书鲜明地表现出一种净化心灵、催人向上的总体审美倾向，字里行间凝结着作家的真诚和爱心，表达了作家对真善美的呼唤和对假恶丑的唾弃。书中的《隐私》讲述了清高美貌的年轻女编辑黎晓文与风流倜傥的青年作家白林莽的婚姻波折的耐人寻思的故事。在一般人心目中，他们似乎是幸福般配的一对，可惜这位文化层次较高的丈夫却也未能免俗，他对曾有不幸婚史的妻子缺乏起码的信任和体谅，对她内心深藏的无碍于别人和家庭的创痛“隐私”，总是多疑和窥探，以致不可免地加剧了他们感情的裂痕。作家以清新细腻的文笔，写出了爱情旋涡里几个知识分子不同的性格气质和痛苦、矛盾、困惑的复杂心态，触及了是否应当承认和尊重个人的“隐私权”这一引人思索的问题。作品抨击了大男子主义的封建残余思想和自私丑恶的“窥视欲”，呼唤在夫妻生活，乃至在社会的人际关系中，应当多一些真诚和理解，少一些猜忌和流言。很显然，作品的题旨意蕴触及了社会的某些敏感问题，因而能引起人们感情的共鸣。不幸的家庭各有各的不幸。

另一篇《菟丝女人》描写的是母女两代人婚恋和家庭的不幸。母亲雍丽萍当年攀附权势，嫁给了一个她并不爱的高干，物质生活条件优裕了，爱情却失落了。如今，女儿唐姗姗又重复了母亲的悲剧，先是违心地嫁给了一个厅长的儿子，后厅长离休失权，商品大潮涌起，她由攀附权贵转而攀附金钱，由厅长的儿媳“跳槽”而成为“服装大王”钱百万的儿媳，同样未得到爱情和幸福。杜甫诗云：“菟丝附蓬麻，引蔓故不长。”时代前进了，而这母女两代“菟丝女人”却有着惊人相似的命运和结局。在当今复杂的社会生活中，造成妇女婚姻爱情悲剧的原因也是复杂的，一般人容易看到封建思想束缚、世俗观念阻挠、邪恶势力侵害等社会原因，而往往忽略妇女自身存在的历史因袭和人性弱点。这篇作品的新意，正在于比较深刻地揭示了有些妇女存在的缺乏自立自强意识的严重的依附性、自卑感和虚荣心。雍丽萍母女的性格和命运，留下了历史的烙印，也折射了当今商品浪潮冲击、拜金主义泛滥造成的人性扭曲和爱情异化，使人警醒和深思。而《摩登的困惑》则通过一个引起争议的师生恋的故事，从一个新的角度剖析了现今流行的一些时髦观念引起的价值错位和家庭悲剧。年轻教师小黎是一个热情而又轻信的女人，她本有了个平静的家，但纷至沓来、眼花缭乱的各种新潮观念和“第三者”的介入，使她困惑而无所适从，她把传统道德观念视为桎梏，盲目追逐个人幸福而轻率离异，放纵感情，发觉受骗又一度轻生，以致最后离开学校成了商场上花枝招展的“公关小姐”。茫茫人海，她将何往?“她的故事不可思议却又可以理解。但愿她的生活不再出现危机和旋涡，但愿她不会沉沦与毁灭在这个年代卷起的时髦浪潮中。”

《女人夜沙龙》描写了众多不同职业教养、个性气质的都市女性形象，特别满腔热情地塑造了在改革开放大潮中激流勇进、不怕挫折、自立自强、情操高尚的新女性的性格风貌。《单行道上的女经理》中的女经理魏碧云，与《菟丝女人》中雍丽萍母女的性格和命运形成了鲜明的对照。她天生丽质，聪慧能干。她的婚恋也遭到不幸，丈夫被金钱腐蚀，放纵堕落，她毅然同他分手。她强忍着家庭破裂、思念女儿的孤寂和痛苦，但并不在逆境中沉沦。她感到在“人生的单行道上”没有退路，坚信“面对太阳时，阴影就会落在你的后面”，她全身心投入到工作和事业中。为了在竞争激烈、强手如林的餐饮业中求得生存和发展，她大胆借鉴国外研究昆虫食品的最新信息，打出了“昆虫美食”的绝招，把餐厅经营得红红火火。她以生活强者的姿态迎接人生的风雨，找到了人生和事业的“钥匙孔”。作品在五光十色的改革时代背景下，写出了这个在商海中搏击奋进的女强人独特的性格风采。与精明干练、叱咤风云的女经理形象形成强烈性格反差的是，《江教授·“假洋鬼子”和裘文婷》中的女医生裘静芬，却是那种文静善良、任劳任怨、无私奉献、意志坚强的陆文婷式的人物，她的性格中闪现着我们民族传统美德的光彩。裘静芬是整复外科美容医师，医术精湛，医德高尚，她尽心竭力为三十六个脸部有残疾的孤儿和两个“文革”中遭受文面魭鲸刑的教师成功地施行了整容修复术，恢复了他们本来的容貌，受到病人普遍的赞誉和报刊的表扬。然而，谁能料到这样一个终年劳累、从不开口伸手的好医生，在生活中却总是受到不公正的对待，不仅提级、晋职、进修、出国这类好事与她无缘，甚至还无端招来一些嫉贤妒能、心胸狭窄、投机钻营之徒的嫉恨、排挤、打击，常常弄得心力交瘁。她把美送给了病人，自己却得不到美。小说尖锐揭露了现实中存在的种种压抑人才、阻碍落实知识分子政策的不良现象，热情讴歌了袭静芬这位荣辱不惊、负重前行的白衣天使的崇高品格。

这部作品在艺术表现上的新探索，突出的是它的结构框架和叙述方式比较新颖巧妙。王火过去的《战争和人》等作品，基本上都是故事按时序发展、线索集中紧凑、情节环环紧扣的结构方式，而《女人夜沙龙》大到全书八个故事的串联编织，小到每个故事的谋篇布局，都经过精心构思安排，与过去结构方式不同。从《死亡钻石》《异国的秋雨黄昏》《隐私》《迷宫悲喜》等作品的艺术结构来看，基本上都是采用的故事双线交叉发展，现时态叙述套历时态回忆，时空交错跳跃，视角经常转换。这种结构方式比较新颖灵动，叙述波澜起伏，在有限的生活片断里拓展了广阔的时空，浓缩了比较丰富的历史内容，增强了作品的概括力和表现力。全书艺术上另一鲜明特色是注意编织离奇曲折、惊心动魄的故事情节，巧设悬念，故布迷阵，扑朔迷离，引人入胜。书中的八个故事，就笼罩在“女人夜沙龙”探秘的强烈悬念的总体氛围中，每个故事也是悬念迭起，疑云重重。例如《死亡钻石》，这是女宝石专家石小玉讲述的一个离奇而神秘的故事。1937 年秋，鲁南金鸡岭偶然发现了一颗价值连城的罕见的巨钻，这颗“金鸡钻石”几经辗转，历尽沧桑，如今下落不明，成为一个难解的“世纪之谜”。然而，围绕这件稀世珍宝，几十年间演出了多少刀光剑影、谋财害命的罪恶勾当：地主老财、日寇宪兵、日伪汉奸、国民党特务以及珠宝走私团伙等形形色色的贪婪凶残之徒，总想将珍宝搜为己有，你争我夺，机关算尽，到头来一个个难逃死亡的厄运。“金鸡钻石”变成了名副其实的“死亡钻石”。作品从独特视角透视九十年历史风云，人世沧桑，故事既一波三折、出奇制胜又蕴含着温故知新，启迪人生的警世意义。

《女人夜沙龙》艺术表现上的特点，显然与王火有意识地借鉴吸收了某些通俗文学的表现技法分不开。作家把严肃的思想蕴含寓于离奇曲折、引人入胜的故事情节和通俗易懂、娓娓动人的叙述之中，从而增强了小说的可读性，具有一种雅俗共赏的艺术效果。据说，他的这些小说在成书之前曾分别在一些报刊上发表或连载、转载，受到读者欢迎，这表明作家对小说通俗化大众化的探索尝试是有成效的，值得肯定的。

（原载《当代文坛》1997 年第 4 期）

论王火的传记文学创作

郭久麟

王火（1924—　）原名王洪溥，江苏如东人，中共党员，1948 年毕业于复旦大学新闻系。1949 年后历任中华全国文协上海分会会员，上海总工会文教干部，劳动出版社《工人》半月刊副总编辑，《中国工人》杂志编委、主编助理，四川人民出版社副总编辑、编审，四川文艺出版社书记、总编辑，四川省作家协会名誉副主席。山东省第四、第五届政协委员、山东省作家协会常务理事，四川省第五、第六届政协委员。40 年代开始发表作品。1979 年加入中国作家协会。著有长篇小说《战争和人》（三部曲：《月落乌啼霜满天》《山在虚无缥缈间》《枫叶荻花秋瑟瑟》）、《浓雾中的火光》《香祭》《王冠之谜》《流萤传奇》《禅悟》，回忆录《失去了的黄金时代》《金陵童话》，中篇小说集《心上的海潮》，散文集《西窗烛》《王火散文随笔》，中短篇小说集《梦中人生》《东方维纳斯》《一个评剧女演员的传奇》《二七大罢工》等二十余部，电影文学剧本《平鹰坟》《明月天涯》《绿云寨》等。长篇小说《战争和人》（三部曲）获人民文学奖、国家第二届图书奖、第四届茅盾文学奖、全国“八五”期间优秀长篇小说奖等，短篇小说《新“三岔口”》获 1982 年山东省文艺奖，散文集《西窗烛》获 1992 年四川省优秀图书奖。作者在新中国成立后即从事传记文学创作，粉碎“四人帮”后，更以满腔热情从事传记文学创作，于 80

年代初出版了《血染春秋——节振国传奇》和《外国八路》。

《血染春秋——节振国传奇》获全国首届乌金奖，并改编为电视剧；《在“忠字旗”下跳舞》则是作者于1999年出版的反思“文革”经历的一部长篇回忆录。《血染春秋——节振国传奇》的写作，经过了长期的酝酿和准备。作者早在1960年就出版了中篇小说《赤胆忠心——红色游击队长节振国的故事》；二十年后，作者又花了六年的时间进行补充采访和重新创作，于1982年出版了《血染春秋——节振国传奇》。节振国传奇以真人真事为基础，写出了抗日英雄节振国的英雄事迹和刚烈形象。作者在创作方法上进行了有益的尝试和探索：首先，作者没有按一般传记的常规写法，从童年、少年、青年、中年叙述到去世，而是重点描绘了节振国一生中最光辉灿烂、最可歌可泣的一段——即从1938年春到1938年秋，这既是历史的春秋，更是一段被抗日志士鲜血染红的、艰难岁月里的红光灿烂的春秋。其次，作者把笔墨的重点放在了写人，而不是写战争。而在写人的时候，又采纳了一些比较动人而又较为可信的民间传说，这不但增强了作品的文学性，而且使作品带上了浪漫主义的传奇色彩，对读者更加富于吸引力。

《外国八路》的写作，则既有必然性，也有偶然性。说它有必然性，是因为作者是一位参加过抗日战争的作家，对牺牲在中国的国际主义战士充满了深情；说它有偶然性，则是因为作者于1961年调到山东临沂第一中学当校长，学校离埋葬着为中国人民的抗战事业而英勇捐躯的国际友人汉斯·希伯的华东烈士墓很近。作为一个作家，一个参加过抗日战争的老同志，当他徘徊在烈士墓前，想到一个外国人为中国人民的解放事业献出生命安葬在异国他乡，总是热血沸腾，想探究墓中人的经历，把他写出来。但是，这个愿望直到1978年才得以实现。从那时起，他开始采访。从沂蒙山区寻找线索，省内省外到处奔波，无论是中国人还是外国人，只要了解希伯的情况，他一个也不放过。就这样，他搜集了尽可能多的材料，写出了这部传记作品《外国八路》。外国八路希伯是一位伟大的国际主义战士，是一位优秀的无产阶级新闻记者兼作家。他胸怀高尚的国际主义精神，为反对法西斯，为支持中国人民的解放事业，远离祖国，抛开家庭，不顾生命安危，历经千难万险，深入敌后，在残酷的战争的第一线上采访第一手资料，写出了大量极为优秀的新闻作品和文章，揭露日本法西斯的凶残，歌颂中国人民的伟大斗争，让全世界人民看到了中国人民的伟大业绩，听到了中国人民的伟大声音！当他目睹日本侵略者的罪行之后，义愤填膺，终于不但用笔发射“纸弹”，而且拿枪参战，向敌人发射出愤怒的子弹，并且在战斗中壮烈献身！他是真正穿上八路军军装在战斗中英勇牺牲的第一个欧洲人！王火在这部传记中，也没有写希伯的一生，而是截取希伯一生最重要的一段，即他来沂蒙山区与中国抗日军民深情相处和并肩战斗的光辉灿烂、慷慨悲壮的一段。王火以真挚的感情，文学的手法，细腻的笔触，以大量生动感人的细节，再现了这位有文化素养，聪明能干的外国朋友的坚韧不拔而又热情幽默、耿直、固执乃至脾气火烈的独特性格。作者还以八路军的高级将领罗荣桓将军对他的思念来歌颂他：罗政委突然觉得，他常听到战士和老百姓在唱的那支沂蒙民歌《青山咏》里所歌颂的青山，简直就是希伯的化身。歌词响在他的耳边：巍巍青山高又长，顶天立地走四方。风雨雷电撼不动，要在人间树榜样。

如果说，上述的两部传记都写的是战斗的英雄，是他传；那么，《在“忠字旗”下跳舞》则是他个人的回忆录，是自传了。

“文化大革命”虽然已经过去了二十多年，可是，那场红色的大疯狂给国家、民族和人民带来的惨重损失和深沉灾难，却是永难忘怀的；它留下的沉痛教训和深刻反思，更是应该永远记取的。正是在这个意义上，王火的《在“忠字旗”下跳舞》，具有深刻的时代意义、思想价值和文献作用。

这不是一部普通的回忆录。这是一位著名作家以他“文革”十年的血和泪，以他的亲身经历和切身体验，以他的深邃的思考和深沉的情感，为我们和我们后代留下的血泪史，是一部值得珍视的回忆录！作者写出了他在“文革”中被批斗、毒打、威逼、刑讯、活埋、劳改、摧残、蹂躏的不堪回首的经历，作者说：“历史已经无法把撕下的那些页还给我了！‘文革’已像一个逝去的充满眼泪、恐怖、冤案的悲惨故事，有拂之不去的悲凉。”作者不是一般性地记述“文革”的经历，而是饱含着真切的情感和深邃的思索，对“文革”的罪恶进行了血泪的控诉和入木三分的批判。“我欣慰自己能活着记述下这场红色大疯狂的经历，它也许仅仅只能作为一部粗略的野史留存人间，但它是真实的。……它的价值可能在于它有助于帮助以后的年轻人了解‘文革’是怎么一回事，又能从一个小当权派的角度记录下他独特的遭遇与心态，它也从一个知识分子的角度提出了应有的控诉与比较实事求是的反思。”这正是这部作品的价值之所在！

读着这部回忆录，我们仿佛又回到了那些恐怖、动乱、黑暗的岁月，我们再一次真切地感受到“文革”带给中国人民，尤其是知识分子心灵上的巨大创伤。可贵的是，作者不但写出了自己受到的非人的待遇，无端的屈辱，更写出了自己的思考，写出了自己正直高尚的人格，还写出了自己的严格剖析和深刻反省。作者在叙述他被抄家、被批斗、被审查、关禁闭、办学习班、假活埋的非人遭遇的同时，也写出了他心灵的痛苦和对“文革”的深刻认识。作者写道：“那段时日，白昼变得可怕，梦乡反倒能给我带来慰藉。我总是借着繁重劳动和残酷批斗后的沉沉睡眠来摆脱痛苦和辛酸。只有在梦中，我才有了人的起码的尊严和权利。”作者认识到：“我深深感到，不参加这种学习班。不知何为精神折磨，不押到斗争会场，不知何为触灵魂！在学习班期间，我始终像死了一样活着，像做梦似的醒着。”作者进而深刻地指出：“其实，这场史无前例的‘文革’，何止使我们不像中国人呢？它是封建主义专制阴魂抬头的十年！野蛮践踏了文明，愚昧控制了科学，兽性蹂躏了人性！那是个是非颠倒、黑白混淆的荒谬年代！”作者也写出了他在“文革”中的追求和反思。

作者写他和妻子把一只小麻雀喂家了，并从中获得了人世中得不到的情和味，表现了作者和妻子善良而美好的品质和心性。作者还写了自己对蝉的仔细观察和联想，表现了丰富的思想内容。作者也严格地解剖了他自己在“文革”中的一些缺点、错误乃至仅仅是心中出现过的错误想法，比如对远超被批判提供材料，作者为此感到深深的不安和内疚。作者也反省了自己的愚忠和明哲保身的缺点。作者在那样严酷的环境下，还能严格地要求自己，尽量地保持着正直、善良、宽容和追求真理的美好人格，显示了中国正直的知识分子的美好情怀和高尚情操。

同时，作者也以犀利的笔触，尖锐地揭示了周围形形色色的人物在那个特定的历史条件下灵魂的异化和丑恶。如写一些教师“平时似乎文质彬彬，一旦造反搞运动，立即如凶神恶煞”，又如那往日里油滑、好巴结人、见了人点头哈腰的总务主任程金声，如今有了一点权，竟变成了凶神恶煞了。

被他监管的教师秦有才，自杀未遂后，竟变成了给他打小报告的“坐探”了！作者以大量事例，以各种人物在“文革”中的堕落和演变，在更广阔的层面上，深入揭示了“文革”对人性的摧残、践踏和扭曲、异化！正如作者所说：“文革”像无底的苦牢和深渊，步履艰难，我看不到一点希望，而人性之沦丧变异成兽性，又令我发指。”这就从人性的深度批判了“文革”对人性的摧残和异化，极为深刻地揭示了“文革”的罪恶。

王火是一位著名的、卓有成效的作家。他的长篇小说得到了人们的高度重视和极高评价；可是，他经过艰辛采访和长期孕育，投入了强烈感情和巨大精力，付出了艰苦的努力和重大的代价的三部长篇传记却未得到足够的重视和应有的评价。笔者最近采访王火先生时，谈到他为写《血染春秋——节振国传奇》和《外国八路》所进行的长达数年的漫长而艰难的采访时，不禁感慨万千！

他说，传记文学太难采访，太难写好，我以后再不搞传记创作了。作为一个传记文学作家和研究家，我对他的体会深有同感：传记文学的确是太难采访，太难写好了！因此，我特写下这篇评论，希望文坛能重视王火的传记文学，更希望文坛能对传记文学的创作和研究给予更多的支持、关注和重视。

（原载《荆门职业技术学院学报》2004 年第 3 期）

独有的传奇人生　严格的历史反思

——读《长相依——我与凌起凤的爱情故事》

陈　辽

八十高龄的茅盾文学奖得主王火，写了一部二十万字的文艺回忆录《长相依——我与凌起凤的爱情故事》（十月文艺出版社 2004 年 5 月出版）。和他结识已有二十年的我，虽然过去也知道他的一些生平梗概，但知之欠详，读了这本《长相依——我与凌起凤的爱情故事》后，方才知道著名的现实主义作家王火原来有过一段独有的传奇人生。但他叙写他的独有的传奇人生，却是为了对国家的历史、对自己的历史、对个人创作的历史进行严格的反思，因此给了我们极为珍贵的启示。

王火独有的传奇人生经历之一是，尽管他出身于锦衣玉食之家，但他的童年和少年生活却被抑郁、孤独、哀伤和不幸所淹没。他的父亲是国民党政府里的一个富有正义感和爱国意识的大官，薪俸很高，有自己的洋房，生活条件颇为优裕。但在他六岁时，父母离异了，洪溥（王火的原名）被法院判给父亲，而父亲不久就娶了一位年轻美貌的妻子。王火的第一个后母因自己无子女并不歧视和虐待洪溥（以下仍称王火），但她生性虚荣，爱好打扮，忙于美化自己，对王火没有爱。王火常常独自唱《可怜的秋香》，唱着唱着就流泪了，觉得“我比秋香还可怜”。可是他的第一个后母因患有肺病而去世，不久他又有了第二个后母。这个后母很不好，在他父亲去世后，她吞没了财产，又将王火逼出家门，自己改嫁他人。这样，王火在1941年夏天又回到他的生母身边。从六岁到十七岁，十一年间，王火经历了一个父亲、一个生母、两个后母的际遇，从“饫甘餍肥”到被人从家中逐出，在“孤岛”过紧巴巴的日子，这对童年和少年的王火来说，够坎坷也够传奇的了。

王火独有的传奇人生经历之二是，在他十八岁的那年（1942年），他为了到大后方去读书，竟跋涉八千里，七次遇大难不死。第一次是在裕溪口坐船渡江时，“如果日本兵推我下水，我就死定了！”第二次是在安徽巢县火车站碰到日本宪兵和宪佐，硬说帆布是军用品，“如果被抓起来”，“杀掉也不是不可能的”。第三次是过封锁线，在“三不管”地带遇到那伙丘八，差一点“没出人命”。第四次是过重灾区，“如果碰上打闷棍的就会送命”。第五次途中拉痢，“如果没带‘痢特灵’”（按：这是王火母亲在他出发前交给他的），也会送命。第六次是在灾区干渴得要死的那天，如果不是发现那口枯干的大井，在井底大石下面有湿土救了急，也会渴死在路上。第七次是在阕底镇夜晚突遭日寇炮击，“如果炮弹恰巧打在身上或身旁，也就打死了！”其后，他作为大学生帮助党组织在南京、上海筹备中共代表团的“办事处”，为《新华日报》找房子，乘美国飞机自重庆飞往上海，又从上海飞回重庆，神不知、鬼不觉。这是王火高中和大学时期的传奇。

王火独有的传奇人生经历之三是，他在全国解放初期的1952年，竟能把身在台湾的未婚妻凌起凤从那里召唤回来；而凌起凤竟敢不顾一切从国民党严密统治下的台湾，只身经香港来到上海，与王火成亲，这在20世纪50年代初可能是绝无仅有的当代的“董永与七仙女”的故事。解放初期，王火有这么一个“台湾关系”，实属大逆不道。组织上逼他、劝他、开“帮助会”批判他、教育他与凌起凤脱离关系，问他“要革命，还是要爱情”。痴情而又忠于革命的王火，一口咬定，我既要革命，又要爱情。最后，领导上做了研究，要王火做出“承诺”：要求她今年（1952年）“五一”节前一定回来；如果不回来，那王火就该与凌一刀两断。王火决定：若是起凤“无法回来”，“我将终身不娶！”他通过香港的友人去信给起凤，要她在“五一”节前一定要回来结婚。结果，历经波折，起凤终于经香港回到上海，与王火成了婚，“有情人终成眷属”。这样的爱情传奇，在20世纪50年代初，在大陆与台湾完全敌对的状态下，竟然得以发生而且以喜剧作为结束，简直是令人难以想象的。

王火独有的传奇人生经历之四是，他作为《中国工人》的负责人之一，目睹、亲历了1957年“反右”至“文革”结束的全过程。“文革”中，在私设的公堂受审、假活埋、燕飞、别烧鸡、殴打……所有“文革”特备的“菜肴”，“我都已一一尝遍”，竟又不死。最后，在林彪摔死后，他自己直闯军代表的住处，诉说自己的冤情，要求立即“解放”自己。军代表又果然“解放”了他，这又不能不说是传奇！

王火独有的传奇人生经历之五是，他用四十八年的时间（1949—1997）创作了《战争和人》三部曲。其间，第一部书稿在“文革”期间被毁，王火从五十五岁起重新创作《战争和人》。这和谈迁因书稿被窃而从五十五岁起重写《国榷》极其相似，所不同的是，1985年5月，王火因跳下深沟救援一个小女孩而失去左眼，《战争和人》是他用一只右眼坚持完成的。而这部《战争和人》为王火赢得了巨大的声誉，荣获茅盾文学奖、国家图书奖、“炎黄杯”人民文学奖、“八五”期间优秀长篇小说奖。

有此五大传奇，说王火已经过去的大半生是传奇的人生，一点也不夸大，完全符合王火的历史实际。但是，王火写《长相依》，决不是以自己的传奇人生向读者炫耀，也不是拿自己的传奇人生让媒体炒作，而是通过对自己独有的传奇人生的回顾来对历史进行严肃的反思。

首先是对新中国的前三十年何以走了曲折道路的历史反思。上海解放后，王火在上海总工会筹委会工作，后调到北京任《中国工人》主编助理。1961年，根据最高指示，《中国工人》“拆庙搬神”，他被下放到山东临沂中学担任校长，在临沂经历了史无前例的“文化大革命”。新中国为什么一步步走到“文革”大劫难？这是王火《长相依——我与凌起凤的爱情故事》历史反思的基本主题。在他看来，以“阶级斗争”取得新民主主义革命胜利的新中国领导人，于新中国成立初期，在“惯性思维”的驱动下，把什么问题都提到阶级斗争的高度，是可以理解的。他与凌起凤的婚恋，遭到党组织的干预，在当时被认为合理合法，并不奇怪。但那时“左”还只是一种倾向，某些领导人还能体贴普通人的感情生活，所以“我坚持的既要革命又要爱情的观念和追求终于实现，我们在当时还是幸运者！”但到1957年“反右”时，“鼓励号召人鸣放却又说是‘阳谋’，打击面这么大”，“实在是给党造成损失的一次失去理智的运动，阶级斗争的弦瞎绷紧，过于夸大了‘敌情’，伤害了太多太多的自己儿女，而且是许多知识分子儿女，使人痛心。”接着，1958年搞“总路线”、“大跃进”、“人民公社”，提出“超英赶美”，发动一亿人“大炼钢铁”，大刮浮夸风、共产风、蛮干风，这就不只是以“阶级斗争”、“群众运动”搞建设的思想方法错误的问题了，而且的确是由“小资产阶级狂热”所造成的。其后连续三年难忘的大饥饿，便是这种“狂热”造成的恶果。

庐山会议本来是准备反“左”的，却因为彭德怀的万言书转而反“右”，于是左倾路线愈演愈烈。经过三年调整，老百姓的日子稍微过得好一些，吃粥时讲团结，吃饭时讲斗争，这一套又回潮，阶级斗争又“天天讲，月月讲，年年讲”了。接下来搞“四清”，斗“党内走资派”，距离“文革”已只有一步之遥。尔后是批《海瑞罢官》，批“三家村”，“横扫一切牛鬼蛇神”，终于爆发了“文化大革命”。王火认为，由新中国成立初期搞“阶级斗争”的惯性思维，到1957年的“反右”，是从“左”的倾向到阶级斗争的弦的“瞎绷紧”；从1958年的“三面红旗”到1959年庐山会议的“反右倾”，“左”已形成一条路线；从阶级斗争的“天天讲，月月讲，年年讲”到发动“文化大革命”，左倾路线终于恶性发展而成为全国性的灾难。因此，“文革”不是突如其来的，而是有一个“左”的历史发展过程。所以，邓小平同志提出的以经济建设为中心，在中国搞改革开放，不再以阶级斗争为纲，不再搞政治运动，而以建设中国特色社会主义为一切工作的旨归，具有历史性转折的意义。在中国，既要反“左”，也要反右，但重点是反“左”，这是对新中国成立以来历史经验教训的科学总结。由于王火对人民共和国历史的反思，密切结合着他独有的传奇人生，结合着他在新中国成立后的际遇，因此这一反思特别具有说服力，特别震撼人心。

与某些反思“左”害的回忆录只讲上头、高层领导的错误而把自己打扮为一贯正确的好汉不同，王火的《长相依——我与凌起风的爱情故事》在反思社会历史的同时，也反思个人的历史，严格解剖了自己。在“反右”运动中，他也曾违心地写过稿件批判过别人，“H没有什么错，我却夹在里边奉命批他，求得自己的平安，这使我憎恶自己!”“我看风向，摸气候，有了风吹草动就怕树叶掉下来也打破头，正确的也不敢坚持”，他狠狠地责备自己。在“大跃进”年代里“随大流，采取一种拥护而不致受到打击的态度，态度和心情都是极卑微可怜的”。“‘明哲保身’的思想使我只敢说假话不敢说真话。”在这里，我要对那些仅仅因为在“文革”中也吃过一点苦头便把自己说成与“左”无关的同志们做一次提问：你果真一贯正确吗？为什么你不做一点自我批评呢？王火说，“文革”之所以能在中国发生，“责任主要是在上边，但同我们每个人的‘责任’也有关。许多卷入‘文革’中的人都是曾推波助澜的呵!”有这样思想觉悟而又严格反思自己的历史、敢于解剖自己的同志，直到现在仍然是不多见的。

王火以《战争和人》获得茅盾文学奖而闻名于世，但他的文学创作并不自《战争和人》始。还在抗日战争年代，他做大学生时就发表过文学作品。为此，他获得中国作协向抗战老作家颁发的“以笔为枪，投身抗战”纪念牌。新中国成立后，他又有《血染春秋——节振国传奇》《外国八路》等长篇问世。因此，他在写作《长相依——我与凌起凤的爱情故事》时又对个人的文学创作历史进行了反思。围绕着《战争和人》这部长篇小说的创作，兼及他的其他长篇，他总结了搞好长篇小说创作的十三条经验（其中也包括了教训）：一要有总体构思。二要有张有弛，“胜日寻芳”。三要以历史唯物主义和辩证唯物主义的态度去“经常寻思”自己作品中涉及的人物和故事。四要从更广阔的视野来探求战争和人的关系，探求“天灾与人祸”的关系。五要解放思想，“塑造各式各样情况复杂、性格迥异的人物”。六要“独特”，“使已有过的独特生活小说化”。七要追求“史诗式”而不必刻意制造“通常意义上的‘全景式’”。八要“吸收大师或大手笔们的长处”。九要“走自己的路”，“发挥自己特色、特长”，有自己的创作领地，“活跃在自己”的“熟悉领域”。十是“不能就易避难”，“主题需要深邃”。十一要在长篇创作中“有意识不断地为读者打开一扇扇窗户”，“应当变着方向、变着视角和视野，变着大小和高低，技巧地开窗户”，使读者通过窗户“看到新的天地、新的面孔，从窗户感受到画、感受到诗，发挥想象”。十二要留下“空白”，“余音嘹亮尚飘空”。十三要有“可读性”，“写长篇小说，必须充分考虑到吸引人，能抓住读者，使人看了放不下。

这难，必须努力。”王火对他的文学创作史特别是对他的长篇小说创作史的反思，对以上十三条经验教训的小结，虽然不能说已经囊括了长篇小说创作的全部关键，但对于文学作者，对于长篇小说作者，的确有可供借鉴之处。

如此含有巨大的思想容量而又写得引人入胜、文采斐然的文艺回忆录，在当下确实罕见。我希望，有更多的老作家撰写这样的文艺回忆录，“能可信地给人以感染”，使人记住历史，懂得现在，知道未来，“明白自己的责任”！

（原载《当代文坛》2004 年第 6 期）

回忆中的史、思、情、文

陈　辽

进入21世纪后，一方面，国人的思想大大解放，言论自由的空间大大扩展，众多回忆录纷纷问世，但其中既有史料价值、又有思想、又有感情、又有文采的回忆录少而又少。近读王火的回忆录《九十回眸——中国现当代史上的那些人和事》（四川人民出版社2014年10月出版），我认为它是一部熔“史”、“思”、“情”、“文”于一炉的优秀作品。

如果不是按《九十回眸——中国现当代史上的那些人和事》的十辑顺序，而是把书中描述的那些事件、人物按时间先后组接、连缀起来，我们不难发现，《九十回眸——中国现当代史上的那些人和事》是一部由王火及其家庭生发、辐射出来的百年中国小史。王火的父亲王开疆（1890—1940），年纪轻轻就拥护和参加辛亥革命。1916年前后，积极参加讨伐袁世凯的斗争，险遭逮捕。脱险后东渡日本避难，于早稻田大学法政科深造，曾在多所大学任教授，后又在于右任当监察院长的监察院内任高官。抗战期间，汪精卫曾多次威逼王开疆就范，但他正气凛然，终不屈服。

1940年，他在潜赴香港的邮轮上失踪，一说系他蹈海明志，以身殉国；一说是日伪将王开疆劫回杀害。王火的岳父凌铁庵，是辛亥革命元老，辛亥革命后在安徽任第五师师长。在这样的家庭背景下，王火从小就和辛亥革命时的高层人士及国民政府的一些上层人士有所接触，耳闻辛亥革命前后和国民政府的诸多历史情况和趣闻逸事。

抗战初期，王火先是在香港居住了一段时间，后又回到上海读书，目睹日伪擢发难数的血腥罪行。1942 年，上海的租界落入敌手，王火决定离开上海到大后方抗日，去重庆继续求学。一路上历经多次生命危险穿越“人间地狱”重灾区，在洛阳的可怕见闻，则使他终生难忘。等他到了重庆，看到官场中那种“前方吃紧，后方紧吃”的纸醉金迷、贪污腐败现象，想起河南民众的苦难生活，他心中愤激不已。在八年抗战中，王火既有敌占区的生活体验，又有国民党统治区的切身体会。其后，因创作《外国八路》的需要，王火对山东抗日根据地作了深入采访，对八路军在敌后艰苦卓绝的抗日事迹和山东根据地民众在抗战中的英勇无畏有了切实的认知。因此，《九十回眸——中国现当代史上的那些人和事》中有关八年抗战的叙写既全面又真实，读者可以从中看到抗战中敌伪一方、国民党一方、共产党一方各自所作所为。

抗战胜利后，王火作为记者，了解国民党官员对沦陷区的“劫收”。他目睹了蒋经国 1948 年的“打虎”从来势汹汹到失败告终，经济崩溃、民不聊生，国民党政府只能败退台湾，人民解放军在解放战争中节节胜利，1949 年，新中国最终成立了。

新中国成立初期，百废俱兴，政通人和，人民拥护，共产党与民主党派团结合作，全国出现了欣欣向荣的大好形势。但是，领导人以为，新中国是靠搞阶级斗争胜利得来的，在习惯思维指导下，又以为建设新中国也得以阶级斗争为纲。先是斗争“胡风反革命集团”，王火因在胡风主编的刊物上发表过文章而遭受审查。接着搞反“右派”，王火的老同学、复旦大学学运中的风云人物张希文（马骏）及张啸虎等被错划成“右派”。三年困难时期，王火被下放到一个中学里任职。“文化大革命”期间，王火更遭受不应有的批斗和凌辱。

新时期到来，特别是改革开放以后，王火的创作潜力像井喷一样爆发，奉献了《血染春秋——节振国传奇》《外国八路》《霹雳三年》《东方阴影》等许多佳作，在创作丰收的同时，为出版事业做出了重要贡献。没有改革开放，也就没有王火的创作丰收，也不会有七十万字的大书《九十回眸——中国现当代史上的那些人和事》。从这本回忆录叙写的实际内容出发，它首先是百年中国在王火及其家人身上投影的一部史书。

王火是极有思想的作家。但他并没有在《九十回眸——中国现当代史上的那些人和事》中做时代的传声筒，而是在记叙他大半生经历的过程中，思考历史和现实，自然流露了他自己鲜明的思想倾向。一是他对百年中国历经折腾、曲折，但中国还是在折腾、曲折中发展、前进原因的思索所得。在王火看来，百年中国之所以能够在多次折腾、曲折中发展前进，是因为有大量“中国的脊梁”式的人物在。辛亥革命前后、袁世凯称帝前后、军阀混战期间、内战十年、八年抗战、三年解放战争、新中国成立后走过的泥泞曲折的道路、“文化大革命”的灾难，新时期和改革开放以后，不同时期、各个阶段，都有如辛亥革命前后的仁人志士、真正的共产党人、八年抗战中浴血奋战在正面战场和敌后根据地的将士和顽强不屈的人民、那些含冤负屈后始终坚持信念为真理而斗争的人们、敢于和善于进行改革的闯将和能人，他们都是“中国的脊梁”。正是因为他们，百年中国才能在折腾、曲折中不断发展、前进。

同时，王火对腐败这个痼疾有深入的思考。在《九十回眸——中国现当代史上的那些人和事》中，王火不断揭示：清王朝最后覆灭是因为腐败；袁世凯和军阀们倒台，也是因为腐败；蒋介石败退台湾，说到底也是因为腐败。改革开放后，我国社会生产力大发展，人民生活水平大改善，国际地位大提高；但不可否认，市场经济也是把双刃剑，一不小心，便会滋生腐败现象。这一致命伤，应该引起国人的高度警惕。党和国家领导人一再告示：反腐败斗争关系到党和国家的前途，必须进行到底！王火在《九十回眸——中国现当代史上的那些人和事》里则用清廷的覆灭、袁世凯和军阀们的倒台、蒋介石的丧失大陆等历史事实，告诉读者，谁要对腐败等闲视之，或反腐败半途而废，必然会受到历史的惩罚。

此外，王火在《九十回眸——中国现当代史上的那些人和事》中反复流露他深思历史和现实得来的另一思想倾向：“左”并不比右好，一样会对党和国家造成严重内伤和外伤，只有坚持改革开放，才能兴中国、强中国。有此自然流露的三大思想倾向，《九十回眸——中国现当代史上的那些人和事》所提供的那些珍贵史料，也就一件件鲜活起来，焕发出思想光辉，铭刻在读者的心田。

在写作《九十回眸——中国现当代史上的那些人和事》时，王火投入了他的全部主观感情。他对亲人的怀念、对师恩的感激、对日伪罪恶的揭露、对国民党政权腐败的批判、对史事的钩沉、对“外国八路”的歌颂、对友人的伤逝、对海外人物的描绘，无不洋溢着强烈的爱憎之情。

《九十回眸——中国现当代史上的那些人和事》不只以理服人，更以情感人。王火与凌起凤的爱情故事情满于纸，缠绵热烈，读来荡气回肠。他俩是在大后方相识相爱的。1949 年，凌起凤随亲人去了台湾，王火留在大陆。组织上向王火提出，你要革命，还是要爱情？要求王火和这个“海外关系”断绝，“立刻一刀两断!”王火却坚定表示：我要革命，也要爱情！他等待凌起凤有朝一日能从台湾回归。在台湾的凌起凤，经过百般努力，终于从台湾到了香港。为了不连累家人和“保人”，凌起凤在香港演了一出假自杀。卖报人高声叫卖：看台湾来港妙龄女郎投海自杀，“凌庶华（即凌起凤)”跳海“自杀”了！凌起凤就这样活着回到了大陆。两个有情人终成眷属。王火回忆撰写他与凌起凤的爱情故事，固然情深如海，他写友人也是一片深情，但他写敌人，无论是写日本战犯冈村宁次、酒井隆，还是写汉奸汪精卫、周佛海、陈璧君、梅思平、梁鸿志、丁默村、盛文颐，笔尖都似喷出憎恨烈火，将这些战犯和卖国贼在历史的耻辱柱上焚毁。王火的强烈爱憎感情，使他的笔触力透纸背，引起读者的强烈共鸣。

王火有一手驾驭语言文字的好本领，《九十回眸——中国现当代史上的那些人和事》的文字出色，精练隽永，反复推敲，雅俗共赏，增强了文本的可读性和耐读性。

（原载《文艺报》2015 年 4 月 10 日）

“情与气偕，文明以健”

——王火散文集《九十回眸——中国现当代史上的那些人和事》纵论

席 妍

《九十回眸——中国现当代史上的那些人和事》（以下简称《回眸》）是茅盾文学奖获得者、著名作家王火先生散文创作的结集。如其副题所示——“中国现当代历史上的那些人和事”——整部散文集以回忆录形式书写历史，酣畅淋漓地展现了近百年来中国社会、革命、历史进程的风云变幻以及那些离我们渐行渐远的英雄人物。在跨越时空的沉思中，文学激情与历史体悟并行不悖、相互应合，如同史诗一般大气磅礴、精严有致，不仅为读者提供了一条了解近现代历史的蹊径，也为文史研究者打开一扇直击历史事件的经验之窗。本文试从历史钩沉、人物春秋和艺术追求三个视域展开解读：攫取史实细节，还原历史在场，凸显散文书写中深切诚挚的人文关怀；记录英雄业绩，摹写革命面貌，召唤时代精神与民族气节；沉稳大气、秉笔直书的文体风格，于纷繁交错的历史脉络中把握散文书写“情与气偕，文明以健”的风骨之致。

一、历史钩沉：史实还原与人文情怀的凸显

《回眸》可谓中国当代散文的皇皇巨著。全书近七十万言，共109篇文章，以1937年抗战爆发为发端，前后贯穿八年抗战、解放战争、新中国成立、“反

右”运动、“文革”十年等重大历史阶段，背景壮阔，视角多样，时空跨度之广在当代散文中实为罕见。随着商品经济与大众文化的冲击，当下部分历史散文一味地沉醉在无节制的主观抒情中，夸大自我、回避现实，这事实上有违历史散文的原则。王火力避庸俗美学与行文陈袭，在《回眸》卷首便坦言：“我在本书中所写的那些人和事，都是我亲见、亲闻或亲身经历的，我不过是记下了我的真实感受，我的目标只有一个，那就是尊重历史。”这无疑道出《回眸》尊重历史的态度和立场。

中国散文创作历来以写史为传统，《尚书》记言，《左传》记事，开历史散文先河；孔子校订《诗》《书》《礼》《易》《春秋》，想来也怀着“六经皆史”的初心；司马迁撰《史记》以“究天人之际，通古今之变”；魏徵“以史为鉴，可知兴替”的历史功用论……返回历史现场，几乎成了每一代散文书写者绕不开的内心情结。重返历史现场，也就是要寻获一条发现历史真实的路径。而《回眸》对历史真实的还原在文本中具体表现为两点：对史料的占有和对细节的捕捉。

《回眸》对史料的占有，有其独特性和丰富性。全书包含两条创作线索：一是以作者一生的成长经历、个体命运为线索，体现在文本结构上则是以“少年记事”“师恩难忘”“日伪罪恶”“时光流转”“悼亡伤逝”等多重主题构成全书篇章；二是以近百年中国社会革命历史进程为线索，主要体现在具体文本的革命历史语境中。两条线索并行交织，或显或隐于不同篇目中，并辅以作者个人回忆作为参照对比，呈现出容纳史料的广度与深度。《极司斐尔路76号与父亲海上失踪之谜》《刻骨铭心的“孤岛”岁月》《战时香港记事》《梦回花神庙》《梦已荒芜》《长相依》等篇章，都是将个人经验寓于时代变迁之中，以个体命运的起伏曲折折射历史运行的云波诡谲，这是《回眸》较之一般历史散文书写的独特之处。笔者在采访王火先生时，他曾多次强调自我经历的“特殊性”。王火的父亲是跟随孙中山参加辛亥革命的爱国知识分子，后为国民党“中间派”民主人士。王火作为国民党高层子弟，有其特殊的家世渊源、人生经历，这使他在记录时代、知人论世时的视野较一般人更为广阔。换言之，他既是历史的见证人，也是历史的记录者，更是历史的参与者。书中的史料也才有独特的丰富性和确切的可信度。

《回眸》涉及了大量历史事件和相关背景，包括抗战爆发后上海租界和香港的实际状况，沦陷区、解放区、国统区的全民抗战，战时陪都复旦校园的革命活动，国民党政权崩溃前夕的乱局闹剧，“反右”、“文革”中不可胜数的冤案惨剧等。从史料钩沉中探查历史闪烁游移的细微之处，可谓《回眸》写史的精髓所在。例如《刻骨铭心的“孤岛”岁月》《我经历的“最后一课”》皆以1940年上海“租界”为背景，从历史细节落笔，反映上海沦陷前夕政治社会生活以及人心向背。这一切正是建立在作者的亲身经历之上。《走过中原“人间地狱”——1942年的一段回忆》一文可视作以细节还原历史现场的典型范例：

> 我们到达界首，正是傍晚，暑热未消，气温仍高，一路走来，还是第一次见到这样繁华热闹的地方，电灯雪亮，街边小饭馆里酒肉飘香，划拳喝酒的，谈笑欢乐的，宾客满堂……旅店客栈里，歌女卖唱的胡琴声调嘹亮，“哗啦哗啦”的麻将牌九声震人耳膜……①

1942年上海沦陷，王火立志到大后方继续学业、参加抗日。途经河南界首，目睹了战火阴云笼罩下反常怪异的景象。简洁客观的细节描写直指国民党无视军纪、腐败奢靡的抗战乱象。对声、光、味等感官的准确再现与史实内核的清晰残酷构成了鲜明对照，其中蕴含的批判与讽刺不言而喻。再如逃难途中的所见所闻：

> 大道两侧的树皮早就被剥光，树全部枯死了，枝干也都砍断了，有的垂杨柳枝叶全无，只剩下粗脖子的秃树干。那护送的七个兵走得飞快，走出去不到十里地，天还不亮，他们一阵风似的走得已经不见踪影了！护送实际是骗钱的，各人仍旧只好自己上路。一会儿，天似快亮了，忽听前方远处有女人呼叫声：“救命！救命……”我们一起往前在青纱帐旁的大车

① 王火：《九十回眸——中国现当代史上的那些人和事》（上卷），四川人民出版社，2014年版，第67页。

道上绕了十几分钟，只见路边歪倒着一辆空独轮车，车旁两摊鲜血，但没有尸体……①

细节的刻画和言说，在某种程度上带领读者进入作者的主体视域，精准而不失现场感地还原了历史真实。无论亲耳听到被时间旋涡淹没的那一声微弱的“救命”，抑或亲见“歪倒一旁的独轮车”和“两摊鲜血”，战争背景下民不聊生、命如草芥的悲惨境遇，以这样细微而又直接的方式呈现，消弭了文学与史料的边界，也消融了现实与历史的鸿沟。《回眸》中像这样的细节描写还有很多，有些细节的生动与精彩程度甚至不亚于小说。譬如《今宵别梦寒——哭忆马骏（张希文）》一文，作者凭吊复旦同窗时回忆“大后方”校园生活：

夏坝隔着滔滔的嘉陵江面对北培。校园旁有许多小茶馆。学生喜欢在露天茶馆里喝茶、看书看报。聊的当然是从国际到国内的时事政治。……坐在茶馆里总是谁有钱谁付账。喝茶时，采取的是“车轮战法”，泡一杯沱茶或者菊花，甲喝了离去时，乙来接着喝，浓茶变成了淡茶，淡茶喝成了白开水……因为太穷，有时买烟只买一支，就用钢笔在烟上划界，第一部分希文吸，第二部分汉民吸，第三……②

平实质朴的文字极其真实地道出艰难时世中青年学子苦中有乐的生活，写来令人忍俊不禁。比照鹿桥在《未央歌》中写西南联大的校园生活，这段“恰同学少年”的描写也同样如实还原了彼时知识分子洒脱不羁的魏晋风度和真诚直率的同窗友情。

细节的连缀成为《回眸》的历史链条。作者个人的生命体验也因此而再度“苏醒”，并以个人视角弥补宏大叙事的历史架构，同时也绕开了“历史虚无主义”的陷阱。无论史料的丰富还是细节的精彩，整部《回眸》始终秉持尊重历

① 王火：《九十回眸——中国现当代史上的那些人和事》（上卷），四川人民出版社，2014 年版，第 71 页。

② 王火：《九十回眸——中国现当代史上的那些人和事》（下卷），四川人民出版社，2014 年版，第 504 页。

史的基本态度，不随老庄“玄虚”之意，也不故作“隐世”之心，严格区分观念和事实、文本与历史。譬如《回眸》中有部分散文以游记的方式叙述历史。在《重访极司斐尔路76号“魔窟”》《不尽沧桑静海寺》《神往“拉雪兹”》等文中，作者借故地重游或探访胜迹，重返与自己生命、文学息息相关的历史现场。像《在缅甸，深深想起艾芜》一文，作者在仰光江边、茵雅湖畔、五十尺路上寻觅艾芜在缅甸的足迹，怀想他不平凡的文学历程，还原他作为中国第一位与缅甸有紧密联系的现当代作家，是如何实现“把一切弱小者被压迫而挣扎起来的悲剧，切切实实地给写出来”① 的文学理想。通过游记这种本身就内蕴历史书写的散文体式，作者追寻的不仅仅是一位文学家的人生道路，更彰显了一种家国意识和人文情怀。

正如王火在《回眸》中所传达的讯息，真正的历史必然是理性史实纪录与感性人文关怀的互通共生。直面历史的意义不仅是为了见证苦难或抵抗“遗忘”，更重要的是立足当下、表达对于家国命运的强烈关照和对民族前途的深切追寻。其中收录的一篇解放战争前夕发表于《时事新报》的通讯，无疑道出了作者的心声：“对于中国未来的前途，因着和平的不能觅得，谁能够不忧心如捣？谁能够不长叹欲哭？”② 在创作谈《酸辣苦甜一部书》中，作者也诚挚地吐露内心情怀：“在那种困难的情况下，我产生出一种悲壮的感情……它也许无法出版，但我写的是苦难中国的一段漫长悲壮的历史…书里有我的希望、信念、理想以及要表达的爱国主义和民主精神……”③

无论是记者身份还是编辑视域，也不管是在逼近战火的革命中心抑或人心惶惶的动荡边缘，作者始终“常怀千岁忧”，以客观、真实的笔触凝视血火交织的革命岁月，关照那些被历史遮蔽的人。《回眸》中最打动人心的要算“悼亡伤逝”“情感记忆”两辑，作者将自身情感体验与历史感知相融合，力求在战争背景下唤醒对于个体生命、情感的关注。《长相依——我与凌起风的爱情

①③ 王火：《九十回眸——中国现当代史上的那些人和事》（下卷），四川人民出版社，2014年版，第357～358页，第373页。

② 王火：《九十回眸——中国现当代史上的那些人和事》（上卷），四川人民出版社，2014年版，第261页。

故事》就是其中的范例。文中记叙了因国共两党政治对立而与恋人相隔海峡的遭际和磨难。作者写道："她当时每时每刻都像驾着一只小舟在惊涛骇浪中翻腾。她尝够了一个小人物在大时代里既无法左右情势，却又拼命想主宰自己命运的挣扎。"① 虽然最后历经千难万阻，两人幸福地相守一生，但在风卷云涌的历史浪潮中个体生命渺小如草芥的悲哀和无奈，成为文中难以抹去的底色。而《母亲的藕饼》则写出了另一种直面苦难历史的人生况味。文中先是详细描写了母亲做藕饼的手艺，随后笔锋一转，写到"文革"中遭受政治冲击而身心俱疲的作者尝到母亲特地为他做的藕饼，不禁泪流满面。作为日常饮食的藕饼所承载的不仅是母子深情，更是这人世间最基本的生之动力和善意。再如《寻找老耿》《老黄被捕时讲的话》《"所思在远道"》等，都从不同侧面展现了革命年代中的个体人物的情感生活和生命历程，重拾今天似乎已被悬置了的道德感和正义感。这些人并不是"历史妄想症"的俘获物，而是真实存在的"人民"，《回眸》记录下他们的个体命运，也就是在书写国家民族的历史遭遇。

二、人物春秋：英雄情结与民族精神的互渗

史料的丰富、细节的真实以及强烈的现实关怀，使得《回眸》极具人文内蕴。马克思曾对历史发展的动力有极为精彩的论述："历史什么事情也没有做。创造这一切，拥有这一切并为这一切而斗争的不是历史，是人。现实的，活生生的人……历史不过是追求这目的的人的活动而已。"② 反观五四以来的散文，"大写的人"的内在主题贯串始终。在历史的巡礼中，作者将关注的视线投向众多平凡而伟大的历史人物并非偶然。早在王火的长篇小说《战争和人》第一部创作谈中，他就曾道出对于历史人物的看法："有时候，一个人或一家人的一生，可以清楚有力地说明一个时代。"③ 以人物折射时代，这也是中国自《史记》以降的散文书写传统。

① 王火：《九十回眸——中国现当代史上的那些人和事》（下卷），四川人民出版社，2014 年版，第 488 页。

② 《马克思恩格斯全集》第 2 卷，人民出版社，1990 年版，第 118 ~ 119 页。

③ 王火：《〈战争和人〉三部曲创作手记》，《文学评论》1993 年第 3 期。

纵观全书，《回眸》以历史人物为中心架构起宏大时空的文本格局，恰似一部当代“史记”：包罗革命风云万象，凸显战争中个体的命运抉择与道义担当；捕捉时代进程片段，从细微处觉察历史的偶然与必然；观照人文精神内核，召唤出当下业已渐失的英雄主义情结和民族精神。

作者书写的历史人物可概括为三类：一类是积极投身民族解放的革命者，其中包括抗战时期的国共军政要员、国际主义战士和解放战争时期的地下党人，例如王开疆、于右任、凌铁庵、郭沫若、黎玉、汉斯·希伯等；一类是怀抱民族情怀的爱国知识分子和普通百姓，例如胡适、陈望道、储安平、李苏、李秀英等；还有一类则是违背人性道义、终被历史唾弃的战争罪人和叛国者，例如冈村宁次、酒井隆、汪精卫、陈璧君等。其中有不少是作者的至亲、师友或采访对象，作者对这些或熟悉或陌生的人物持有鲜明的政治立场，既有不遗余力的歌颂，亦有毫不留情的鞭挞，爱憎分明的态度展露无遗。钱钟书在《管锥编》中这样论及写史：“史家追叙真人真事，每需遥体人情，悬想事势，涉身局中，潜心腔内，忖之度之，以揣以摩，庶几入情合理，盖与小说，院本之臆造人物、虚构境地，不尽同而可相通……”[①] 这里的“悬想”“揣摩”“虚构”都是凭借想象进入历史，但王火的家庭背景和职业身份提供了观察历史人物的有利视域，因此不用向壁虚构，只需如实描摹。譬如《五次见到蒋介石》一文，作者以记者身份五次近距离目睹蒋介石在 1948 年“行宪国民大会”上的言行举止。蒋介石神色间的“不安”、“阴郁”，形象上的“瘦弱”、“苍白”，加上“伪国大”现场的混乱吵嚷，反映出国民党政权崩溃前夕人心涣散的真实情状。作者紧紧抓住人物外貌、衣着、神态、动作等细节，着力还原真实情景中的真实人物。这样即景式、片段式的在场描写是《回眸》人物描写常用的技法。又譬如《记忆中的胡适》一文，可作为《回眸》人物书写风格的范本。作为中国现代史上颇具争议的人物，胡适给作者留下的是爱穿中服、整齐干净、“谦虚和蔼”、“朴实不做作”、“很有幽默感”的印象。透过交谈，作者敏锐地觉察到胡适对学术的兴趣远大于政治。他特别注意到采访当中的细节：

---

① 钱钟书：《管锥编》（第一册），中华书局 1979 年版，第 166 页。

胡博士大约刚刚起身，站在洗脸架旁，拼命用肥皂擦脸，脸上有几块蓝色的污迹，一面又调转头连连地招呼我。那两位客人和我都很奇怪胡先生脸上那几块蓝色的污迹。胡先生说："大概是被盖上的颜色，染了我晚间流出的口水，沾到了脸上的。"说着，他指了指床上的那床蓝绸被盖。……胡博士匆匆跑去开会。我也很高兴的辞了出来。胡博士在开会的时候，一定会分外引人注目，因为除了他的声誉和地位以外，他脸上的那几块蓝色的痕迹，并没有擦干净。①

可见作者在以人物为书写对象时，一方面采取"截取侧面，以窥全豹"的策略，并以此把握人物性格及其心理；另一方面则在客观描述人物的同时有意选取值得玩味的细节，隐晦地臧否人物。胡适脸上的蓝色印记，既是对他作为一个知识分子的随性、坦诚的性格的直观刻画，亦是对当时蒋介石召开"伪国大"这一小丑行径的调笑和讽刺。再如《毛泽东给失败的演员鼓掌——一段真实的回忆》中，作者坚持"不虚美，不隐恶"的原则，敏锐地抓住了毛泽东在"反右"运动后，为表演失败的苏联演员"鼓掌"的细节，直率地对"鼓掌"所包含的象征意义提出了自己的理解："不怕失败是对的！坚持失败就不对了！"② 对一代伟人晚年的错误毫不避讳地予以批评。

《回眸》在人物选择上往往带有强烈的英雄主义色彩。作为革命者的后代，作者对英雄的理解是与人民利益、国家前途、民族精神联系起来的。王火的父亲王开疆就是一位具有民族气节、牺牲生命也不愿卖国求荣的革命志士。因而在《回眸》中，记录英雄事迹、凸显民族精神就成为全书的内核，"为英雄人物作传"的写作倾向也反映出作者强烈的革命英雄主义情结。

《回眸》约三分之二的篇幅都与人物相关。例如《从"天上"到"地下"——我和陈展、祝华同志的故事》《三见黎玉》《难忘朱奇民同志》《想起我写节振国》《老黄被捕时的讲话》《"外国八路"之死》等文，于平实质朴的

① 王火：《九十回眸——中国现当代史上的那些人和事》（上卷），四川人民出版社，2014 年版，第 230 ~231 页。

② 王火：《九十回眸——中国现当代史上的那些人和事》（下卷），四川人民出版社，2014 年版，第 316 页。

人物描摹和史实演绎中书写他们的革命意志。其中的“外国八路”汉斯·希伯显得颇为特殊。有论者在评价王火同名小说《外国八路》时谈道：“以文学形式，给一个战斗在中国土地上的外国人立传，特别是写成一部小说规模的传记作品，这在我国文学史上，无论是古代或现代，都是少见的。”①《回眸》以专辑的方式介绍并记叙这位德国反法西斯记者参与中国抗战的英雄事迹。为了替他作传，作者多次深入山东沂蒙山区收集材料，尽力还原希伯战死的真实经过，并详细考证了他与《西行漫记》作者斯诺之间的一段“公案”。《“外国八路”之死》中描述了希伯牺牲后的情形：“其中一个尸体模样异常：头发颜色不同，大个子，高鼻子……希伯身旁不远有炮弹洞，他右手上一手血，身上有五个弹洞，腚上被炮弹皮炸伤……那样子，一看就是作战死的……”② 文章摒弃了希伯事迹的“传奇”成分，借转述他人原话，以近乎口语的文字还原了希伯的英雄事迹。

除了革命英雄，《回眸》还发掘了大量被历史所遮蔽的“平民英雄”。这些人物往往是历史的见证者或战争的受害者，但无一例外地具有奋起反抗的精神。例如《宁死不屈的“圣女”》一文记叙了南京大屠杀幸存者李秀英。怀有七个月身孕的李秀英为反抗日本侵略者暴行，身中三十七刀，九死一生。时隔65年后，作者这样描述道：“语气坚强，神情严肃，她本来肯定是位端庄、俊秀的姑娘，但我见到她时，她的面部近乎《夜半歌声》中的宋丹萍，鬼子兵用刀将她的鼻子、眼皮、嘴唇和脸都割损了。……她总是用一条长长的蓝灰色围巾包着头遮着脸……她的伤痕是日本侵略者欠下的血债和深仇，只要看过她一眼，就忘不了。”③这位“圣女”同样是一位英雄。类似的英雄形象在《回眸》中还有很多：譬如《三见黎玉》的山东抗日革命根据地创始人黎玉，即使在政治运动中不幸蒙冤也始终怀抱坚定革命信仰；又如《“所思在远道”》中不知儿子已经阵亡的陈大娘于无尽等待中陷入癫狂，却依然保持着企盼民族早日解放的渴望……这些平民英雄无疑是全书的亮点。

---

① 张啸虎：《英雄人物与传记文学——兼谈王火的两部作品》，《贵州社会科学》1988年第8期。

②③ 王火：《九十回眸——中国现当代史上的那些人和事》（上卷），四川人民出版社，2014年版，第287页，第152页。

单本先生在《回眸》序言中盛赞其“大人物和小人物并举，不朽者与速朽者同在”，这一评价可谓中肯。作者之所以能做到以人物折射历史，正在于他的秉笔直书。透过纷繁复杂的历史表象，发现蕴含于人物性格中的不畏强权、坚毅果决、追求独立的民族精神。英雄主义情结和民族精神相互渗透、交融是《回眸》之灵魂，更是审视和反思当下人文环境的一面镜子。

三、艺术追求：“情与气偕，文明以健”的风骨之致

《回眸》的最大特点是直呈历史。王火先生在接受笔者采访时强调：“散文创作与小说不同，小说在于虚构，散文则要‘讲真话’。我写散文没有什么章法，就是如实记叙，按自己的感受写，随意而止。”正如苏轼认为作文“大略如行云流水，初无定质，但常行于所当行，常止于所不可不止，文理自然，姿态横生”（《答谢民师书》）。“随性”一词，道出了散文写作的要义。而鲁迅也曾谈及：“散文的体裁，其实是大可以随便的，有了破绽也无妨。”① 由此反思中国传统散文自五四以来的历史变革，至今依然延续着“形散神不散”的内在特质。无论是“直呈历史”或“随性写作”，从《回眸》的体例和编排中，可以看到作者为呈现多样化书写风格而试图打破散文文体界限的努力。

刘勰曾在《文心雕龙·宗经》中梳理了原典影响作品的六种风格：“故文能宗经，体有六义：一则情深而不诡；二则风清而不杂；三则事信而不诞；四则义直而不回；五则体约而不芜；六则文丽而不淫。”② 它们在《回眸》中都有所对应：《长相依——我与凌起凤的爱情故事》可谓哀婉之致、深附衷肠；《沙湾镇忆郭老》《落花时节思艾芜》行文干净简洁，情思舒畅；《五次见到蒋介石》《毛泽东给失败演员的鼓掌》真实可信，不夸饰不回避；《访江湾战俘营和虹口日侨》《梅花山前谈汪精卫》可听其杖笔之言，痛斥之声；《梦已荒芜》《梦回花神庙》记童年旧梦琐事，制短情长；《“所思在远道”》文辞有古

① 鲁迅：《鲁迅全集》（第四卷），人民文学出版社，2005 年版，第 25 页。

② 刘勰：《文心雕龙注·宗经》（上），范文澜注，人民文学出版社 1958 年版，第 23 页。

典情怀，优美克制……虽然风格各异，但都不掩其总体上沉稳大气的书写特质，以及行文间深邃透辟的文史之思；若审视文集编排，整部作品又可细分为随笔、札记、速写、游记、采访、创作谈等。简言之，多样风格元素交织与多重散文体例并置，构成了《回眸》独特的书写景观。

细察文本，可从三个方面来探查《回眸》书写的独特之处：

其一是“言外之意，出位之思”。正如王火自陈其散文写作的真实与随性，《回眸》对史实的记叙、人物的描画都显出一种举重若轻之感。尽管《回眸》是以直面、直叙的态度来记录史实与人物，但在实际创作中，作者往往会跳出事实的藩篱，暗示历史情境和人物心灵的复杂性。譬如《忆复旦教授储安平》，写“文革”开始的秋天，储安平教授曾寻到北京西郊的青龙桥跳河自杀。作者没有正面写储教授选择青龙桥的原因，而是宕开一笔，写到冰心曾连续三次创作“到青龙桥去”的散文。最后他发出了意味深长的感喟：“储教授是抱着对青龙桥和古长城的向往与感慨去的吗？——谁知道，谁能说呢？”① 言外之意，耐人寻味。再譬如《三见黎玉》中，作者多次写到那“不见其人，只闻其声”的“惨叫”：

> 我们谈着话，忽然，我听见楼上隔壁一间房里有人厉声大叫，声音很高，强调很怪，声音里充满痛苦，是呻吟，也是一种灾难的发泄……他那发疯的儿子又在隔壁那间房里吼叫了！我沉默地听着，他也沉默地听着。②

这“呐喊”哪里只是疯癫的症状，分明是历史悲哀的回响！作者描写声音细节的“出位之思”，正是为了道出批判反思的言外之意。历史的多向度与层次感就在不动声色的书写中逐一展现。

其二是“古典意蕴，现代情怀”。读过史诗性长篇小说《战争和人》就不

---

① 王火：《九十回眸——中国现当代史上的那些人和事》（上卷），四川人民出版社，2014年版，第134页。

② 王火：《九十回眸——中国现当代史上的那些人和事》（下卷），四川人民出版社，2014年版，第332~333页。

难发现，王火的古典文学造诣颇深。在《回眸》诸文的遣词造句中，古典诗词随处可见。譬如记叙漫长岁月中失散的友朋师长，作者引杜甫的一句“访旧半为鬼，惊呼热衷肠”，道尽世事无常和人生感怀；在游历旧迹、探访故居、出访海外的过程中，作者发思古之幽情，尽吐“人事有代谢，往来成古今”的感喟；两度撰文纪念川籍文学大师艾芜先生，行文间又多有“落花时节又逢君”的知遇之恩和思慕之志。再譬如《“所思在远道”》一文，作者刻意将古典诗词意蕴化入其中，呈现唯美和哀愁：

> 秋虫鸣奏，四下里一片寂静，月光美极了，水银般泼洒在门外，将婆娑的树叶稀稀落落映照下来。……月光缠着山区常有的那种轻雾，周围犹如梦境……只偶尔听到远处有几声狗吠。那夜……一个游子的心被扰乱了！月亮西沉了，星星疲倦的隐没了，我仍辗转反侧，听秋虫吟唱……①

尽管《回眸》语言大多质朴平实，但作者仍在动情处难掩诗意的表达，体现出传统古典意蕴与现代人文情怀的统一，达到“情与气偕”的艺术境界。

其三是“存在之难，意义为先”。相较一般的纪实散文，作者很少将文本构筑于自我封闭的感受中。换言之，作者尽力避免“自我”意识的膨胀，不以个人看法和情感干扰读者对于历史的认识，而是如实反映出人物的历史处境和内心活动，于理性史实和感性认识的对接、错位、断裂处，透视错综复杂的历史演进和命运无常。譬如以“三反”“五反”运动为背景的《老黄被捕之时》写作者参与“审问”老黄的一幕：

> 突然，他发现是我了，听我语气厉害，他竟抬起头来朝我看了一眼，表情带着责怪，语气冰冷铁硬，似说了一句：“怎么你也这样说？我怎么会贪污？”见他这样，我激动了，心想：你不知道快要被逮捕了吗？……

① 王火：《九十回眸——中国现当代史上的那些人和事》（下卷），四川人民出版社，2014年版，第427页。

我真怕他像张子善、刘青山一样！心里急，拍了桌子却很伤心。[①]

作者不回避也不美化自我，而是如实描绘复杂情势中人性善恶的对峙与交锋，凸显了极端政治处境下命运的晦暗不明以及人的“存在之难”。而作者在直书党员老黄刚直不阿的同时，揭示了隐藏在历史长河中的“黑暗之心”，并以此反衬当下官员腐败堕落的现状和丑态，以史为鉴的意图卓然可见。

作者还在书中多次表达对于文学创作的敏锐见解。《我为陈望道当助手》引陈望道先生的话来说明写作的要义：文章要写得有意义。而《难忘萧乾先生》又从萧先生指导新闻写作的原则中认识到“文学价值”的重要性。在《〈魔镜〉画家埃舍尔的启示》中，作者谈到了对文学形式的思考，文本的意义、形式的创新、门类的融合……这些创作理念，很大程度上影响了作者的文学创作：

我在从事文学创作中，常深切感到文字的苍白，平淡与无能。文字表达思想感情，表达色、香、味，表达音乐旋律，表达动态……总是那么受到局限，那么力不从心。但文字又每每与音乐，绘画艺术等领域有着密切的关联。有时一种感情用音乐表达比文字好得多；有时一种意境和气氛用绘画表达比文字也美得多，如何使文字的表达与传导有所突破，从音乐、绘画等艺术上得到补充，是我常常在想的一个问题。[②]

《回眸》的艺术追求蕴含着反思当下的现实意义，全书沉稳大气的风格伴随着作者情感的起伏，秉笔直书的气度映衬着作家的思想旨趣。质朴平实的记叙语言、深邃透辟的文史之思、多重创作理念的结合，共同构成了《回眸》“情与气偕，文明以健”的风骨之致。

作为一名资深新闻工作者与著名作家，王火先生总能立足时代前沿，具备在场意识，经由个人回忆叙写历史篇章。他以记者的敏锐视角、编辑的严谨态

---

①② 王火：《九十回眸——中国现当代史上的那些人和事》（下卷），四川人民出版社，2014年版，第435页，第680页。

度、作家的人文情怀，对众多的历史人物进行多维度的审视与书写，并以此为契机召唤新时代的民族精神。尽管历史因袭的重负以及政治思维定式偶尔凝滞与限制了作家情感表达的收放开阖，但瑕不掩瑜。柔肠寸断的悲欢离合、不绝如缕的英雄赞歌、家国情怀与革命意志的双重变奏，成为全书最突出的风格特点。

理论阐发

《战争和人》三部曲创作手记

王　火

一、总体构思

《战争和人》三部曲，《月落乌啼霜满天》《山在虚无缥缈间》和《枫叶荻花秋瑟瑟》，共一百六十多万字，由人民文学出版社最近出齐。这部以抗日战争作背景的小说，从1936年12月西安事变写起，一直写到1947年春全面内战即将爆发，就是为了要将整个抗日战争的来龙去脉交代清楚，将整个抗日战争作为背景，歌颂中华民族从鸦片战争到新中国成立的一百多年间唯一战胜帝国主义的伟大的抗日战争。题材规定了我不是要去写一部通常意义上的军事题材的长篇，广大敌后游击战场，在我的长篇中只能虚写。我着重写的是蒋管区大后方和孤岛及沦陷区在抗战时期的人和事。我把中国的抗战放在世界反法西斯战争的范围中表现。当时的这些人和事，这些生活，我熟悉，是我的“优势”。不必去费力写自己不熟悉的人和事。

在写这些地域时，除了抗战爆发前和抗战胜利后的情景、态势、时局、人物外，要着重写出抗战时期大后方和孤岛上海的芸芸众生相。在那里，光明同黑暗搏斗，抗战同投降较量，进步同反动对垒。当年的“大后方文学”和“孤岛文学”的影响人们都记忆犹新，我希望这部今天写的作品与那既非毫无关联却又有极大的区别和发展。这是时代及政治形势决定的。我用欧洲古典流浪汉小说的手法（也不仅用这种手法，什么手法方便就用什么手法）使我书中的人物，从这个到那个，从这里到那里，互相交往碰撞来完成他们各自的任务，为总体构思服务，目的是有利于构成一幅比较真实而且色彩斑斓的宽阔画卷。

这应当是一部中国人写给中国人读的小说。有当代意蕴却能散发着中国古典的美学风韵。应当有阳春白雪般的高品位，却绝不排斥一般读者的阅读。

一部多卷的长篇小说，很难用简单的几句话来概括主题，但写作时的立意十分重要。想表达的东西很多，主要的必须明确。有个现成的关于抗日战争的结论：人民胜利了！日本侵略者失败了！过去写抗日战争的小说都是这样写的。但是否应该完全重复应用原有的这个结论呢？这结论当然并不错，只是在我的亲身感受上所得到的立意是：与日本侵略者同步失败的还有当时蒋介石领导的“国民政府”。这个立意发掘下去大有可写。

写作时，我想得很多、很远、很复杂，很无边际，自由自在：中国的人和事有多复杂？国民党这样的庞然大物当年是怎么会腐烂垮台的？民主党派与民主人士在统一战线政策下如何产生？共产党当年是怎样深得民心而国民党又是怎样大失民心的？今天有无必要再展示那已过去了的漫长而严峻的战争年代中的人和事？我们应当如何以史为鉴？……我要抱着满腔热情写。

战争，对于经历过它的人，是想忘记也忘不掉的。迄今只要想起抗战时期所经历的日机大轰炸、偷渡敌人封锁线、潼关遭炮击、穿过赤地千里的中原灾区……总觉得历历在目，就在眼前。想起战争，会使有的人惧怕，有的人悲伤，也会使有的人感到豪迈。但未曾亲历过战争的人，也许会无动于衷。不管怎么，生活总迫使人们去思索那些难忘的遭遇，那些关于战争的历史，从中得到启示，认识战争的摧坏性。写战争是为了和平，害怕战争并不能避免战争。

这部小说，既应当写给经历过抗日战争的人看，也应当写给未曾经历过抗日战争的人看，尤其是青年，怎么能笼笼统统不分青红皂白地反对一切战争呢？有进步的战争，也有反动的战争；有正义的战争也有非正义的战争。虽然一切战争都不可避免地要带来灾难。从这点上来说，战争本身从来不是可歌颂的事。但随其进步性与正义性存在的那些英雄事迹，是值得讴歌的；在反侵略战争面前猥琐退却的懦夫和败类，必需鞭挞。热爱祖国是中国人民的历史传统。从古到今，汉奸、卖国贼始终是最被鄙视和唾弃的民族败类。抗战时期，以汪精卫为首的汉奸卖国集团背叛祖国和人民，替侵略者为虎作伥，罪大恶极。写抗日战争为背景的小说，这点不能不写好写足。

在侵略者面前，中华民族的儿女从来不是弱者。有人说过：“战争是一面镜子。”指的应该就是人们在战争中的是与非、勇敢与怯懦等的抉择表现的反映吧？人，随时随地会遇到不容回避的抉择。正确与错误，不应归之于命运，它首先决定于你本人。这一点，我想，在《战争和人》中是该表达清楚的。

二、胜日寻芳

有人说：“避免战争的唯一方法，就是凭借实力去要求公平和正义。”说这是“唯一方法”，值得商榷。但颂扬从事反对非正义战争者的坚决、勇敢与无畏，是正确的。许多事实说明：有人在战争中用消极出世的态度去逃避战争的残酷，显然“此路不通”。

抗战期间，1945 年春，胜利尚未降临。我曾在北碚缙云山上走访太虚法师。他五十多岁，一口带浙江口音的话语迄今在耳边回响。他被视为佛教的新派代表人物，抗战时期曾率国际佛教代表团出国访问争取国际佛教徒对中国抗战的同情。他对抗战是坚定的，认为佛教徒也不应消极出世。这与当时有些人的对抗战厌烦、消极，成鲜明对比。有人嘲讽太虚是“政治和尚”，我当时认为他对抗战的态度很对。深刻的印象一直留在脑际。

安排童霜威三上缙云山的情节与此有关联。我要写好卢婉秋这个人物。在战争时期，这样的人物是有一定典型性的。她代表知识分子中的一种思想。那时，我听说过战争中丧夫失子自己遁入空门削发为尼的女人的故事。

我想说明的是：战争给人灾难，但当人面对灾难时必须坚强。“经不起不幸乃不幸之最。”这是说：莫向不幸屈服，人应该发挥主观能动性，无畏地向不幸挑战，改变灾难，消除灾难。

从艺术上说，在紧张、压抑得透不过气的间隙中，穿插这样的几笔，也可能会使读者能得到一种“胜日寻芳泗水滨，天边光景一时新”的感觉与享受。缙云山与北温泉的风光景物与人物交汇造成的气氛和意境是要重彩涂抹的。

三、经常寻思

以前写抗日战争，有一种并不完全合乎历史唯物主义和辩证唯物主义的写法。现在也不应出现另一种片面错误的倾向，那就是把抗战只写成是国民党独家在干，或主要是国民党干的，抹杀共产党的历史功绩。

《战争和人》要根据史实来写。虽然地域主要是写蒋管区和沦陷区，但共产党和共产党领导的抗日队伍当时所起的影响和作用应当正确反映，而且必须使读者感到和看到共产党的力量由于抗日而不断由弱变强、由小变大，终于从敌伪手中取得了大片大片解放区，取得民心。

用一种倾向掩盖另一种倾向都是片面，胡乱美化不该美化的东西是错误。作者屁股坐在什么地方写，这点决不应含糊。事物的本质方面一定要经常寻思。

抗日战争时期南京遭到日本侵略者大屠杀时，上海《字林西报》上曾谴责日军暴行说："这些凄惨的事实……要成为若干世纪的读物。"写南京大屠杀，要真实写出日军的血腥残暴，也要真实反映中国士兵与百姓的奋勇抵抗。这不要疏忽！

抗战八年，中国军队伤亡380余万人，人民伤亡达1800余万人，财产损失和战争消耗折合1000多亿美元。但中国军民共歼日军260余万，日本在整个祸及亚太各国的侵略中，有300多万人丧生，而且日本是世界上唯一遭到原子弹轰炸的国家。战争不仅使被侵略国家的人民蒙受灾难，也给侵略国家的人民带来极大的不幸。《战争和人》也应当注意到这个问题，防止疏忽，哪怕是较小的篇幅，极次要的人物，但不可能不涉及这一个方面，在全书中应注意到这种安排。当然要自然而真实地安排，不能硬加，不能画蛇添足。我写这部小说的目的，不是笼统地"仇日"。

四、天灾与人祸

天灾与人祸常常结伴而来。战争，应算最大的"人祸"，它不但用自己本身带来的伤害与毁灭力量，肆意摧残人们的和平生活，而且由于它的降临，天灾来到后，人民同天灾抗争的力量变小了。人类的渣滓会更有机会利用战争攫取利益、草菅人命。在写战争时，我希望从更广阔的视野来探求战争和人的关系。

在《山在虚无缥缈间》中，我安排了整整一卷（第七卷），题为“天灾人祸，故国三千里”来表达这一点。其中不乏我的亲身经历和体会。当我写到那段难忘的生活经历时，眼前仍浮现当年由于日寇侵略，河南在“水、旱、蝗、汤”危害下灾区那种“人间地狱”的惨景。

我写的这段令人心儿战栗的生活，由于其真实，应被当年在中原地区生活过的人认可，也应能使今天的读者惊心动魄。

五、解放思想

我一直不断在解放思想。这同我对历史的认识，同“左”的失误的逐渐得到纠正，同时间的淘洗都有关系。我那毁于“文革”的第一稿，同这次写的三部曲，必然应该有很多的不同。以前我的框框套套够多的了。如不是解放思想，我将不会去写这个题材。如不是解放思想，童霜威和他的下一代童家霆将不能在书中占有重要地位。50年代开始写这部作品，“文革”中被有的极左分子污蔑是“为国民党树碑立传”。其实完全不是！我是在为全民抗敌、为那个伟大的时代、为中国共产党领导的中国抗日民族统一战线和坚持抗战、团结、进步的方针、为中华民族的优秀儿女而树碑立传的。可是那场浩劫，稿毁了，还险些人亡。

如果不是解放思想，我就不敢真实地去写旧社会那种复杂的人际关系。人际关系本来是犬牙交错、十分复杂的。童霜威是国民党人，第一个妻子却是共产党人。他自己后来成了民主人士，儿子却追求进步即将成为共产党员。柳忠华是共产党人，在狱中坚贞不屈，出狱后却一直并不斩断与童霜威的关系。冯村是共产党员，却会给童霜威当贴心秘书……欧阳筱月做了汉奸，在特定条件下却接受了共产党的使用与教育。老同盟会员燕翘的大女儿是地下党员，小女儿却是天真的自由主义者。陈玛荔是三青团的处长，却也援救冯村。童家霆追求进步，却一直深爱已陷身泥淖身不由己的欧阳素心。生活本来就是复杂的，这些五光十色的人和事，其实人们在那个时代都多少有过见闻，但不解放思想就不会这么写，也不“敢”这么写。

多少年来，写人物可以不费力地动辄按模式去套用阶级标签，使许多作品中人的个性都简单又简单，使人的关系都死板又死板。那样，真实动人的作品很难写或根本没法写。那样，人物都大致相仿。清规戒律的束缚，阻碍作者的创造性，也阻碍好作品的诞生。在内容与写法上仍去蹈袭故常吗？不，也许这是我大胆想做出的一点奉献吧？

马克思主义的要旨是实事求是，唯物辩证法和历史唯物主义是有强大生命力的。所以，我应该力求按照历史唯物主义观点，如实地再现那段多棱多角的历史；按照辩证唯物主义精神，真实地从生活出发，塑造各式各样情况复杂性格迥异的人物。这话说说容易，做却艰难，但有党中央文艺方针、路线、政策做准绳，我给了自己肯定的答复。

六、独特

为了反映他自己的时代，必须恪守自己的风格来写自己熟悉的生活经历。

在史诗性的美学探索上我走过一段长长的路。我感到长篇小说都应该是站在当今、回顾过去、昭示或召唤未来的。为此，如果没有这种想法，没有这种气势和审美观，写出的长篇就不可能有很强的生命力，就不会有强烈震撼人心的感染力。时代召唤史诗，不管我的努力能达到什么程度，但必须有这种创作意图。我正是决心这么写的。做人必须谦虚，但在闭门独自写作时，自负些何妨呢？没有自信和自负，也许我将难以克服从生理到心理的困难写完这么长的长篇。每个人，都有他自己的独特的生活经历、生活道路。没有生活，创造是困难的（当然，凭史料和自己的观点写历史小说不同）。我曾衡量过自己掌握的生活分量，感到我所经历的时代、生活，是可以写这样的作品的。它会有丰富的内涵和多姿的形态。它会有思想的宏伟和情感的丰满。它会有独特的情节和顽强的生命力。这就是《战争和人》这部长篇小说的由来。我最初仅想写那个时代，那个一去不复返的时代，后来思索深入了一步，就决定写战争和人，去想一想幸福的由来和人生的意义，会想一想历史的借鉴和中国的命运，去想一想希望、信念、理想、爱国主义和民族精神，去想一想历史必由之路……这些结合，很自然地会形成一部《战争和人》这样的作品。

我有自己独特的不平凡的生活经历和生活感受。我喜欢选择有自己特色的独特题材，并在作品中抒发自己的独特感受。任何一个作者恐怕只有这样将自己区别于别人，不去“嚼人家嚼过的馍”，才能够写、容易写并且写得不一般些。《战争和人》中，确有我的直接生活和间接生活，也有众多我熟悉的人物的影子。但，小说总是小说，它绝非自传体小说，自然无须让读者牵强地大胆假设、小心求证；无须让读者凭猜测对图索骥或对号入座。而我自己，创作中需要努力的是：使自己有过的独特生活小说化，不拘泥于原来的生活。除了用真名字的人物和因情节、细节需要而忠实于本来面目外，尽量要使人物离开原型，典型集中，源于生活而高于生活。应努力使往事构成的画卷，通过艺术的聚光镜，有助于人们认识历史、开拓生活。

七、关于“全景式”

虽然我想构成一幅比较真实而色彩斑斓的宽阔画卷。但《战争和人》这三部曲是“史诗式”而可能做不到通常意义上的“全景式”。

固然我也想尽量通过虚写，尽量通过描述面的加宽与背景的衬托，强加给读者一种“全景式”的印象，但不可能真正完全做到“全景式”。因为全景式涉及一个全面重点描写的问题。《战争和人》着重描写的“侧面”（在书中则是正面）是沦陷区和大后方。整个解放区战场是有意放在背后的。写共产党领导的抗日游击战争，主要是虚写。当然，我是按照历史有意努力在写国民党由庞然大物走向衰败的同时，写中国共产党如何逐渐在壮大与成功。这用的是虚写或“蜻蜓点水”式的手法，却时刻会使读者感到这种力量的存在与发展。共产党人的活动，也是根据具体条件（国统区和沦陷区），放在它应放的位置上的。因此，像柳苇，属于完全虚写，像杨秋水、柳忠华、冯村等，我不可能也不必用更多的篇幅分叉来写。当然，杨秋水是个令人起敬的洒热血、献生命的战士，柳忠华是个坚定却富于人情味令人亲切的共产党人，冯村是一个机警、隐讳而从容牺牲的地下工作者，这些人物都必须尽力在节省笔墨的情况下刻画好。但在书中，他们代表的事业是“主角”，他们自己却不是。

从根本上说，无论多大的作品，也只能写一个或几个侧面，这“侧面”，在具体作品中，则是正面。《战争和人》就必然是我意图所表现的那样，它不可能也无须去正面全景式地用来既写国统区和正面战场，又写解放区和敌后战场，既写国民党区域，又大写共产党人和解放区、游击区。那样，写一大部全景式的根根史料库汇成的长篇是可以的，根据生活写我这样一部小说则无须那样也非我所愿的。我是用文学的笔法让小说根据我熟悉的生活在那段历史的画幕上展开，不是用史学的角度来记载抗日战争史。抗日战争史只是做背景，主要根据我独特的生活进行艺术构思与典型集中来自然地写。

过去，写敌后战场抗日战争的长篇不少，写大后方的正面战场的溃败的小说也有，但像我在《战争和人》中要这样表现的在我动笔时还未见到。重视正面与侧面、侧面与正面的互补，科学、辩证地尊重历史、尊重生活，是应当遵循的原则。

此外，应以写人物为胜。主要人物如童霜威父子等要写好写活，次要人物如欧阳素心、谢元嵩、管仲辉、陈玛荔、燕寅儿、冯村、杨秋水等都要刻画得各有特色。笔墨少的如卢婉秋、燕翘、燕姗姗甚至老钱等，也必须努力做到性格突出。因为《战争和人》是以人物的命运和经历而不是以其描写方面之“全”之“大”显示其史诗性的。

因此，是“史诗式”，愿努力去做到“全景式”，但在“全景式”上未必是我这部作品的优势。写作时应当明确而注意。

八、大师的影响

少年时代，我就爱阅读一些从优秀外国文学中翻译改写过来的作品，青年、中年时期直到现在，只要可能，从不愿中断这种接触。我最喜爱的十位外国长篇小说作家是：托尔斯泰、屠格涅夫、肖洛霍夫、爱伦堡、巴尔扎克、雨果、莫泊桑、狄更斯、哈代和德莱塞。当然这决不是说其他外国作家我就不喜欢。对川端康成、泰戈尔、蒲宁的不同风格的优美，我喜欢。对欧·亨利的艺术技巧与俏皮，我欣赏。对卡夫卡、加缪，我也觉得颇有可取之处。对雷马克和C·格林的作品，我总很爱读……我最喜爱的四位中国古典长篇小说作家是：曹雪芹、施耐庵、罗贯中和吴敬梓。但也必然受现代和当代一些名作的影响。好作品我是从不排斥的。

潜移默化中，我吸收大师或大手笔们的长处，那是一种“随风潜入夜，润物细无声”的浸润和吸收。要说清楚受了哪些影响或如何受了影响是困难的。回顾在我的创作中，我可能有过下意识的模仿，却没有有意识的模仿。写完《月落乌啼霜满天》时，我觉得谢元嵩这个人物有时似乎像受到巴尔扎克笔法的影响了，写完《山在虚无缥缈间》第六卷第四节童家霆上最后一课时，我就不觉想到了法国都德的名篇《最后一课》。但我写的最后一课，基本上是我自己在上海的亲身经历。我并无意于模仿都德。安排《枫叶荻花秋瑟瑟》中第五卷内的桂林大火时，突然想起过托尔斯泰《战争与和平》中的莫斯科大火，只是并非有意效法，因为1944年9月，著名的桂林大火才是使这一段能否出现的关键和依据，这是生活的赐予。

模仿而无创造是幼稚笨拙的，但否定影响和启发是不科学的。文学并不纯粹是技法问题，文学的主要价值在于有创造。

我不拘一格地写《战争和人》，不想走人家的老路落入俗套，也不给自己定什么样的框套。我只是按照自己的心意想写一本中国味儿、中国生活、中国民族精神的长篇，能真实地从生活出发，塑造各式各样情况复杂、性格迥异的人物。我是在大师们的影响下走自己的路的。如无大师们的影响，可能我还要去摸索长篇小说该是个什么模样的东西。世界上没有比书更丰富的遗产了！搞文学也要接受遗产、拜师，要接受大师的遗产，拜大师为师。中国的大师要拜，外国的大师也要拜。大师的笔法、手笔，大师的道路，大师的经典作品，你要是读过、见过，就不会把土岗当高山，把湖泊当大海了！当然，拜师决不是一味去模仿，去死学，要坚持走自己的路。我的题材与生活每每与别人并不相同，即使写不好，也是属于我独特所有的。人所没有的，是我自己的。有了这，加上感染到的、举一反三的大师的气魄、笔法与技巧，那就好得多。拜师而艺术上不受老师束缚。

我应当摒弃洋腔洋调，却又决不排斥意识流小说专写人物内心活动的技巧。要注意中国味儿，却不要使今天的读者感到陈旧而无创新，要兼收并蓄而不是一家独尊。这也许艰难，但该努力。

九、走自己的路

白石老人上承徐青藤、八大山人和扬州画派，近师吴昌硕等，走自己的路，自创一体，不但画出玲珑剔透活生生的虾虫花卉来，还创出了红花墨叶一派。花叶本应是绿色，但作为艺术，红花墨叶人们不但接受，还感到墨叶比绿叶脱俗，更有意味，于是成了特色。在山东时结识的名画家王小古，是苏北名画家唐鲁臣的弟子，先学仕女画，后攻花鸟画，终于以画葡萄、牡丹取胜，但最有特色的是他后期的“墨葡萄”“墨牡丹”及“墨菊”。“墨”的创作，也许采撷了齐白石墨叶的优点，却又独具一格，是他自创的艺术流派。于非闇本来的画也是吴昌硕式的大写意，据说张大千对他说：现在画吴昌硕式的人太多，我建议你改画院体的工笔画。于非闇遂从宋人勾勒重彩入手，用色富丽典雅，自成一家。这些名画家都受过前人中大师们的影响，又各自走自己的路。可见艺术上，不可忽视大师的影响，更不可忽视自己的特色和独创。

应当抓住《战争和人》来寻找、发挥自己的特色和特创。只有我自己能写的独特题材、独特思考的作品，如果能配上我独特的真实感情，用我自己的文笔来表现，那必然会有我自己的特色和独创。既受大师的影响，又走我自己的路。倘若谁说我的作品像某某的，那就不好；倘若谁说我的作品使他想起某个大师的作品，但又不是模仿来的，那就好。我的作品有些也许是人家所能写的，有些也许是人家所不能写的。《战争和人》就属于人家未必能写的。这里就有一个走自己的路发挥自己特色、特长的条件和领域。创作时，对这必须明确。

十、不能就易避难

小说，不是理论书。主题，应该深藏在复杂的人物形象中，在故事流动、发展、变幻着的时候，引起读者思索，让主题自然而然地传导、转达给读者，这就好；如果作者处处要现身说法来讲解自己的主题，就笨拙。

一部长篇的主题，尤其不能靠几句话或一段话来点题做一番交代。那样虽然容易，岂不是把生活简单化了，就是把书所含的意蕴简单化了。那样对于一本字数少、反映生活单薄、人物少、情节简单的小说也许勉强可以，对于一部字数多、反映的生活面广阔、人物众多、情节和头绪复杂的长篇，就不行。

有人说：主题越隐讳越耐人思索越好，实际恐怕也指的是这意思。主题需要深邃！

因此，主题和想要表达的种种，作者要时刻放在心上，构思时就该早已“心中有数”，但写作时却又非把注意力放在写出活生生的不同的人物来才行。如人物写得成功，就得表现出他们的思想和心灵来，表现出他们内在的情感情绪来，这要比表现他们那些外在的东西困难，却是表达主题必须努力去做的。这比用一段文字叙述主题难得多，却不能避难就易。

将来，谁如果看了《战争和人》马上用几句话就说出了它的主题，那我该失望；谁如果能引起思索或悟出一些深邃的内涵或有些说不清却又想得明的启示，那就也许算在体现主题上有点成功！

十一、窗户种种

篇幅特长的小说写得不好就怕像是盖了一幢没有窗户的大厦。不能设想，屋子没有窗户。没有窗户的屋子，气闷、黑暗、单调、无声、时空停止、死气沉沉。人不能置身于那种难忍受的环境中。窗户是光亮的由来，是新鲜空气和拂面春风的输入口，是色彩和声音的进口处，是美景和人物的舞台……人可以从窗里看到外界春夏秋冬的变异，感到白昼和黑夜的交嬗，看到热闹的街道或远山近水，看到新的天地、新的面孔，从窗中感到画、感到诗，发挥想象。

我在有意识不断地为读者打开扇扇窗户，目的是为读者增加场景，增加色彩感，增加新的视野，看到他们值得看的东西，看到他们想看的东西，看到他们可能难得看到的东西。有了窗户，小说才能“活”，才丰富多彩。

乱开窗户当然不行。不能朝放垃圾有臭水沟的地方开窗户，不能朝着烟囱和散发着有毒气体的方向开窗户，不能向人们看了恶心的地方开窗户。

只向同一个方向开窗户也不行。那样，视野视角太窄，有了日出没有日落，有了北风没有南风，有了临街的景色，没有后园的绮丽，开窗户最好要有罕见的、少见的景物，人们爱欣赏耐欣赏的景色和人物。

应当变着方向、变着视角和视野，变着形式、变着大小和高低，技巧地开窗户。

在“三部曲”中，每一部开的窗户都要尽量避免重复，每一部都要新开一些窗户，就像高楼上每一层每个方向都要开窗户。

《月落乌啼霜满天》里，有地域的窗户，透过窗户可以看到南京的六朝烟水气，苏州的锦绣园林，吴江的浩渺大湖风光，安徽南陵的夜行船，香港的灯红酒绿……可以看到国民党官场错综复杂的矛盾，童霜威家庭中的炎凉纠葛，江三立堂土财主的小天地，香港巨富奢侈的“猴脑宴”……通过那一时期规定情景的窗户，可以看到西安事变时的狂飙，抗日高潮时的武汉洪波曲，日寇攻占南京时的大屠杀，那一时期战与和的暗斗……

比如《山在虚无缥缈间》，开的地域窗户是：“孤岛”时的上海租界，沦陷了的苏州和南京，天灾人祸的中原，白雾茫茫的重庆……同是地域的窗户，与第一部并不重复。我开的生活窗户，是“孤岛”上海汉奸、特务的血腥罪恶，童霜威被囚禁的悲凉岁月，童家霆与欧阳素心的忠贞爱情，杨秋水无畏的壮烈牺牲，“大后方”庄严与无耻的对称……抗日时期“孤岛”上海的面貌在这一部里应当写充分、有较全面地反映，这该是这一部的特色，而如果没有地域窗户的变化（由“孤岛”推向苏州、南京；由“孤岛”经沦陷区过封锁线通过中原经陕西入川到大后方），会显得单调。有了地域的变化，“窗户”多了，效果也许会好。

《枫叶荻花秋瑟瑟》中写了四川江津小城抗战众生相和学潮，写了雾都重庆的光明与黑暗搏斗，写了北碚缙云山的翠岗禅悟，写了成都的名胜古迹，写了桂林的冲天大火，然后又回写到“天亮了”的南京，苏州与上海。在生活面上，我写了冯村的死，童霜威父子走向进步与光明，卢婉秋的消沉出世，童家霆的成长与燕寅儿的爱情，欧阳素心的悲惨下场，湘桂黔大溃败，写了重庆谈判，写了全面内战爆发前的态势。于是，这一部书可望有沉重的历史感和厚实丰满的时代风貌。窗户是伴随着情节主要是陪伴人物出现的，开窗户时应当有意识这么做。

安排童氏两代做主角，有利于开窗户。童霜威的身份地位、亲友关系及经历，接触各种人物，到许多地方，有各种独特遭遇，便于展开复杂的生活和广阔的画面。让他做主要人物，可以不断地起“触媒”作用。正如二次世界大战时北非的“卡萨布兰卡”，因其特殊地位而能成为各国人、各种人物集中表演的一个“舞台”（上海租界实际在抗战时期也是这样一个有特殊性的地点）。外国有些文学作品选用卡萨布兰卡这个地点展开故事情节并非偶然。

童家霆除了家庭关系外，赋予他新闻记者的身份，可以利于开窗户，他可以参加学潮，可以接触各种人物，可以飞来飞去，可以有独特的遭逢……

我希望开出的窗户，使人享受到真实的生活、栩栩如生的人物、绚烂的诗情画意。

像宋代诗人杜来说的：“寻常一样窗前月，才有梅花便不同。”窗外要有“月光”，有“梅花”的幽香。

十二、“余音嘹亮尚飘空”

画上有技巧地留出空白，正是它特别具有魅力的地方。“空白”正是隐藏在作品的可表现性下面的不可言说的“神秘空间”。欣赏者可以通过自身的体验、理解、生活积累来解说、领略作品的这块神秘空间，想象的天空广阔而多姿多彩，能使画的内涵更丰富，更美。而且，有技巧地留出空白，这空白处本身也是画的一部分，会衬得画的整体更美。画得太满的画，每每会“吃力不讨好”。

写小说时，留下“空白”十分重要。有许多地方少写，有许多地方虚写，有许多地方不写，正是留“空白”的各种不同的方式。这比“一览无余”或“说得太白”、“啰唆”要高明。留下“空白”，就是留有丰富想象和耐咀嚼让别人去发挥的余地。作者在创作时要利用这种可借助于读者想象来帮助自己完成作品的技巧。

1983 年春我在北京参观美国石油大王哈默藏画展，见一幅画：白墙、白帐、白床上睡一裸女，白色的光来自窗外。画很引人注意，一是它的光和色的运用，一是空白的部分多，画了，也没有画，天地很广，空白大，艺术性反而强了！它不同于一张裸体照或一张通常的人体画。它是件艺术珍品，看了就忘不掉，有纯洁的美。

写电影剧本有人主张："编剧写百分之六十，留百分之二十给导演，也留百分之二十给演员。"好像也正是这种意思。

我过去有些作品常写得太实，空白留得少了，好像是怕读者不懂，尽量想以作者的身份找地方多哇啦哇啦几句。结果意尽而无味，使人胀饱厌食。

《静静的顿河》写到格里高里回来，就行了，如再去写他怎么被处理，就完了。

《复活》写到聂赫留朵夫与喀秋莎一同流放，就够了，再多写，就画蛇添足了。主题，作者顶多写出其中的七分或八分；情节和意境，也一样。篇幅长的作品，就该常注意留空白，不该写满的地方空出来，让读者想得更多一些。

流行的台湾校园歌曲《外婆的澎湖湾》，歌词在这点上很高明，结尾是："澎湖湾，澎湖湾，外婆的澎湖湾，有我许多童年的幻想：阳光、沙滩、海浪、仙人掌，还有一位老船长。"它留出"空白"跳跃，似断非断，不能一目了然，咀嚼后却余味无穷，连想丰富，文字节约，看来互不关联的"阳光、沙滩、海浪、仙人掌"以及"一位老船长"，读和唱的人以及听众都可在音乐的旋律中展开想象的翅膀，用各自的经历和思索去填补其中的空白。而真要用文字来说明这中间的一切，可能花几百字也说不清说不好。

清人叶燮论诗："诗之至处，妙在含蓄无垠，思致微渺。其寄托在可言不可言之间，其指归在可解不可解之会。"该琢磨这道理。

泰戈尔的诗说："我求索我得不到的/我得到了我不求索的。"将这借用到创作上，似也可解释为留出"空白"可以得到你无法写出的意想不到的巧妙效果呢！"虚写"也是留出"空白"的一种。写的是虚虚实实，反映的却可以实实在在。"悬念"也是留"空白"的一种方式。悬念连续下去，空白也保持下去。

三部曲中，每部分八卷，每卷分五节，卷与卷之间，节与节之间均留出"空白"，有个跳跃，省了不少笔墨，也"多"了不少笔墨。

欧阳素心是一个重要人物。她的遭遇和命运从第二部《山在虚无缥缈间》

后就引起关注。在第三部中，她，始终被安排成“悬念”。对她的遭遇在最后是留空白呢，还是实实在在地写出？要写也不难，但留出空白似更技巧。读者也许会想象的比我写的更悲惨动人。柳苇是虚写的一个重要人物。书开始，她早已牺牲，用虚写而不实写，也许会使人在感觉上“此时无声胜有声”。

柳忠华是一个未按“模式”写的共产党人，他富于人情味，却党性强。他的活动如要实写本来不乏机会，但虚写多留空白，既不喧宾夺主，也不冲淡书的整体风格或许更有韵味。如多写他，写成李玉和或杨子荣，那是另一本书的任务。对于中国共产党在抗战中的作为、贡献、流血战斗及牺牲，对于中国共产党的由小变大、由弱变强，涂抹的笔墨并不太少，但留出的空白必需很大。留空白决不是画个零，留空白是让读者感到它的力量的存在，衬得整幅画更壮丽。

有两个小小的细节，我试用了空白，用真的空白来表现艺术上的空白。

写童霜威初访卢婉秋时，她墙上那幅空白的画本身就是一块空白。这使童霜威和读者对卢婉秋这个女人都会产生许多丰富联想。写燕寅儿时，最后，她给家霆写了一封空白的长信，那也比拿出一封真真真实实的信强得多，千言万语都在留出的“空白”之中了！用几千字来写这封信也未必有这样的“空白”有韵味。

类此，写卢婉秋之死，未去实写她如何丧夫之后又有丧子之痛，因而抑郁至死。这本来未始不可以联系战争写成动人之笔。但我宁可留出空白。

唐朝诗人赵嘏诗：“曲罢不知人在否，余音嘹亮尚飘空。”该是我对留空白所期望的那种意境吧？

十三、可读性

忙，时间紧，生活节奏快，有了电视机、游戏机、录像，有了带刺激性的游乐场、迪斯科、卡拉 OK……能悠闲读长篇的人相对减少。再好的小说，没人读等于白写，写长篇时，必须充分考虑到要吸引人，能抓住读者，使人看了放不下。这难，必须努力。

过去有些世界文学名著，很难读懂或很枯燥的都有。今后不会也不能排除这样的作品。但无论如何，在今天写长篇，要充分注意可读性，完全是切合今天的需要，适合今天的态势与读者的阅读心理。写时我脑子里常想着这个问题，常问自己："看不看得下去？好看不？"我希望给读者以"这部书真好看"的印象。当然，不应也不会降低格调来加强可读性的。

"删，就是提高"。在写完删改时，我将努力把那些"拦路虎"、"枯燥"、"乏味"、"拖沓"的地方尽量删去。《月落乌啼霜满天》初稿六十万字，听取责编和终审意见后，今天删定完稿尚余五十六万字。郑板桥著对联："删繁就简三秋树，领导标新二月花"，使人开窍！要可读，首先是写好人物。故事应是人物性格发展和变化的过程，是主题的巧妙显现的过程。依靠什么取胜？取胜之处首先应是人物、人情、氛围、细节，是情和史（即热烈的感情倾向与历史描写的动人事实），是史和诗，是时代风云的体会和涵盖，是文化品位、民俗习气，典雅悠长的韵味，是表现审美范畴和道德范畴中那些民族和文化中晶莹、可贵、五光十色的瑰宝，是众多人物间形成的错综复杂的关系，戏剧性很强的变化，是生离死别——偶然的相逢和永久的诀别，坎坷独特的遭际和惊险，出人不意的奇遇，朦胧的画意与艺术的魅力……

当代长篇小说面临着一个形式创新的任务，面临着手法的变化与发展。传统现实主义必须发展，但可读性应当成为长篇小说发扬优势的不可失去的基本特征。如果长长的电视连续剧能有观众，就应当想到长篇小说有可读性依然能吸引一定的读者。应当不拘一格地从各种流派中吸收有用成分，使自己在现实主义的运用上有所得益，不受任何模式的限制，只重在写好人物。希望写的人物能因其典型性和生动性而富于魅力，有助于作品可读性的加强。

十四、开头和结尾

从古代流传下来的龙的形象，头与尾都是绝妙的。那样峥嵘的头配那样气势的尾，于是，一条神龙跃然活起来了，给人留下了唯有龙才有的使人慑服赞叹的威武印象。

长篇的头和尾必须特别讲究，头开得好，能使人往下读；尾结得好，使人余味无穷还想看下去。恰似画虎，虎头必须轩昂，虎尾必须强劲。恰似画孔雀，仰起风头与展尾开屏，相得益彰。

专门找了许多中外名著来看开头与结尾，无意评判好与差，只是发现做到头尾俱佳并不容易。

《安娜·卡列尼娜》的开头是好的，凭那句名言“幸福的家庭都是相似的，不幸的家庭各有各的不幸”，就叫人不能不往下读读安娜的哥哥家里究竟什么事乱了套？《贵族之家》的结尾是妙的。丽莎进了修道院，那种悲剧气氛由于屠格涅夫的优美文笔，使人掩卷后仍怅然久之。

《卡斯特桥市长》的开头很特别：主人公赌输了钱卖了妻，读时一下子进入了故事。结尾也特别，主人公死了，由于他的悲惨命运，他立了一块愤世的墓碑，使人读毕留下不尽沧桑。

《嘉莉妹妹》有一个十分朴实却十分简洁的开头和结尾。好处是开头女主角就上场，容易让人看下去；结尾是两个男人和嘉莉之间的有趣故事告终，嘉莉实现了往时的幻梦，但找不到现实生活的意义，作家涂抹了寂寞、凄凉的一笔……

在拟每一部的写作提纲时，我就把每一部的头尾都想了又想，设计得很具体，作了安排。

《月落乌啼霜满天》用西安事变突然发生、童家霆在房顶飞舞红旗赶鸽子飞作开头，气氛紧张，红旗鲜艳，氛围造成悬念。结尾时，夜黑风高，水天茫茫，童霜威上了海船回上海，靠的也是氛围和悬念，使人关心着主人公：他去到敌人魔爪下的“孤岛”会怎么样呢？《山在虚无缥缈间》的开头，意图是快速地将读者带入1939年的“孤岛”上海的典型环境中去，求其扼要、简洁。结尾写童氏父子与欧阳素心月夜在重庆江边重逢，目的是有诗情画意，有浓烈的感情色彩，有强烈的悬念。

《枫叶荻花秋瑟瑟》的开头设计过好几次，都不成功，最后只好用了点“噱头”——李参谋长谈喝鸡汤不喝鸡的洗澡水，至少使人看了发笑愿意读下去，而这点细节也对塑造李参谋长这个人物有利。结尾好的是悲欢离合出人意料，思想气势较强，而最末几百字又能同第一部开头相呼应。第一部开头，家霆在潇湘路一号房顶上舞红旗赶鸽子飞，第三部结尾童家霆又回到潇湘路一号了，夜里，结尾写到：

许久许久，家霆睡着了，做了一个梦。他梦见自己又变成小孩了！变成了一个十四五岁的男孩子。他又爬上了潇湘路一号这幢三层楼花园洋房的屋顶了，看着四下的风景。他高高站在屋顶上，勇士似的高举着一面红旗挥舞。鲜艳的红旗，像燃烧的烈火在大风中呼啦啦飘动。白雾迷茫，红旗在浓雾中飞舞，像白色宣纸上润开的一抹鲜红，美丽地招展……啊！流逝了的童年，流逝了的童年旧事在梦中又回来了！又回来了！……

主观上，我感到这是一个精彩结尾，我偏爱。但客观上读者会怎么看，尚待时间检验。

开头难，结尾也难，要求精彩更难。只不过，我确为书的开头与结尾动了脑筋，花了心思，而且，我懂得一点：作品临近结局，便应加快，不可拖拉！

1993 年 1 月整理于成都楠斋

（原载《文学评论》1993 年第 3 期）

《战争和人》再版前言

王　火

十多天前，身体突感不适，疲惫不堪。关心的同志们都劝我去检查一下，疗养些天。我一位早年的学生卢克瑞在空军都江堰疗养院当院长，就把我“劝”去疗养并做检查。那里环境优美，树木参天，鸟语花香，夜夜都有蒙蒙春雨，空气新鲜得令人心醉。我非常喜欢那里的清静和闲适。但，当拿到检查结果说无严重问题时，心就又不定了。我确实喜欢那里的清静，可是，习惯于忙碌，总希望生命里能有一个主题。生命的美丽不是在于它的永不停歇吗？也许，人的追求不一样？当有条件可以忙碌时，我又“思凡”了，凡心一动，无法克制，只住了五天，第六天一早，鸟声欢唱中，我就离开疗养地又回来了！

回家后，恰收到本书责编于砚章同志从北京打来的电话，告诉我：《战争和人》在北京征订比较顺利，决定再版三千套，要我做好再版的准备工作。我就决定写这个简单的再版前言，说明一些情况，以表达我的心情和感想。

从 1980 年 1 月在山东开始重写《战争和人》第一部《月落乌啼霜满天》起，到 1990 年 8 月在成都写完第三部《枫叶荻花秋瑟瑟》止，历时十年有余。创作艰苦，难以形容，但做完了一件想做而且自认为值得做的事，能得到很多读者认可，身为作者，是欣慰的。

《战争和人》的第一部《月落乌啼霜满天》、第二部《山在虚无缥缈间》、第三部《枫叶荻花秋瑟瑟》先后用单行本形式于 1987、1989、1992 年分别出版。一是因为写成一部由出版社审发一部，二是因为每部书都能独立存篇。这是在构思写作时就有意这样安排的。但从写作时的总体构思和读者的阅读效果、阅读要求来说，三部书是有连贯性的，是三本系列，一个整体。所以这次再版，就以《战争和人》为总名，三部合成一套，改用重新设计的统一封面，内文中的少数错字也加以改正。

1992 年 8 月，四川省作协和《当代文坛》编辑部在成都召开了《战争和人》研讨会。9 月，人民文学出版社又在北京召开了研讨会。在这前后，一些全国性报刊和省级报刊陆续发表了七十多篇（次）评介。《文艺报》发了专版，《当代文坛》出了特辑，《作品与争鸣》编了专辑。《战争和人》并被《世界反法西斯文学书系》选入中国卷中。在严肃文学处境不佳的今天，书能有这样的反响，我觉得很幸运。借此机会，请允许我向关心此书的报刊及评论家、作家、编辑家们，向出版此书的人民文学出版社及书的责编、终审以及《当代》一编室的同志们，向始终关心这部书的四川省委宣传部和四川省作协表示衷心的感谢。

许多读者不断写信给出版社和作者希望能看到《战争和人》，但这三本书是先后出版的，早已售罄。人民文学出版社决定再版此书，发行部门和编辑部门的同志都为此尽心尽力，我很感动。书的售价每套近四十元，三千套是一个不小的数字。能以三千套的数字再版，我觉得很高兴。因为辛辛苦苦写的作品如果没有人看，或者只有很少人看，再或想看而看不到，写了等于白写。事实上，《月落乌啼霜满天》初版印 15400 本，很快就销售一空，接着再版 3440 册，又供不应求。第二、第三部也早已卖完。再版当能满足热心读者的要求。更有意义的是，人民文学出版社为繁荣文学事业而做出的努力，会使作家们感到温暖与力的托举。我不仅仅把这看作是我一个人的事。

在当前商品经济大潮的冲击下，有人说严肃文学已陷入困境。我始终相信健康而有质量的文学作品是会有读者的。我们需要直面生活的勇气和独立不倚的艺术探索精神。文学需要多样化，严肃文学当然也需要作家在创作时树立社会主义文化市场意识、竞争意识和精品意识。我在这方面还需要很好地思索和实践。

希望有更多的读者能在我的小说里找到他们要求的东西，希望有更多的读者喜欢《战争和人》。

（原载《当代文坛》1993 年第 5 期）

写出光辉的抗日战争

——为庆祝世界反法西斯战争和中国抗日战争胜利50周年而作

王　火

一

我又不能不陷入回忆和沉思中去了。像我这样年逾古稀的人，对1937年—1945年那八年抗战的历史是镌烙于心怎样也不会忘记的。

抗战刚爆发时，日寇对南京的狂轰滥炸使我惊心动魄，然后是唱着《松花江上》颠沛流离，开始了逃难的生活，从南京去安徽，在安庆坐船经九江到达武汉三镇。在“起来，不愿做奴隶的人们”的歌声中，在“中国不会亡”的歌声中，见到过抗战高潮中的大武汉，看到了八路军《平型关大捷》的电影，看到了街头剧《放下你的鞭子》……当时，天上有日寇飞机常来空袭，街上有苏联援华航空员穿着皮夹克，衣背上有“国际友人，来华助战，凡我军民，一体保护”的字样。他们常与中国航空员一同在天上与日本侵略者进行空战。再后，我随家离开武汉到达广州。到广州，依然是遭到日寇的大轰炸。在粤汉铁路上，日机对火车的轮番轰炸，险些使我丧失生命。一次在坪石站的轰炸中，火车被毁，我周围全是炸弹坑和鲜血淋漓的尸体。广州在日机滥炸中，街上每天都能看到游行的抗日军民用粤语高唱着“动员！动员！要全国总动员！”的歌曲，民心是激昂沸腾的。以后，我随家到了香港又到达上海，住在租界上。这时的上海，早已成了孤岛。租界之外，就是日寇和汉奸的天下。作为一个中学生的我，与我的同龄好友们被日本侵略者激发起来的爱国心特别强烈。我们自发地用油印机冒险印发“打倒日本帝国主义”、“抗战到底！抗战必胜！”的传单，将传单携带到繁华的南京路上和“大世界”里抛洒。目睹敌伪特工总部76号在沪西“歹土”上杀人、绑票、开赌场、推销红丸白面，我热血澎湃。我与同学好友去吊唁遭敌伪暗杀的爱国报人，到胶州路慰问八百壮士孤军营，向孤军献花致敬。

1941年12月8日，日寇发动了太平洋战争，次日，日本一支海军陆战队高奏军乐用海军太阳旗开道，在南京路上举行侵入租界的入城式。那时我进的是东吴大学附中，就在那个上午，我在慈淑大楼四楼的教室里凭窗俯瞰南京路，看见日寇就在下边庆祝胜利，这时我想起了法国作家都德写的《最后一课》，泪水湿了我的两颊，真恨不得有一个炸弹能扔到敌人队伍中去与他们同归于尽。而次年1月下旬的一天上午，仍在南京路上，我又碰巧遇见日本海军押解了一大批在威克岛俘获的美军俘虏在游街展示战绩。出于抗日，我对美俘受到非人的待遇有着深切的同情。终于，1942年我决定独自逃离孤岛，离开沦陷区去大后方。我从上海出发，经过被日寇大屠杀弄得满目疮痍的南京城，经过满耳呻吟之声的芜湖与合肥，偷渡敌人封锁线，闯过“三不管”地区，从合肥步行，经过六安、正阳关、颍上、阜阳、界首到洛阳。

那年，中原大地天灾人祸，日寇的兵焚与“水、旱、蝗、汤（恩伯）”为害，沿途赤地千里，哀鸿与白骨遍野，几个馍可以换一个闺女！离开那一带，如同离开人间地狱。我骑马过潼关，暑天遇到大雷雨，浑身湿透，冻得青紫，手脚俱僵，下马后，是同行的一个名叫夏家连的旅伴用高粱酒替我将身子擦热才救了我的命，我这才懂得即使是夏天也能冻死人的道理。那夜，住宿在黄河边一个小镇，断垣残壁，席地而卧，房屋都没有屋顶。半夜，黄河对岸突然飞来大批炮弹，这是风陵渡日军的炮击，我险些被炮弹击毙。这以后，我由西安经宝鸡，过秦岭，越剑阁，抵成都，到重庆，终于到了大后方，但日寇飞机的轰炸始终像幽灵跟着我。

再以后，我在四川的一个小城江津上完高中，考进了在北碚的复旦大学新闻系，但经济上过的是十分艰苦贫穷的生活，政治上是十分压抑沉重的环境。正是由于自小就深刻认识到日寇和其他帝国主义列强对中国的侵略，又更由于抗日战争烈火的冶炼，雪耻救国、振兴中华之心更坚，而由于现实生活的教育，由于结识了地下党员，受了他们的影响，对国民党的消极抗战、积极反共，我反感；对国民党的贪污腐败、特务统治，我也反感。我开始认识到中国的希望在共产党那边。好不容易苦熬到抗战胜利，胜利消息传来时，彻夜狂欢，举起火把含着激动的泪花自发上街游行，与群众一同游行既喜又悲的情景，至今想来，犹在眼前。但，那时是一种“惨胜”，国统区百业凋敝，民不聊生，国民党变成了道地的法西斯，接收成了劫收，惩治汉奸不力，国民党一心想打内战。抗日战争胜利了，和平却不存在，人民在水深火热之中。中国向何处去？中国的未来寄托于中国共产党，成了我思索得最多的问题，而我也坚定选择了自己应走的道路！我在今天写这篇文章时，回想起这些往事，心潮起伏，感慨无穷。但一晃，这都已是五十年前的事了！

二

由于帝国主义的侵略和中国的积弱，由于国民党丧权辱国实行“先安内后攘外”的政策，我从小就深刻仇恨日本帝国主义对中国的侵略。

小学时，老师每每指着一张中国地图告诉我们：“中国的版图像一片桑叶，日本帝国主义像一条蚕正在噬食我们。东三省被啮，华北也将被啮……”我看到过一张漫画：一个日本人挥鞭骑在亡国后的朝鲜人身上，把他当作坐骑。老师告诉我们：日本的小学教科书上教育小学生：支那地大物博，应当去占领支那的土地和物产。那时，“国耻日”多极了！尤其到了五月，“五三”“五四”“五七”“五九”……直到“五卅”，学校里都下半旗。一九三一年九一八，国民党实行不抵抗主义，一九三二年一·二八时，十九路军在淞沪抗日曾使我非常兴奋，只可惜蒋介石、汪精卫的妥协，上海抗战是失败的。到了一九三七年，七七到八一三抗战爆发，我是无比高兴、无比投入的。虽然，八年抗战中，我丧失过亲人，吃过千辛万苦，经历过风霜雷电，但抗战胜利时，想到中国自一八四〇年鸦片战争起，到一九四五年抗战胜利近百年间，帝国主义列强曾发动过一系列大规模侵华战争，而中国唯一取得胜利的只有这次八年的抗战，其他战争则中国无一不败。抚平自己身受的创伤，我对抗日战争胜利有着难以言表的自豪感和喜悦感。

经历过抗日战争的人是不会也不能忘掉与中华民族生死存亡密切相关的这场中国共产党领导的全民抗战的！

初进大学不久，1944 年，我写了第一篇以抗战为题材的短篇小说《天下樱花一样红》，那是听来的一个故事，写的是鹿地亘领导下的日本反战同盟一个战士的故事，它先发表于重庆《时事新报》副刊，后来又重新发表在上海《时事新报》副刊上。我写的主旨是：中日人民应当一同来反对日本侵略中国的战争。写得也许稚嫩，却是我在抗战文学上的启蒙之作。

1945 年抗战胜利后，1946 年我就由四川回到下江——上海至南京一带。我当时是复旦大学新闻系的学生，带着对敌伪的强烈仇恨心，用记者身份采访了南京大屠杀，采访了审判日本战犯酒井隆、矶谷廉介、谷寿夫等，审判汉奸周佛海、丁默村等，写了一系列这方面的特写报道和文章，谴责敌人的兽行，谴责汉奸的无耻卖国与国民党反动当局在审奸上的姑息包庇。日寇在 1937 年 12 月的大屠杀是使我灵魂震惊的。当时，我不仅参加了旁听审判与对浩劫中死里逃生幸存者的采访，看到了许多日寇自己当时拍摄的奸淫烧杀中国人的照片，又去中华门外及其他一些地方察看发掘被日寇集体屠杀或掩埋的大批中国人的尸骨。那些刀砍弹穿的颅骨，那些成堆活埋的尸骨，给我留下永难消失的仇恨与恐怖。那是血色的记忆，永难消逝的血色记忆。

为此，当中华人民共和国成立后，当我们的祖国在中国共产党领导下屹立于世界东方以后，沉浸在欢乐中与投入革命工作的我，业余总想写点文学作品来反映抗日战争。这场战争对我是既熟悉而又刻骨铭心无法甩弃的。我先考虑过写南京大屠杀，但考虑到在这个题材中，死了的三十万中国同胞是敌人杀戮的对象，我不忍心去写自己的同胞那样被惨杀，我就暂时遏制了自己对这个题材的创作欲望。从 1951 年起，我在上海劳动出版社任副总编辑时，业余就开始写一部长篇《一去不复返的时代》（又名《月落乌啼霜满天》）。我打算花十多年来完成这部三部曲的长篇，以抗日战争作背景，试图使这部一百多万字的长篇有场景的广阔、气魄的宏伟和思想的深邃，能充分表现八年抗战的全过程与全景，写出历史的走向和必然。

1956年秋冬时节，当时我在北京《中国工人》杂志社任主编助理兼编委，去唐山收集开滦工运史料，对当地人们都熟悉的一位传奇英雄，一位共产党员、抗日游击队长节振国烈士的抗日事迹产生了强烈兴趣。我在冀东采访了许多节振国的战友和老工人，收集到了许多书面和口头的材料，并从延安抗日时期出版的《中国工人》1940年第10期上，读到了慰冰写的《中国工人阶级的英雄白脸狼》一文，知道毛泽东1940年在延安听到从冀东去延安汇报工作的吴德谈到节振国的英勇抗日事迹，了解到冀东敌人扫荡的残酷，曾说：对这样一个工人出身的游击队长，要好好保护他培养他，不要让他牺牲，牺牲了是很可惜的！可是实际上，毛泽东说这话时，节振国已经在冀东一次战斗中牺牲。后来，周恩来在重庆时，曾向文艺界人士介绍过节振国的抗日事迹，建议将他的事迹写成文艺作品。

采访中，节振国用游击战抗日的故事深深打动了我的心。他的战略战术奇特而卓越，使我感到敬佩。他的传奇故事流传在民间，日本侵略者害怕他，用高额奖金悬赏捉拿他，日军残暴实行“三光”政策，灭绝人性，他们只要抓到节振国部下的游击队员，就极其残忍地用军刀将头劈下，并剖腹挖心举行“慰灵祭”。节振国牺牲后，百姓悄悄埋藏了他的遗骸，但日寇不相信他已牺牲，怕这是麻痹他们的计策，所以仍到处寻找他的遗体……我在收集到足够写一本书的材料后，终于在工作繁忙的情况下，用了二十多个夜晚，一气写成了八万字的中篇小说《赤胆忠心——红色游击队长节振国的故事》，先在《中国工人》杂志连载，又由工人出版社出版单行本。自己感动了的东西，必然也容易引起读者的共鸣。小说刊出后反应强烈，中央人民广播电台连播，著名评书艺人袁阔成广为说讲（后来也出了书），上海的评弹演员也加以采用。外文出版社1961年译成外文向国外介绍，赵各庄业余话剧团改编为话剧，唐山京剧团编为京剧参加了1964年全国京剧会演，后来又拍了电影。有人说，《赤胆忠心》从50年代到60年代成为对人民进行爱国主义、革命传统教育并影响过整整一代人的优秀读物。但我总感到原先这本书仅仅只能算是记录素材，文学性不足。所以二十多年后，“文革”结束，我又奔波于冀东八县及唐山，并到烈士故乡补充生活、收集材料，重写成了三十八万字的长篇《血染春秋——节振国传奇》，由花山文艺出版社在1982年出版。重写节振国的原因是：我想为文艺画廊里真正增加一个鲜明真实而丰满的英雄游击队长的形象。节振国在“文革”中曾被诬蔑为叛徒，事实上他从未被敌人逮捕过，他是同日寇战斗到流尽最后一滴血的。重写节振国有助于那时的拨乱反正。当时，古巴格瓦拉的“游击中心”理论起了很不好的影响，我觉得应当正确用节振国的形象，宣传我党我军的军事游击战思想。当然，更重要的是：我一直想正确反映日本侵华的这段历史。当时，日本却有人在高唱什么“南京大屠杀是虚构”，“日本在支那并无越轨行为”、“日本是为了大东亚的共荣”……中日人民应当世代友好，但历史不可篡改和抹杀。“前事不忘，后事之师”。如果说，日本的军国主义者阴魂不散，想对下一代用欺骗的手法掩盖侵略罪行，我们就永远要有真实反映、揭露那段历史的作品来说明真相，激励民心。

我重写振节国，从采访补充生活到重新成书出版，历时六年。此书初版就印五万余册，后来再版十多万册，1982年被评为花山优秀图书，1983年被河北省列为职工读书活动推荐书并两次送往香港参加书展，1989年获全国长篇小说“乌金奖”。1986年，唐山电视台改编了电视连续剧《节振国》，只是他们没改编好，将节振国基本降为一个武打片的主角，不能使人看到节振国这个抗日英雄的精神面貌。

写了节振国，并未满足我写抗日战争题材的愿望。我始终认为反侵略，区分战争的正义性与非正义性，揭示、宣扬爱国主义，八年抗战的内容无比丰富，可写的题材太多了！在人口众多的中国，理应有成百上千部好的小说来写这场战争。我决定为此努力。

以抗日战争为背景和题材的《一去不复返的年代》，写成于1961年，当时一家大出版社已决定采用，并认为这是“百花园中一朵独特的花”，但不久受政治形势影响而搁浅。“文革”时，此书稿被诬陷为“大毒草”，稿子毁了不说，还使我吃尽苦头。1961年，我由北京调至山东工作，在一个省属中学担任行政领导工作，学校附近就是华东烈士陵园。那里埋着一位国际友人希伯。

人们只知他与八路军一同抗日作战牺牲，对他别的方面了解得很少，我却很想把他被湮没了的事迹写出来。以后在相当长的时期中，我始终想以这位德国知名作家兼记者在华参加抗日战争的事迹写一本书。他是穿着八路军军装拿起枪，在1941年冬日寇大扫荡中作战时牺牲的。想到一个欧洲人为中国的正义之战献出生命，长眠在异国他乡，我的心情就不能平静。但在“文革”时期采访并接触外国人是困难的。写希伯的愿望直到1978年才实现。我从沂蒙山区和北京、上海寻找线索，中央外事部门及对外友协等单位，以及像希伯夫人秋迪、路易·艾黎、耿丽漱等外国朋友，像粟裕、肖华、黎玉、王炳南、沈其震、林日琴、康矛召等同志，都给了很大帮助。我写了长篇《外国八路》，终于使这位“为国际主义奔走欧亚，为抗击日寇血染沂蒙”（山东军区送给希伯的挽联镌刻在墓碑上）的国际友人的形象在文学作品中得到了塑造。

我在《外国八路》的后记中曾说：“1978年的雨季，为了收集有关希伯事迹的材料，我在东蒙群山中的大青山一带，艰苦地沿着希伯当年足迹走过的地点采访，蹚过山洪泛滥水深齐腹的蒙河，冒雨登山凭吊战场遗迹。恶劣的气候和自然、卫生条件造成的痢疾折磨着我，使我完全能体会到当年一个外国作家兼记者，随八路军在这儿反‘扫荡’时的艰苦状况。在沂南县双喉区的梭庄，我凭吊了大青山战斗牺牲的烈士墓地。那是一个刮风的阴天，彤云密布，绿叶沙沙响，鸟儿轻轻啼，我看到的是一眼望不到边的一个又一个冢堆。啊！真是数不清的坟墓哟！里面安息着男男女女的抗日志士，外国人希伯当初就是和他的战友同生共死在一起葬在这里的。到了60年代初，他被移灵到华东烈士陵园去了。当年，敌人疯狂扫荡，烈士们的骸骨，是后来收集埋葬的，除了希伯，因为他是‘外国八路’，人们辨认得出，所以事后立了墓碑。其他烈士，无法辨清谁是谁，墓前都没有标志只能合立一块大的抗日烈士纪念碑，刻上了全体牺牲者的英名。面对抗日战争中战死的无名英雄的坟场，我默默站立肃然起敬，想得很多。我想到不同国家人民之间的珍贵友谊，想到烈士们的功勋，想到中国共产党领导人民缔造共和国的艰难，想到应当珍惜今天的社会主义制度……自然，更想到生命的意义，光荣的生与伟大的死……”我这都是由衷之言。生活是创作的源泉，希伯的题材来自生活，我经历过的抗日战争和我在鲁南长期工作和生活的积累，以及有我创作《一去不复返的年代》和节振国的经验，使我能较好地掌握这个题材。写《外国八路》使我懂得拓宽写抗日战争题材的可能与必要，也使我体会到世界人民在反法西斯斗争上有共同的语言。《外国八路》由百花文艺出版社出版，书的第一版在1981年就印了近六万册，它被拍成电视片。如今，已有一批教授、学者在研究希伯。在华东烈士陵园希伯墓前树立了希伯塑像。在希伯牺牲四十八周年时举行过盛大纪念活动，徐向前、聂荣臻等题词，黄华等出席。《希伯文集》也早已出版。至今，德国和国内研究希伯的学者仍旧同我保持着联系。

三

爱国主义始终是我一心想宣扬的主旋律。抗日战争是取之不尽用之不竭的创作题材。抗日战争题材的小说已经不少，但这场使中国军民伤亡近两千两百万、财产损失一千多亿美元、歼灭日军二百六十多万的战争，可写的还很多。在实践中，我感到，改变一下“习惯性”的写法也很必要。不能以为写抗日题材的作品就单纯是写“打鬼子”，也不能以为除写敌后军民抗战外，广大蒋管区和正面战场及沦陷区人民的抗日战争就不能写。用历史唯物主义和辩证唯物主义的观点来写是完全可以、完全必要的。而且，中国人民艰苦卓绝的抗日战争，抗击和牵制了日本的大部分兵力，打乱了日本侵略者的战争部署，使它无法“北进”，使当时的苏联能避免东西两线作战的被动局面，也推迟了日寇的“南进”，支援了美英盟军在太平洋战场和东南亚战场的作战，中国人民对世界反法西斯战争做出了巨大牺牲和不可磨灭的贡献，但我发现二战以后在西方有那么一些研究世界反法西斯战争的“学者”，却无视中国在世界反法西斯战争中的历史作用。日本有那么一些右翼分子始终在为军国主义招魂。早在抗战胜利后不久的1946年初，我在上海采访过日俘日侨。

当时日本战败，许多日俘集中于江湾“京沪区日本徒手官兵管理处”，虹口区则有“第三方面军日侨管理处”，上海有十万日侨仍散住于原来的地址。从采访中，我感到有些日俘日侨思想深处对侵略罪责仍缺乏认识，我就感到恐怕需要许多年的时间，而且要用真实的历史事实告诉那些不知情的受欺骗的年轻人和下一代才能纠正，没有这种纠正，中日两国今后的友好和平，恐怕是难以符合理想的。这些深刻的感受，当我在八年抗战过去后又经历过三年解放战争，随之以新中国的建立，我开始创作《一去不复返的年代》就有所用心。二战以后，美国出现过不少“仇日”的小说，有的还是畅销书。我认为区分日本人民和日本军国主义分子是必要的，仅仅写“仇日”，不过停留在“谴责小说”的水平，而我们需要意蕴深厚、立意高远、站得高看得远的作品。对抗日战争的血色记忆永不忘却，是因为我们愿同日本人民世世代代友好下去，共同防止日本军国主义复活，不许历史悲剧重演，永不忘却，是因为中国人民应当牢记中国过去受侵略的血染历史和灾难，从而懂得我们应当怎样坚定地继续走振兴中华使中国富强起来之路。

因此，我想写的是一部有史诗性和独特艺术追求的长篇，写战争和人，写战争与和平，写美与丑、善与恶、生与死、爱与恨、肯定与否定、是与非的选择，当时的人物、生活、氛围……然后写出一个时代的结束和一个时代的开始。这原来名为《一去不复返的年代》三部曲，毁于“文革”，“文革”后花十余年重写，由人民文学出版社出版，改名为《战争和人》三部曲（第一部《月落乌啼霜满天》，第二部《山在虚无缥缈间》，第三部《枫叶荻花秋瑟瑟》）。这部以抗日战争和二战为背景的小说，从 1936 年 12 月西安事变起，一直写到 1947 年春全面内战即将爆发，就是为了要将整个抗日战争的来龙去脉交代清楚，将整个抗日战争作为背景，歌颂中华民族的抗日战争。但，题材规定了我不是要去写一部通常意义上的军事题材的长篇，广大敌后游击战场在我们的长篇中只能虚写，我着重写的是蒋管区大后方及沦陷区在抗战时期的人和事。我把中国的抗战放在世界反法西斯战争的范围中表现。当时的这些人和事，这些生活，我熟悉，是我的“优势”，不必去费力写自己不熟悉的人和事。

在写我要写的这些地域时，除了抗战爆发前和抗战胜利后的情景、态势、时局、人物外，我着重写出抗战时期大后方和孤岛上海以及香港的众生相。在那里，光明同黑暗搏斗，抗战同投降较量，进步同反动对垒。

当年的“大后方文学”和“孤岛文学”的影响人们都记忆犹新。我写的这部作品与那既有关联却又有极大的区别和发展。这是时代与年代及政治形势所决定的。我用欧洲古典流浪汉小说的手法（也不仅用这种手法，什么手法方便就用什么手法）使我书中的人物，从这个到那个，从这里到那里，互相交流碰撞，来完成他们各自的任务，为总体构思服务，目的是有利于构成一幅比较真实而且色彩斑斓的宽阔画卷。

有个现成的关于抗战的结论：人民胜利了！日本侵略者失败了！过去写抗

日战争的小说都是这样写的。但是否应当完全重复应用这个原有的结论呢？这结论当然并不错，只是在我的亲身感受上所得到的立意是：与日本侵略者同步失败的还有当时蒋介石领导的走向法西斯化的“国民政府”。这个立意发掘下去是大有可写的。《战争和人》就是这样写的。

写作时，我想得很多、很远、很复杂、很无边际，自由自在。中国的人和事有多复杂？国民党这个庞然大物当年是怎么会腐烂垮台的？民主党派和民主人士在统一战线政策下如何产生？共产党当年是怎样深得民心而国民党又是怎样大失民心的？今天有无必要再展示那已过去了的漫长而严峻的战争年代中的人和事？我们应当如何以史为鉴……

在描绘历史生活的文学作品中，任何一个作家都不可能纯粹地展示历史，实际都是在用今天的历史对话。我自然也是通过回忆历史、思考现实并展望未来希冀有助于人们认识历史启示生活的。我想充分表达自己的以时代精神为底蕴的对祖国、对人民、对正义事业与人类前途的坚定信念。我是抱着满腔热情在写的。从某种意义上说，一切历史都应当同现代生活有关。写历史题材如果只是为写历史而写历史，意义就不大了。旧事，我希望有新的思索。更重要的，是在文学作品中通过人物，用文学手法来体现。

以前，写抗日战争，有一种并不完全合乎历史唯物主义和辩证唯物主义的写法。现在，也不应出现另一种片面错误的倾向，那就是把抗战写得仿佛是国民党独家在干，或主要是国民党干的，抹杀共产党的历史功绩和领导作用。

《战争和人》是根据史实来写的。虽然地域主要是写蒋管区和沦陷区，但共产党人和共产党的领导作用以及领导的抗日队伍当时所起的影响和作用，共产党人领导下的在蒋管区和沦陷区的抗日斗争和民主人士的活动，我是明确而充分反映的。如实地使读者感到和看到党的力量在抗日战争中不断由弱变强、由小变大、终于从敌伪手中夺回大片大片土地，并建立起一个又一个解放区，赢得了民心。作者屁股坐在哪里，这点决不能含糊。事物的本质方面一定要充分体现。这是我在创作时牢牢把握的一环。

长篇小说都该是站在当今、回顾过去，昭示或召唤未来的。每个人都有他自己的独特生活经历和道路。我喜欢选择有自己特色的题材，并在作品中抒发自己的独特感受，这使我与单凭史料及自己的观点去写历史小说不同。我以此将自己区别于人。《战争和人》中，确有我的直接生活和间接生活，也有众多我熟悉的人物影子，但小说总是小说，它绝非自传体小说。在注意独特性时，我同时讲究艺术个性。

文学是人学。《赤胆忠心》《血染春秋——节振国传奇》和《外国八路》中以人物塑造为主，虽以史为背景，也采用史料，但目的在于刻画典型人物，《战争和人》自然更是这样。凡用真名真姓的人我都见过或者有所了解或熟悉；凡写到的城镇地域，我都一定到过并比较熟悉。抗日战争虽已过去几十年，但在艺术重现上，真实应当是它的生命。这可以使当年经历过的人感奋，使未经历过的年轻人相信其真实，并以此传之后世。

四

日前，上海《文汇报》记者谢海阳同志打长途电话采访我时，问起一个问题：今年是世界反法西斯战争和中国抗日战争胜利五十周年，为什么现在我国的中青年作家写抗日战争题材的作品不多？这问题确可研讨：苏联一场卫国战争，当时和以后出了许许多多作品。不少好作品是经历过战争的作家写的，也有许多好作品却是未经历过战争的年轻作家写的。比比他们，我们这个十二亿人口的大国，又是首先从事抗日、反法西斯战争持续时间最长、蒙受牺牲最大的国家，对这场参战人口最多、涉及方面繁复的抗日战争，应该说写得确还太少。拿中青年作家来说，这同他们大都未亲身经历过八年抗战肯定有关，这是他们不太熟悉的生活。但这可能同他们所处的创作环境、生活环境及创作兴趣也有关。他们离这场战争远了，在市场经济浪潮冲击下，有的可能认为抗战题材“过时”了，他们的兴趣也许大量放在当前的现实题材上，或许热衷于去写所谓的“热点”的题材。这可能同宣传导向也有关。当一些评奖和影视、地摊文学的错导和一些报刊一味“炒”的是另一些题材的作品时，必然会将不少中青年作家引入另一些题材的天地中去。何况，中国这个古老的文明古国，上下五千年的历史能被挑选的领域太多了，从武则天到康熙，从曾国藩到李鸿章……历史题材是个深广的海洋，会吸引无数人去捕捞。当然，也应该注意到在实际上，抗日战争题材的小说这几年不但仍是有人在写，并且有的写得很好，有新发展和新的高峰。经过今年庆祝抗战和世界反法西斯战争胜利五十周年，今后必然还会出现许多好的这类题材的小说。实践证明，这个领域不但不“过时”，而且仍可继续开拓出精彩不朽的佳作，这个领域将供给中青年作家广阔的天地去大有作为。这是中国的需要也是世界的需要。因为直到今天，在日本国内，恣意歪曲历史、反对反省侵略历史、掩盖侵略罪行的右翼分子仍然嚣张。与政界顽固分子呼应，有的日本小说家仍在写篡改历史颠倒黑白的小说。正因如此，中国作家不会沉默，中国有志气有正义的爱国作家，将会用真实、优秀而有生命力的作品来回答，来保卫和平和沟通中日友好。事实上，这些年来，评论家们认为抗战文学是出现了一个新高潮的，这是在前几十年抗战文学基础上的发展，也是时代和历史推进下文学达到的新深度和新境界。这当然无须自满，但随着时间的推移，在抗战文学领域中，必然陆续有更多的优秀作品出现，使反侵略反法西斯精神传诸永久。

我期望着改革开放的中国日益富强。我也将继续创作抗日战争题材的作品。

（原载《文艺理论与批评》1995 年第 4 期）

关于《战争和人》答读者问

（1）我们知道你在创作《战争和人》的过程中，经历了许多的曲折，并且我们还听说你为了写好第二、第三部，你在五十八岁时同意调到“抗战时的大后方”四川工作，请问你为什么如此执着地要写出这部作品，你的创作动机是什么？

王火答：抗日战争是一百多年来中国人民反对帝国主义侵略唯一取得胜利的一次大型战争。抗日战争是世界反法西斯战争的重要组成部分，中国人民为此付出了极大的牺牲，对世界人民做出了巨大贡献。抗日战争是应当大书特写的，我在抗日时期，有自己独特的生活经历和感受。旧事，我有新的思索。我决心把它写成一部史诗留下来。我写八年抗战的艰难复杂的历史进程，主要是如实写出中国共产党对抗战的领导作用，国民党在抗战全过程中的表现，日寇的残暴，战争风云变幻下的社会生活，各式各样的人在这场战争中的演出……闪耀民族的凛然正气，鞭挞日寇和汉奸卖国贼的卑鄙无耻。当然，一部长篇是很难用简单的话来表达它的主题和意蕴的。我迷恋于文学创作，写过五百多万字作品，但《战争和人》是一部内容丰富可读性强的高品位作品，应是我的代表作。可惜它写成后毁于“文革”。我能估量出它的分量，觉得别人无法写出这样的作品，而读者应该需要它。爱国和奉献是我毕生的信念，所以决定重写，到四川工作有利于我回忆和补充生活。

（2）人们说“理性是长篇小说的烛光”。对于历史小说，可能尤其如此。

《战争和人》书名本身也很具理性意味，请问，你这部书是建立在一种怎样的理性之上的呢？

王火答：我认为文学的终极价值是在于提高人民的思想、道德、精神文明境界，对人类的命运，人生的价值应有终极的关怀，这是我个人的选择。因此，理性的追求必不可少。长篇小说应该是站在今天，回顾过去，展示未来的。我的理性基础是建立在辩证唯物主义与历史唯物主义基础之上的，我是怀着激情从感性上升到理性来写《战争和人》的。

（3）评论家们认为《战争和人》是反映抗日战争整体风貌的、具有史诗品格的作品，但是你为什么要选择一个国民党高级官吏的家庭做依托来反映这场中国人民抗击帝国主义侵略的伟大战争呢？

王火答：这是一部文学性较强的小说。我是从生活出发来写这部长篇的，选童霜威一家做依托正是我这部作品独特之所在，写我熟悉的生活是我的优势。《战争和人》重点写了蒋管区兼沦陷区，也通过人物重点虚写了解放区和游击区，并实写了共产党人在蒋管区、沦陷区的活动和牺牲。这切入角度是新的，却真实全面地反映了抗战的整体风貌，反映了中国共产党及其领导的抗日军民是全民族抗战的中流砥柱。由于童霜威父子所处的地位，才有可能接触到各党派、各阶层的各种人物，才能到达上海、南京、武汉、香港、重庆等地。童霜威确如评论家李友欣所说的："是以他作为一种试剂，作为一架探照灯和显微镜，通过他对国民党的五脏六腑。进行探幽显微，暴露他们的丑恶和不可救药，同时显示共产党的影响和力量。"中国的社会是复杂的，童霜威的家庭也是复杂的。童的秘书冯村是一个爱国进步人士，正因为如此，西安事变后转向国共合作抗日，童霜威父子和共产党人之间始终有千丝万缕的关系，而这也造成了童氏父子后来的走向。

（4）有人说《战争和人》表现了很强的党性原则，你自己也说过，这本书的立意就是要写出"与日本侵略者一起失败的还有当时国民党领导的国民政府"。你是否要在你的作品中揭示某种历史必然性？

王火答：是的。有评论家说："《战争和人》不仅一般地表现了战争的正义与非正义及人的美丑善恶，并深刻而形象生动地显示了经过抗日战争，共产党之所以能够战胜貌似强大的敌人取得胜利，国民党之所以丧尽人心一败涂地，这一点，不仅准确地反映了抗日战争的真实面貌，而且对我们今天和以后永远葆有深刻的教育意义。”共产党在抗日中用鲜血换来的功勋，使它扩大了力量得到了民心，抗战胜利后，国民党发动内战，仅仅三年，解放战争就打倒了蒋家王朝建立了新中国，这就是那时的历史必然。童霜威这样一大批民主人士的产生，童家霆这样一批青年人跟着共产党走，也都说明了历史的必然。

（5）评论家们说：《战争和人》走的是文学史诗（而不是文献史诗）的路子，你是通过塑造一系列典型人物来达到这个目的的，请问童霜威这个形象的典型性在哪里？他是不是现代文学人物画廊里的一个从未有过的形象？

王火答：从一般意义上说，“文学是人学”，我想通过一系列典型人物来达到创作的目的。童霜威当然是首要的（其他如童家霆、柳忠华、杨秋水、欧阳素心、谢元嵩、管仲辉、江怀南、卢婉秋、陈玛荔、燕翘等其实也各有其典型意义）。评论家谢永旺在《当代》上说：“童霜威是一个信守民族气节的爱国者形象，是典型的，又是个性的。如果说，这是一个由国民党的高级官吏向一个革命的民主派转变的典型，我以为也是不错的。”张炯在《作品与争鸣》上说：“小说最重要的成就是刻画了童霜威这个复杂人物的典型形象，这是个相当典型的中国传统知识分子的形象。”殷白在《文艺报》上说：“为中国新文学和中国文学画廊增添了前所少见的人物形象，在时代的社会认识意义上，在人生哲学的审美意义上，都有相应的价值和独到的特色。”在北京和成都开的作品研讨会上，不少评论家和作家都认为：“童霜威这样的典型人物在过去的文学作品的人物画廊中还不曾出现过，尤其显得可贵。”“童霜威是个独特的艺术典型，在新时期文学人物画廊中实不多见。”

（6）你是抗日战争的亲历者。你也说过这部书融进了你和你夫人两个家庭的一些影子。这种亲历者的身份是很难得的，以后的抗战题材作品就只能依靠史料了。现在也出现了一些依据史料创作的作品，你认为这部作品与此有何不同？

王火答：现在，有的评论家指出《战争和人》不是单纯根据资料写成的。而是作者根据其独特生活经历来写的，把它区别于完全根据资料来写的作品，我认为这是强调并指出这本书的独特性和优越性及塑造了典型人物的文学价值，亲历过的生活写出来会更逼真和亲切，但这也并不排斥参考史料来写小说。小说并非真人真事的“拷贝”，我写《战争和人》时也是大量收集阅读各种有关资料的。

(7) 有许多评论家认为《战争和人》中关于“南京大屠杀”的一卷是惊天地、泣鬼神的一章，请你谈谈这一章的创作情况。

王火答：1946 年秋至 1947 年间，怀着对日寇的仇恨，我在南京对南京大屠杀进行采访和研究，有过好几本采访记录，可惜均毁于“文革”。重写《战争和人》中这一章时，我返南京旧地重游，唤起回忆。创作时，又收集了大量资料重新做了研究，写的是小说，但我力求真实。人物塑造有的也有原型，比如尹二是以大屠杀的幸存者梁廷芳在下关码头日寇集体大杀戮时跳江逃生做原型的，庄嫂的拒绝被强奸与日寇搏斗而毁容的情节是以幸存者李秀英做原型演化出的，童军威的战死则基本根据我老伴的小叔凌佳在南京阵亡的遭遇写的，如此等等。诸如日寇的罪恶，当时的攻防部署，城破及屠杀的过程等均有根据，所以南京大屠杀纪念馆及评论家们均予肯定。我自认为这一章在全书中仅是“称职”，比这精彩的部分一、二、三部中均有。

(8) 在新民主主义革命时期，许多青年，包括许多出身富裕家庭的青年自愿选择了马克思主义世界观，这在现代文学史上有许多成功的典型。作为一部 90 年代创作的作品，书中童家霆的形象有什么特别之处？对今天的青年有什么效果？

王火答：其实我这部书主要是想写给青年人看的。荒煤等评论家在评论本书时也强调青年人该读读这本书，童家霆是在八年抗战漫长艰辛过程中成长为一个先进时代青年的，战争使他早熟，国家民族的命运同他密切相关，他的不平凡遭遇使他深具忧患意识，思索着中国应向何处去？他面临何去何从的选择。他的特点是由于出身和社会关系，出国留学、升官发财，他都会有，他不是为寻找个人出路才革命的。他爱国，有正义感和是非感，忠贞于爱情，洁身自好，为了理想和信念，宁可不出国而为了人民的利益留下来奋斗。在那个时代，像童家霆这样出身的青年走这样的路是一种典型。在塑造他时，我曾自问：今天有没有必要再展示那已过去了的漫长而严峻的战争年代中的人和事？现在年轻一代中的有些人是否太注重他们的个人欲望，以致会否定过去，认为当年那场战争与现实毫不相干？出国热，金钱崇拜，物质引诱，西方文化和性解放，享乐主义……是否会危害青年人的灵魂？……越是思索，我越觉得应当将童家霆写得真实、写得可信而给人以感染。我在创作中，致力于找到历史与现实的契合点，以引发读者思考，缩短童家霆与今天的青年之间的距离。

我想，童家霆的形象是应当对今天处在世纪之交、肩上有着时代重担的青年一代富有启示的！

1995 年 8 月 1 日

（原载《当代文坛》1995 年第 12 期）

两篇访谈

王火答中央电视台主持人问

（根据中央电视台《东方之子》节目整理而成）

地　点：四川成都王火家中

时　间：1998 年 2 月 5 日

白岩松：茅盾文学奖是我国长篇小说创作的最高奖项。1997 年底，第四届茅盾文学奖揭晓，四川作家王火以他的《战争和人》三部曲获此殊荣。

这位五十年代就以《赤胆忠心——红色游击队长节振国的故事》一书成名的作家，倾其半生精力从事《战争和人》的创作。十年动乱期间，他的近百万字的书稿被焚烧尽净。直到八十年代，他才有机会重新开始写作。凭着对原书稿的记忆，在左眼意外受伤失明后，他硬是靠着右眼和顽强的毅力完成了小说的第一部到第三部，最终写出了这部被评论家称为“谱写中华民族抗日战争的史诗”的优秀作品。

白岩松：六十年前的这场战争，在您个人生命中留下的是什么样的记忆？

王　火：这是很奇怪的事，近一二十年的事情，印象很快淡薄了，抗战八年印象却仍非常深刻。这可能跟年龄有关系，因那时正是我生长发育的时期。

白岩松：初一到大学三年级的阶段？

王　火：是的，听到许多事，亲身经历了那个时代，我就感到不能不写了，因为抗日战争对我来说是一段永远也无法磨灭的经历。

从 1840 年鸦片战争开始，中国受到列强的侵略，老是打败仗。只有抗日战争中国取胜了，而且是全民动员起来了。那个时候解放区动员得好，国统区动员得差，而沦陷区的抗日情绪爱国精神十分高涨……这都令我十分难忘。

白岩松：我想，您这本书虽涉及战争，但笔的着墨处还是在写人。

王　火：我想是在写人。如果写战争，打了一仗又一仗，从头到尾不知要打多少仗，那我一百六十万字不够写。但是放在人上就不一样了，尤其是典型人物，透过写他们，可以体现出更加真实的历史。

白岩松：通过人的一生去写历史的时候，是不是能写出更加真实的历史？

王　火：人，是活的人，尤其是典型人物的话，那他就更足以代表和反映历史，我反映的是当时的全面抗战的历史。

白岩松：我想很多人非常希望看到作家笔下的历史是更真实一点的历史。

王　火：我们的抗战文学有所谓大后方的文学、解放区的文学，也有孤岛文学。我实际是把三股文学汇在一块了，这也得到了许许多多人的认可。举个例子来说，这部小说这么长，一百六十万字，四川人民广播电台要联播。当时我就想，联播这么长的作品，能受人欢迎吗？结果播出后在听众中引起极大反响，每次播放要八个多月，两年多里，应听众要求播了三次。

白岩松：您说自己是个不太走运的人，为什么？

王　火：《战争和人》的第一稿是我多年心血的结晶，然而“文化大革命”期间却被一把火烧尽。十年浩劫后，我又重新拿起了笔。但当我在写第二稿时，却又因为救一个落于深沟的小女孩撞伤头部，致使左眼失明。后来我还是坚持写完了小说的第二部和第三部。

白岩松：是什么使您坚持着写《战争和人》？

王　火：常常有许多生活可写，但有一种生活积累得太深、太厉害了，在你心里面就有一种创作的冲动……

白岩松：憋闷？

王　火：对了，不把它写出来不行。

白岩松：毕竟在您写作过程中，您左眼失明了。

王　火：原来我不大相信，有部电影叫《鸳梦重温》，美国电影。一个人受了伤，过去的事全忘了，连自己的爱人都不认识了，我倒没达到那样地步，但当时认不得人了，说不出话。后来很多事也忘了，也是那种情况，所以我相信那个电影是有事实根据的，并不是胡编的。医生叮嘱说：你是作家，最好还是写写东西把你的记忆恢复起来。

白岩松：您后来重写《战争和人》的过程是一个并不痛苦的过程？

王　火：不太痛苦。当然，从某种方面讲，从生理方面讲还是有些困难，毕竟只有一只眼睛嘛。记得当我刚只有一只眼睛的时候，上楼梯就摔过几次；当我倒开水的时候，两眼没有一个焦点，一倒就倒到手上；我夹菜的时候，筷子就夹到碗外面去了；写字的时候字迹就很潦草了，有的时候就像“画符”一样。一只眼睛又不能用电脑，其实如果我有两只眼睛的话，掌握电脑还是很快的。

白岩松：您现在为什么已能这么平静地讲述作为我们听者听来并不平静的一些事呢？

王　火：因为这部小说写完到现在时间已经很长了，我现在正从事另一部长篇的写作。我把作品写完交给读者，我就尽到责任了。

白岩松：《战争和人》这部书得到评论界的一致好评，但毕竟还有非常多的年轻人没有读到过这本书，您对此是否感到遗憾？

王　火：我最遗憾的就是这个，因为我的本意主要就是写给年轻人看的。也许是由于书写得太长和书价太贵的原因吧。但我希望并且建议青年人能读一读这部书。

白岩松：作为一个严肃作家，寂寞对您来说是不是一种生活习惯？

王　火：我想，寂寞与作家是分不开的。如果一个作家很浮躁的话，那他是写不好的。习惯成自然，安于寂寞也成为我的一种自然。不讲话，从早到晚坐在那儿写，我也习惯。其实我是很希望能保持安静的。

关于《霹雳三年》答金弓问

金　弓：读了你的《霹雳三年》手稿，我觉得这部小说好像是《战争和人》的继续？

王　火：是，也不是。说它是，因为这是我在完成《战争和人》后花了三年左右时间写成的长篇，书中写的年代也是顺延下去的（《战争和人》写的是1937年至1945年八年抗战；《霹雳三年》是解放战争时期1946年6月至1949年6月那三年）。但它显然绝不是《战争和人》的第四部或续篇，因为人物变了（例如童霜威等人物均不存在了），写法变了，结构变了，叙事风格也变了。我在写《霹雳三年》时，有意想消除读者把这部小说当作《战争和人》的第四部看的想法，才这样做的。

金　弓：有此必要吗？

王　火：一是想给读者多些新鲜感，换换人物和写法。二是《战争和人》三部曲已经完整地画上了句号，没有必要又来写它的第四部，何况，“续貂”总是不讨好的。三是这部小说我决定用记者笔法来写记者生活，浓缩了写，限制在五十万字内，不想再长，而且想把新中国成立后的五十年压缩了与过去那三年时空交叉着写。我既不愿重复别人，也有点不愿重复自己。因此，成了现在这样子。

金　弓：你为什么要写《霹雳三年》？

王　火：这倒是同当初写《战争和人》三部曲时的酝酿与构思有关的，我原曾计划先写抗战八年三部，然后一部一部写下去。解放战争写一部，新中国成立后再分写成四部。但年龄大了，视力差了，再写那么多，是太困难了。然而在生活、思想、艺术等方面的酝酿准备已经比较充分，因此，动用了几乎自己所有的全部生活积累提炼以后瓜熟蒂落地浓缩成了这么一部小说。

金　弓：以前报上登过，说你正在写一部《和平和人》，那就是这部小说吧？

王　火：原来曾打算书名叫《和平和人》，以与《战争和人》对称，但写着写着，起了变化。后来，书名也想叫《沧桑》，结果仍觉得不切题。最后，起了现在的书名。

金　弓：我喜欢你这部小说中的“苍茫莫愁湖”“多情花神庙”等章节，那么浓墨重彩的片段使人很有艺术感受。请问你写的有多少是真实的？

王　火：小说总是小说，在生活的基础上加工演义而成的。你提到的章节，有很多的想象和虚构，但在“南通买人头”等章节中，基本都是真实的，简直没有一点虚构。

金　弓：你是有自己的独特感受才写这部小说的？这部小说是说真话的吗？

王　火：当然是！如果无感，既不想写也写不出，更写不好。正因有感，才非写不可。我写东西总是有独特的感受才动笔的。写这种涉及历史的书，自然要说真话。思想上明确的是：我是为了今天和未来才写过去的。我希望历史是一面镜子。

金　弓：在这点上，我觉得《霹雳三年》较之你有些作品似乎更贴近现实和读者的心。你已写了多部长篇，这部小说在你是否是得意之作？

王　火：这部长篇，《当代》杂志曾刊登了二十万字，《黑龙江日报》做了连载，北京人民广播电台曾经连播，反响极好，最后人民文学出版社将它出版，印了一万册。何启治、陈辽、冯宪光等不少著名评论家都写了评论发表，《文摘》杂志刊登了故事梗概，《文学报》《文学故事报》等选登了一些章节，我觉得反响还是可以的。作者对自己的作品，尤其是长篇，一般在写作时或刚写出来时总是得意的，不得意甚至可能写不完。但是否属于得意之作或较之以前的作品孰轻孰重，这得交给读者和评论家们去比较、评断并接受时间的考验了。

金　弓：你这部小说显然是以现实主义创作方法为本的？很想听你谈谈这方面的问题。

王　火：我觉得也植入了新观念、新手法，有我新的追求、借鉴和探索。我看小说，从不排除任何流派和任何一种创作方法。我也很喜欢“新”，新的东西凡有长处我都欣赏。不过，我写小说实际从来很少考虑我用的是什么创作方法，我不用框框套死自己。我觉得该怎么写就怎么写，不能缺乏创造力，也不能固定的一成不变不加丰富和改进。只走前人走过的路方便，但并不美妙（当然，这说说容易，真正找一条新路走是很难的），我常常是顺乎自然地写，我也不赞成一味或胡乱地追新求异或随波逐流。有人唯现代主义是主，唯新是主，把那奉为上帝，排斥其他，我不会受这种影响。写小说有一条很重要，就是自己做主，不要听任何别人教你该怎么走，自己的路得自己走。要靠别人教你怎么走，可能你连步子也迈不开了。

（原载《创作评谭》1998 年第 12 期）

“主心骨”与“金钥匙”

王　火

近来，看到两条新闻：一是北京的一个马克思主义专业书店开张（其实，在我们国家里，新华书店和一些其他书店都有马克思主义书籍出售，但这是一个专业书店），中央电视台“新闻联播”记者采访了到书店踊跃看书和购书的读者。读者表示非常欢迎这种做法，因为专业书店马克思主义书籍品种齐全，便于购买。二是《文汇报》在第一版上报道上海市认真做好马克思主义学术著作出版资助工作，从1990年开始，至今历时八年，有239部书稿获得资助，其中的200余部著作已出版面世。在全市出版的全部学术著作中占了相当大的比例，它对推动上海市广大理论工作者深入研究马列主义、毛泽东思想，特别是邓小平理论，深入研究改革开放和现代化建设的重大理论和实践问题，对上海出版界调整出版物结构，提高品位，传播知识，弘扬文化做出了贡献，受到社会各界好评，被誉为上海精神文明建设的实事工程。

作为一个老编辑出版工作者，我对这两条新闻颇有兴趣。看到马克思主义的传播受重视，总是高兴的。我历来重视书，而且相信从某种意义上来说，自从有书以后，世界实际是被书统治着的，一切统治实际都是书的统治。

这倒不是说书的出版发行数量在全世界有多么大，更不是去抬高那些“文化垃圾”类的书籍、泛指那些芸芸众生所写所著所编的无关痛痒的平庸读物。我是说，无论中外，从古到今，学者哲人、诸子百家那些充满智慧与人生哲学及经验的主义和教旨，那些洞察事物、启发人心、指导思想、阐释社会规律的理论，那些掌握策略、除旧布新、设置未来、昭喻人类前进方向的著作，都或多或少对统治大大小小的天下，起过全面的或部分的作用。马克思主义的书，就是这样的书中的佼佼者。

记得多年以前，美国的一位学者曾列举了十六本“改变世界的巨著”，包括马基雅维利的《君王论》、哥白尼的《天体运行论》、牛顿的《数学原理》、马尔萨斯的《人口论》、马克思的《资本论》、索罗的《不服从论》、爱因斯坦的《相对论》、史陀夫人的《黑奴吁天录》（又译《黑奴魂》《汤姆叔叔的小屋》）、希特勒的《我的奋斗》……对这些“改变世界的巨著”，他的列举既不全面、完备，也大有可争议之处。“改变世界”也有两种改变法，不可同日而语。一种是好的改变，一种是坏的“改变”，界限理应分清。例如希特勒宣扬纳粹思想的著作《我的奋斗》，疯狂邪恶、醉心于权威的操纵与捧唱，曾被法西斯主义者捧为瑰宝。这本书在法西斯发动世界大战、屠杀犹太人等方面起过极坏极可怕的作用。但二战结束至今五十多年，这本书仍未绝版，至今有些国家的法西斯主义分子仍在企图死灰复燃，虽然人数不多，但为害不小，同这类法西斯主义书籍的继续传播显然有关。

可见，好书的传播，会起好影响；坏书的传播会起坏影响。好的书统治世界，是要把世界引向进步与光明；坏的书统治世界，会把世界送向战争、送向苦难。美国这位学者列举的“改变世界的巨著”，不立足于这样一个根本观点，把起好影响的著作与罪恶的书并列作为“改变世界的巨著”，实在不妥。

马克思主义的著作赢得的信仰者，恐怕是从古至今人数最多的了。二战后，出现过马克思主义的灿烂时期，后来有过挫折，甚至很大的挫折，但并非马克思主义本身造成的挫折，而是学它用它的主政者干得不好又掺杂了国际复杂因素造成的。到现在为止，世界上仍还没有哪一种理论，像马克思主义理论这样，更重视与具体实践相结合，更重视发展；仍还没有哪一种理论，像马克思主义这样，过去和现在在实际中曾得到过那么大的成功，在世界人民中传播发展得这样广阔和深远。

我去年访欧，见有的东欧国家资本主义道路并不平坦，怀旧思念昔日社会主义的人，在老年到青年中都有。一位当年的共产党人说：“马克思主义是忘不了的!”在维也纳的一家书店里，以马克思像作封面的书依然陈列着。我未曾调查购书的人有多少，但显然是有人买的。一种有价值的好理论，怎么可能湮没?

五十几年前，我年轻上大学的时代，为了确定自己的信仰与人生道路，曾遍览各种“主义”的书。那时，“三民主义”是必修课，共产主义的书是禁书。但地下党的同志悄悄送马克思主义的书给我读。我订阅的《新华日报》在宣传马克思主义与毛泽东思想。从大后方的新华书店里可以购到毛泽东的著作等，我在大学图书馆里连德国国社党的党章党纲都找来读了。经过比较、鉴别、挑选，我终于选定了马克思主义作为信仰，选定了跟共产党走作为我的道路。事实上，中国的革命胜利，是马克思主义在中国的胜利。我选择马克思主义不是盲目的，是为改造客观世界和主观世界经过比较才做出了抉择的。学习马克思主义对我是终生的需要。

拿创作《战争和人》三部曲来说吧!我在书的后记中说:“我不拘一格地写这部小说，不想走人家的老路落入俗套，也不给自己定什么样的框框。我只是按照自己的心意想写一本中国味儿、中国生活、中国民族精神的长篇，希望能有思想的宏伟和情感的丰满。我力求按照历史唯物主义观点，如实地再现那段多棱多角的历史，按照辩证唯物主义精神，真实地从生活出发，塑造各式各样情况复杂、性格迥异的人物。”

我这部长篇小说，开始创作于50年代初，我实际是把“大后方文学”“孤岛文学”“解放区文学”这三支抗战文学所反映的时代与生活综合在一起了。我写了中国共产党领导了抗日民族统一战线，实写了蒋管区和沦陷区，解放区虽属虚写，但在蒋管区及沦陷区的地下党活动则是实写。当时，尚无人用此写法。我之敢于这样早就用这种实事求是的写法，是遵奉的马列主义辩证唯物主义与历史唯物主义的精神。如果没有马列主义的理论指导，就不会有我这部160余万字的作品。所以，我历来在工作中和创作中，都感到学习马克思主义对我是一种迫切的需要!

离休已经十多年，但为了要写作，马列主义、毛泽东思想、邓小平理论书籍，始终是我的良师。学习出于自觉，只是因为它有用。

这二十年来，中国的变化太大了!如果不是邓小平有中国特色的社会主义和社会主义初级阶段的理论指导，解放思想，实事求是，绝不会有拨乱反正、推翻两个“凡是”、实行改革开放的大好局面；绝不会有“一国两制”下香港的回归和澳门的即将回归；绝不会使中国有在东南亚经济危险面前挺立昌盛的景象；绝不会使中国在国际社会上有这样享有盛誉的地位；绝不会在全国有农村改革的成功和全面建设的蓬勃进步……所以，对于学理论、提高素质，我深有体会。作为作家来说，这有助于作家面对现实。

在这跨世纪之交，在这各种西方思潮、文艺作品一起纷至沓来的时候，作家必须加强学习，而不是放松学习。因为马克思主义可以使我们心明眼亮，可以使我们聪明，可以使我们清醒地面对现实。一个人能心明眼亮、能聪明、能清醒而不盲从，是了不起的事。马克思主义是我们人人可以承袭的宝贵财富。精神化为物质，它的威力无穷，关键在于你是否肯去掌握它。

我们现在处于一个改革开放的社会中，处于信息时代，开始驾驭知识经济，处于一个世纪结束新的世纪来临之际。身处复杂的境遇，一个好的作家应当有生活、有技巧，应当有激情、有丰富的想象力、有独特的文学创新力、有很敏感的发现力及韧劲，而更应该有思想、有学识。在作家应具有的条件中，思想与学识应是最重要最根本的。天下不可能有那种没有思想和学识的大作家。世界观、人生观、价值观、创作思想总是主宰着作品的。而指导我们思想的理论基础，如果是马克思主义，我们就有了主心骨。

当前，文坛的奇谈怪论及偏激的谬论不少，这并不奇怪。但各种奇谈怪论及偏激的谬论可能都会使有的阅历少的青年人受感染。

受感染的原因当然多种多样，最根本的可能是由于青年人的稚嫩、缺乏“主心骨”。作家用他的作品和言谈每每会影响读者和听众，责任重大，如果进行误导，效果不好，所以我认为当前的作家们有一个如何面对现实的问题需要很好解决。在五色纷呈、变化多端的新形势下的社会生活中，在琳琅满目的世事、谬论面前，作家如何创作、如何立言、如何做人、如何为文学事业做出贡献，我认为学习并掌握马克思主义就是掌握了解决困惑、开启所有复杂思维的一把“金钥匙”。

狂妄无知的人，每每连理论系统周密行之有效的马克思主义书籍都会采取“不屑一顾”的态度。可笑的是这类人每每并没有读过博大精深的马克思主义著作，即实际是闭着眼在否定一切。你要否定它，你必须接触它了解它，不然，怎么有资格睁着眼说瞎话？因此，我想到这二十年来，马列主义文论研究会是做了大量有价值有意义的工作的。同志们做的是把“主心骨”和“金钥匙”传播给人们的工作。在座的同志们，大都是大学里的教授，大都是专家、学者、文艺评论家，我是常读你们的文章和著作的。因此，同大学生一样，你们也是我这样的作家的老师。大学生的心里有什么、缺什么，该有什么，又该拒绝什么，你们都清楚。作家的心里缺什么、该有什么，又该拒绝什么，你们也清楚。你们所努力从事的工作，在今天市场经济条件下，没有什么重利，而且是艰巨而不轻松的，但有价值，有意义。你们付出的劳动也必然是会在思想意识形态中结出硕果的。我应当向你们这样的学者、教授、专家致敬！

我坚信：马克思主义根深叶茂，像广袤的生命力旺盛的常青树的大森林，遍布东南西北中，不管春夏秋冬，不管风雨阴晴，它永远苍郁葱茏，沐浴阳光，挺拔巍峨，优化环境，造福着人类。

（本文是1998年10月9日作者在全国马列文论研究会成立二十周年及该会第16届年会上的发言）

（原载《文艺理论与批评》1999年第1期）

瞻焉在前仰之弥高

——《马识途文集》序

王 火

《马识途文集》由四川文艺出版社出版发行了。文集十二卷，洋洋大观，看了令人高兴。《马识途文集》的出版对国家文化积累来说，是一件好事；对一位有成就的著名作家的作品汇聚展示提供一个标准的文本，也是一件好事；对向国内外介绍马识途这样一位经历独特、作品独特、类型独特，有中国特色的革命老作家及其作品来说，同样是一件好事。我在此谨向马老致以衷心的祝贺。

今年九十高龄的马老，早在20世纪30年代就已和文学发生关系，但因从事革命地下活动，又与文学告别。1941年，他考进著名的学府昆明西南联大中文系后，才又办文学杂志《新地》，并化名发表小说和杂文。但1945年毕业时，接受任务，要到滇南准备开展游击战，第二年，党的南方局把他从滇南调到川康特委做地下党的领导工作。他既然完全转入地下，只好与文学分手。新中国成立后，他一直担任着行政领导工作，十分繁忙，当然无从动笔，到1959年才又发表作品，用他自己的话说是："那些一同战斗过的烈士……我们常常在梦中相见，他们和我谈笑风生。一种感情一种责任，常在催促我，欲罢不能。"于是，在那时候，我记得文坛纷纷谈论并推崇着他先后发表并引起极大关注的小说《老三姐》《找红军》《清江壮歌》……从那时开始，文学界响亮着马识途的名字。他开始了业余的文学生涯，虽有坎坷，但矢忠矢勇、攻书走笔。以后，在告老政坛，由职业革命家转为革命作家后，就意气风发地阔步走在文学大道上的著名作家队伍中了。

许多年来，马老在小说、纪实文学、杂文、散文、随笔、游记、诗词等文学创作各个领域发奋著作，以多面手的姿态，取得了突出成绩，体现了一种高度的使命感、责任感及奉献精神。他的作品受到读者的重视与喜爱。这些年，每年基本都有书出版。新完成的回忆录《风雨人生》有七十万字之多，未成书已引起刊物关注，要求连载，令人看到他“壮心不已，晚霞满天”的情景。

文坛尊敬、重视马老，并不因为他是正省部级待遇的干部，也不是因为他已九十高龄，而是因为，他是党员老作家中一位有代表性的人物，一位名副其实的从不停笔的著名作家。他是一位经历过生死搏斗，在大时代的激流中从风雨雷霆、霜雪霹雳中锻炼出来的文学耕者。他曾在三个广阔的平台上施展身手与抱负，体现了人生价值，做出了可贵的成绩：一是他在地下隐蔽活动时，刀光剑影、九死一生；二是新中国成立后他在行政领导工作岗位上呕心沥血、拓路披荆；三是他在作家平台上辛勤耕耘，硕果累累。他的生活源泉丰富多彩，中文外文根基雄厚，“科班”出身，毕业于名校，博览群书，才高识广，传统经典、中西文化、史学哲学、马列主义……属于融贯、通释之士，不是一般作家所能望其项背者。所以他的那些好的作品，既不因年岁大而泥古保守，也不因片面性而抱残守缺。他在创作中充满青春气息，有推陈出新、与时俱进的态度，确有可以传世之作，令人钦羡。

马老比我年长十岁。二十一年前，初见马老，先为他的文采与博学明智所折服。结识马老后，慢慢才知道他 1935 年“一二・九”运动时即参加了学生运动。1938 年在武汉任汉口职工区委委员做工运工作时，曾发展一位名叫祝华的同志入党。而祝华是我参加革命的引路人之一。我 1946 年在重庆认识了中共南方局的祝华，与他同到沪宁一带活动。1947 年，祝华是上海马思南路 107 号中共办事处处长（也即“周恩来将军公馆”的管家馆长）。知道这以后，虽平日交往不多，思想感情上却与马老接近了许多。

与人相交，我习惯于爱看朋友的长处以便学习。马老前辈风范，对信仰有壁立千仞之态度而又能不断深化，不以时俗为转移，不俯仰随人。他始终爱党爱人民，始终为祖国的命运、社会的进步在思考、写作。他的作品求真务实，是智慧与良心的结晶。小说中塑造的人物、安排的情节极富魅力。

我也欣赏他的文风。他思想敏锐、笔触潇洒，行文简、朴、老、辣而又鲜、活，常显示出犀利性或幽默感。《清江壮歌》中的龙腾虎跃、壮怀激烈；《夜谭十记》中的浓郁川味、深远寓意；《沧桑十年》中的忧国忧民、善恶美丑；《盛世三言》中的贴近现实、耿耿激情；《京华夜谭》中的惊心动魄、传奇色彩……均是我欢喜并认为在创作上应当学习的。当然，他有许多长处，我无法都去学习：例如他是书法家，我则本来字就写不好，左眼失明后，更无法挥毫泼墨；例如他不但会写新诗，旧体诗词更是写得声调铿锵、气魄雄伟，我也学不了；例如他是中国作家中用电脑写作的先行者，我则至今仍是“手工业者”。我还发现马老担任多年四川省作家协会主席至今，开会从不迟到，在会上每次讲话，虽并不照稿宣读，但总是自己先写稿做好准备。讲话时，每每都有新意，不老套、不草率，足见其严谨。他对新苗新人的重视，对老作家的尊重，对后进者的放手，诸如此类，耳濡目染，与之亲近，有春风润怀之感。

马老皓首丹心，写作的书斋起名为“未悔斋”。他说过：“写了几百万字的所谓作品，非想以传世，但求自己的良心得安而已。也就是屈原说的那两句诗‘亦余心之所善兮，虽九死其犹未悔’。屈原的这两句诗，是我一生信守的，我是带着自己的良知良能，才从事写作的。”

他也说过：“一个人一生如果没有在风雨中行走，没有在危难中经受考验，那只能算是白来这多姿多彩的世界上走了一遭。”这位在地下工作、行政岗位、作家天地三个平台上前后风云际会、笑对沧桑的马老饱含深情地说过：“我对于中国人民奋斗百年，包括我的许多战友曾为之流血牺牲才赢得的新中国，总希望它很快富强起来，立于永远不败之地，在世界上扬眉吐气。”

马识途其人其文，从他的经历、行动，从他的掷地有声的言论、作品中，“亮”给我们的就是这样一个铮铮铁骨、年高德劭、儒雅而又坚忍的高大形象。

马老有《九十自寿诗》七律一首：“满头霜雪一龙钟，阅尽斧斤不老松。近瞎渐聋唯未傻，崇谦恶谄拒盲从。心存魏阙常忧国，身老江湖永矢忠。若得十年天假我，挥毫泼墨写兴隆。”诗中充满乐观精神，读后使我动容，如闻天风海涛之声。

本来，人届高龄，闲适的条件具备无缺，完全可以弃笔休养了，但马老还要奋笔写下去，如同战斗。我理解他，也敬重他。这是出乎对文学的一腔眷爱，别无所图；这是对于祖国、人民的两肩责任，不愿冷漠。当今文苑虽然热闹，名家如云，佳作无数，但不良作品也仍存在，而且有的还受到恶炒，侵占市场。作为一员老将，他不愿彷徨，有话要说，岂能不为信念及初衷之贯彻而披甲上阵、纵马横戟耶！

这部十二卷的文集，还不是马老作品之全部。他过去的作品，散见各处报章杂志者极多，有的早已散失，一时难以觅齐；有的尚待整理，也需假以时日。好在马老继续会有新作问世。看来，文集嗣后继续有补遗卷出版，也是可能的。

写序至此，附词一首，祝福马老，作为结尾。

水调歌头　赠马老（识途）

马老涵雅量，心中自刚强。投身革命，怒发冲冠勇对死亡。惊涛视为屏障，狂飙笑隐地下，令德有遐芳，识途明向背，青云志无疆。　　雄心在，终未悔，老益壮。驰骋文坛名将，众口皆尊仰。喜庆高龄九十，依然松柏风华，龙马精神爽。翰墨挥华章，寿比蜀水长。

（原载《当代文坛》2005 年第 1 期）

《东方阴影》自序

王 火

我写了一个发生在 2003 年的高扬民族精神、向往和平、礼赞人性和人道主义的爱情故事。应当说是一个既美丽动人又凄楚突兀，令人唏嘘的爱情故事。当然，这不是为写爱情而写爱情。这里寓含着更多的正面的精神价值和前路探索。我不认为应当过于灰暗，因此，要给予一抹理想和希望的亮色，请别笑我这么一个老人还来写青年人的爱情，老人经历过的事多，老人也有写爱情的权利，我相信我写出来的爱情应当是清纯、真挚、耐人寻味、能激起读者思想上的涟漪和心灵上的震撼及政治上的思考的。

这本小说应是我长篇创作的封笔之作了。虽然我感到还有创作的欲望，也有创作的题材，但我的身体条件不允许我再写太长的文字。我的眼无法使用电脑，写字手已开始发颤。我是在苦难与喜爱并存的写作历程中有心用这本有质量、能让读者换换口味的小说向读者招手的。这部小说也许应算是我的告别之作了！

作家不可能脱离他所处的时代和环境，作家不应不关心他的国家、民族面临的世界不和谐的时局，作家应该情系人民。作家如果对过去、现在和未来没有自己的想法，那就是失去了灵魂和责任感。

2007 年是抗日战争爆发七十周年，也是南京大屠杀发生七十周年，我将这部长篇小说献给 2007 年。我不可能在一部三十万字的小说中呈露我的全部内心，但我要讲的许多话，我的许多思维都袒露在这本小说里了。在小说中，我曾借一位老人的口说：“事实上，一个作家，他的作品应当就是他的遗嘱，我就认为我此生所写的书，如果我死了，都是我的遗嘱。”我也许还能活些年，我没有什么悲观，但书里有些人和事，有些思想和观点，我确是作为庄重的“遗嘱”表达的，我理性地写了一个严肃、重要而且沉甸、敏感的题材，不仅为向我的同胞表达，也向有关国家的人民表达。因此，它虽然有可读性，但读后必然会有思索，它不是快餐式、纯消遣式的作品。

（原载《当代文坛》2007 年第 2 期）

以毫不妥协的深刻性写出人生，写出矛盾，有助于历史的前进

——王火：半个世纪成就一部经典

A 《战争和人》不能不写

提到王火，必然要说到160多万字的《战争和人》。三本小说，王火鸟瞰中国政局时局变化，得出腐败的国民党必亡的结论。

《天府周末》：《战争和人》三部曲167万字，能否说说当年的创作背景？

王　火：我很早就开始写小说。经历了八年抗战以后，亲身的经历和体会很多。我不抽烟不喝酒不打牌，就爱好动动笔。那个时候很多人写抗战题材，我就想根据自己的生活来写写八年抗战。不一定要出版，但要写得真实，深刻些，写了留给自己也行，就当消磨一下时间和精力。我的标准：写一个真的、我亲身经历过的故事。不是我见过的、不了解的我不写。如果我用真名字写的人和事，那都是真的。我写南京、上海，人家就说我写得真像，因为我在这些地方生活过。前一阵看过一个国民党桂林保卫战的电视剧，里面瞎编乱造。我也写过桂林保卫战，但就不一样。

《天府周末》：能说说《战争和人》怎么个真法？

王　火：比如我写蒋介石，那是因为我当记者时采访过国民党的“行宪国

大"，的确见过他。第一次看到蒋介石，是他去瞻仰孙中山的遗体。他从记者们面前过去，给大家笑着点头。后来有一次他在说华中战局时，又咬牙切齿："刘伯承，这个独眼龙，厉害得很呀。"所以我写出来的蒋介石是真实而非丑化了的。我写汪精卫，因为我父亲和他认识，小时候也去过他家，他儿子也是我同学。汪精卫长得很漂亮，他的老婆陈璧君年纪大的时候就长得又矮又胖又黑。

我随便举个例子，有一位很优秀的老作家，曾写过陈璧君夏天到庐山：去了以后就问陪同"这是什么地方？那是什么地方？"难道她不知道吗？国民党当大官的每到夏天都去庐山办公的。还说陈璧君娇滴滴的声音。她不仅不娇滴滴，嗓子还很沙哑。一看就是没有生活，是根据资料和想象写的。我想如果我写八年抗战，应该写一部别人不能代替的。我要用独特的材料和感受来写。

《天府周末》：所以您选择了一个国民党高官的视角来写国民党最终必败？

王　火：这正是我要说的。自从鸦片战争以后，中国就一直丧权辱国。经过八年抗战，我们终于胜利了。其实我还想表达另一个主题：八年抗战完了，国民党也腐败完了，所以发起内战后很快被打败。国民党这样的庞然大物当年是怎样腐烂垮台的？我们如何以史为鉴？写作的时候我想得很多，很复杂，觉得不能不写。《战争和人》想要表达的东西很多。以前不提国民党的正面战场，但是现在有一种错误的思潮，认为八年抗战只有国民党在打，我认为这是应该抨击的。共产党的游击战场也相当大，在八年抗战中的地位举足轻重。在小说里，我描写了那些积极寻找真理和奋斗途径的有识之士和进步青年。种种细节都表明，腐败的国民党必然被共产党取代。

《天府周末》：你所亲历过的，能否就国民党的腐败略举一二？

王　火：我在江津读书的时候，和国民党渝江师管区的一个营长交了朋友。他告诉我这个师管区本来该配一个师的兵力，结果总共不到 20 人。我问他："怎么这样？"他说："你傻瓜啊！我们每个月钱很少，弄一个师给他们吃什么？"那如果上面需要兵怎么办？好办！到了晚上，这 20 人带上枪，到农民家敲门，男人一开门就抓走。带到师管区，每人狠揍一顿，头发全剃光，换上军装。训话的时候讲一番抗日道理，最多教一下立正、稍息，怎么打枪。然后就带上去交人。如果路上逃跑，枪毙！再到集市上抓卖菜的农民充数。你说这样怎么打仗？蒋介石不是不知道这些，有一次，在知道情况后还把全国兵役最高负责人程泽润枪毙了。但一个东西烂透了以后是很难办的。

B “孤岛”经历融入小说

王火笔下，人物心理、场景描写等方面极其细致，真实再现了八年抗战那段可歌可泣的岁月。有意思的是，王火笔下那位最终鄙弃国民党统治、投入民主运动的国民党高官，身上就有王火父亲的影子。

《天府周末》：您曾说过《战争和人》里童霜威和童家霆父子，有你们父子俩的影子。能否说说您的家庭？

王　火：我父亲王开疆是日本早稻田大学法科的留学生，在日本就参加了中华革命党。他回国后在上海做过大律师，并做了大学校长和教授，然后南京就请他去做法官惩戒委员会的秘书长。后来是中央公务员惩戒委员会专任委员。他当律师的时候收入很多，所以到南京后，就在玄武湖附近修了洋房。当时很大的花园里还有一个网球场，我和同学打球累了总去玄武湖划船、钓鱼。小说里写爬屋顶赶鸽子这些都是真的。西安事变时，我家车夫拿了一面红绸被面让我赶鸽子，结果邻居见了打电话给我父亲，说：“你家怎么摇红旗啊？”因为当时刚发生西安事变，很敏感。父亲后来把我骂了一顿，说我闯祸！其实他是怕我从房顶摔下来。

《天府周末》：身为国民党高层，您父亲对蒋介石政府怎么看？

王　火：我父亲对蒋介石是很不感冒的，觉得蒋介石靠军事起家，成立国民政府以后排除异己很厉害，他并不认可。那时我小，父亲不可能和我探讨时政，但他和客人谈话的时候允许我在旁边听。我父母在我很小的时候离婚了，我一个人跟着他到了南京。他知道我没妈了，就特别疼爱我。其实国民党也不是人人都贪腐，当时有些官很穷，包括当时是法官惩戒委员会委员长的于右任；辛亥革命元老杨亮功，家里也穷得厉害。我父亲所以能盖洋房，是当了多年的大律师。后来见国民党腐败得厉害，他的工作不好做，就辞职了。

《天府周末》：小说里童家霆的经历也是您的真实经历吧？

王　火：小说终究是小说，但确有我的生活。童家霆参加了很多学生运动，我在学校里是不参加的，因为地下党的人不准我出头，这样我才方便以国民党官员后代的身份帮他们做事。我在南京上的小学是中央大学附属学校，这个学校办得不错：比如童子军，要求人日行一善，否则打在童子军领带上的结在晚上睡觉的时候都不能取下来。我们的校歌是陶行知写的，也挺有趣："神圣劳动，工人爱做工。神圣劳动，农民爱耕种。神圣劳动，当兵爱运动。为什么劳动为什么劳动？为了人类大众。"当时就有点工农兵思想。

当时许多歌都是进步文化人写的。比如《毕业歌》，你看歌词多好！"同学们，大家起来，担负起天下的兴亡……"初中、高中、大学毕业，都唱这个歌。这种思想啊，从小在头脑里灌输得很多很多。

《天府周末》：抗战时期听说您有过自发抗日行动？

王　火：那时我在上海租界上学，从初二读到了高中一年级。当时日寇占我中华，就和另两个同学在家里写抗日传单，"打倒日本帝国主义""抗战必胜"，晚上还拿糨糊去贴。后来想傻呀，贴着慢，被逮到了怎么办？夜晚干脆上街撒。有天傍晚，我们到租界最繁华的慈署大楼顶上，看没人注意，一扔就跑。后来报上还登："昨日慈署大楼有人撒传单！"

珍珠港事变后，日本人就进租界了。《战争和人》里的最后一课，写的就是日本人进租界的情形。日本人一来，公共汽车停了，我走路到学校，来上课的只有十多个人，大家就在黑板上写"最后一课"，想日本人来了，以后再也学不到中国话了。语文老师王佐才来了，翻到课本后面讲文言文《新亭对泣》，是写东晋时期外族入侵后一群人在新亭的地方讲到时局心情悲伤。当时老师一讲，我们就懂他的意思是大家不要悲伤，要起来和日本人做斗争。王老师讲完哭了，同学们也开始落泪。我还请他给我题了字："养天地正气，法古今完人。"

C　半个世纪写史诗

从1951年动笔到1961年初稿完工，王火用十年时间创作出《战争和人》初稿。因文稿在"文革"中被毁，1983年他提笔重新创作，直到1990年完工。其间，他经历了左眼因伤失明的打击。

《天府周末》：《战争和人》160多万字，您怎么完成这部鸿篇巨作的？

王　火：新中国成立以后先到上海总工会，忙。1950年办劳动出版社，相对来说有点空了。那时决定写一个一去不复返的时代的主题。创作是很快乐的，下班回去就写，周末也不休息，1953年调北京继续写，500字一张的稿纸，用了十多斤。只是最后阶段苦，因为到了三年困难时期没饭吃了。我的粮食定量很少，只有18斤，一天到晚就饿。我还记得那时深夜很冷，腿上盖着毯子，胃里空空，在寝室奋笔疾书。但也有好处，把我的胃病治好了。我有胃溃疡，最好的办法就是让它饿。

《天府周末》：《战争和人》第一稿是怎么被毁的？

王　火：我自己烧掉的！第一稿1961年写完了，中国青年出版社看了评价很高，说是百花园里一朵独特的花，太好了。突然之间毛主席有一个批评：利用小说反党是一大发明。出版社赶紧把书稿还给我。“文革”就倒大霉了，说是为国民党树碑立传。我当然不能承认了，我这个人个性很强的。不承认就要挨打，挨得很厉害。在这期间，造反派把我的稿子拿去，据说拿去大便用了。虽然后来我“解放”了给送回来，但头尾都没了，中间也撕掉了不少。当时很心灰意冷：都不要文化了，我还写什么呢！就在门口把它烧掉了。烧掉后罪更大了，说毁灭罪证，造反派又搞我……

《天府周末》：那“文革”之后人民文学出版社在您55岁的时候约您重新创作，为何还要答应？

王　火：一方面是他们的诚意打动了我。另一方面，也希望合浦珠还。我始终觉得作家以毫不妥协的深刻性写出人生，写出矛盾，有助于生活的美好，有助于社会的发展，总而言之，有助于历史的前进。

《天府周末》：其间左眼失明是怎么回事？

王　火：这个不要讲啦，讲太多次了……（记者坚持）大概1985年的样子，那时我已经在四川文艺出版社工作，单位正在修出版大厦，工地里有一条深沟。那天下雨，有一个小女孩就掉沟里了。我跳下去抱起她托上来，自己踩着土壁上去的时候，没想到头部撞到钢管上。（王火指着自己的额头，和皱纹连在一起的是当年的一条伤疤）当时先是脑震荡症状，接着颅内出血，严重时见到人不认识，说不出话。撞的是头，但视网膜脱落。给我手术的这个人，为人极好，但技术极差，把我眼睛治坏了。左眼失去后很伤心，右眼视力也只有0.6。眼睛没了，就更觉得要把过去浪费的光阴夺回来。

我老伴劝我不写，我什么都听她的，就这不听。我要不写干什么呢？就跟有一件事没做一样。用一只眼睛写。工作时间长了，眼前就一片模糊，有时还白光闪烁。而且写的是一个压抑痛苦的时代，创作时许多悲惨故事让我相当激动，心理反过来又影响生理。写完真的像大病了一场。

D　一身正气想从事新闻事业

《战争和人》成就王火，然而曾经的他最想当的却是记者。他采访过胡适、于右任等名人要人，也采访过南京大屠杀的幸存者及审判战犯和汉奸，笔端留下了一个时代的背影。

《天府周末》：当年怎么会想到考新闻系？

王　火：我在江津念高二时曾经在报上发表了一篇文章，讲一家卫生院在抢救食物中毒的学生时，看到穷的学生就不好好抢救。发表后影响很大，我就想“学新闻能为民喉舌”。当时只有3个大学有新闻系，其中复旦最好，名教授最多，就报考了复旦。陈望道是系主任，他是《共产党宣言》中文版的第一个译者。有名大报的负责人也在系里任教，他们的思想都倾向于反对腐败、贪污、独裁和特务统治，对我后来的影响很大。

陈望道先生个子矮小，穿布长袍，走路慢慢的。他教修辞学，板书很漂亮，讲课也幽默。他很有脾气，奋力支持和保护进步学生。萧乾教我们英文新闻写作，他讲新闻如何增强生命力，就是写新闻时要加点“防腐剂”，多点文学、政治或经济价值。储安平最特立独行，他教评论写作经常提醒大家一定要“语不惊人死不休”，不能平淡无奇。这些都让我受用终身。因为陈望道先生在我毕业时要求我当他的助教，我当时还想能像萧乾先生一样，一辈子从事新闻工作多好。

《天府周末》：您怎么会同时担任三家报纸的记者？

王　火：大概觉得我能写吧。大三的时候，我是上海《现实》杂志记者，同时也为重庆《时事新报》和台湾省报《新生报》担任上海、南京特派员。

《匮乏之城——上海近况巡礼》《苦难中的江南造船厂》等一大批长篇通讯，以及采访南京大屠杀幸存者就是那个时期进行的。

《天府周末》：那后来没当成记者是不是很遗憾？

王　火：后来新中国成立了，党叫干什么就干什么。我的笔名王火，就是要把旧社会燃烧掉。我这辈子，想当新闻学教授和杰出的记者，但没当成；想当革命家没成；教育家没成；编辑家也没当好；作家也没当好。但我当了一个好人：一生为好！

一生为好　就是传奇（记者手记）

一生为好匆匆过，岂畏劫波与坎坷。堪羡大节大成就，皆因心燃一盆火。

——余润泽（王火老友）

在接到采访王火的任务时，我曾在脑海里勾勒过这样一个形象：身形魁梧、声若洪钟，风风火火一位老革命。因为在此之前，我只是读过他的《战争和人》三部曲，知道他写过很多革命题材的小说，给自己取了一个誓要烧掉旧社会的笔名“王火”。

然而几次接触，王火彻底颠覆了我虚构出来的形象。这位老者纵然已是89岁高龄，仍然保持了谦谦君子温润如玉的风度。他有近乎传奇的经历，有一颗报效国家的赤子之心，但言谈举止间流露出来的从容、豁达和悲悯，更让人肃然起敬。启程前往王火家之前，一位同事曾热心告诉我，“王火是一个非常好的人！我给他打电话，他居然先关心我这个晚辈身体好不好！”怀着好奇，我们按预约时间前往王火的家。老人已经开门等候，在门口放了一把椅子招呼我们坐着换鞋。进门尚未入座，便看到茶几上摆着好几瓶不同牌子的矿泉水。他一边给我们发巧克力，一边说：“都是给你们准备的。”这份细心和关切，颇让人受宠若惊。

采访需要摄像，王火又是作家，我们自然希望能以书房为背景，拍出“学富五车、著作等身”的感觉。哪知王火指着客厅里的几面书柜说：“我收藏的好书差不多全捐给中国现代文学馆了。我年纪大了，即将到另一个世界去了。现在留下的都是他们不要的和一些工具书。”摄像记者满屋转了一圈说：“就客厅吧！”然后王火往沙发上一坐，略显杂乱的书柜前，是他如霜白发下淡然的脸。

此后很久，我一直震惊于这种淡然。因为随着老人思绪的打开，我才知道，在那个风云乱世，他曾与章太炎等大家毗邻而居。他家的小洋楼里，谈笑有鸿儒，往来无白丁。他的父亲，为了拒绝到汪精卫伪政府任职，竟然跳海明志……这些电视剧里似乎才有的情节，就确确实实发生在王火的身上。他曾经拥有过不凡的出身，也曾享受过物质上的优渥，可如今也能甘享平淡：依然住在省新闻出版局分给他的老套三房里，家里装修有些旧了，入目处除了四处堆积的书和一架用红丝绒盖着的钢琴，似乎并没有值钱的家什。如今老伴去了，只有一个女儿在身边照顾他。

王火对这些是不以为意的。三个小时的聊天，他说得最多的不是《战争和人》的成就，倒是多次提到“一生为好”几个字。他说父亲曾这样要求他：对自己要求高一点，对别人好一点。他一生谨记，这才有了友人有感而发为他写的这首小诗。

他的好，表现在对人的尊重与珍惜。过年时很多到他家做过客的人，都曾见到客厅里挂满贺年卡，那是各地读者寄给他的，被他悉心呈现出来。

他的好，表现在爱打抱不平。王火说，他的女儿至今仍担心他一个人上街，然后“路见不平，拔刀相助”。所以在采访中途，他接到了远在英国的小女儿打来的每天一个电话，听他报平安。他的好，表现在宽容大度。左眼被医生治瞎了，他忆及过往感叹，“大家都劝我告这个医生，人家又不是故意要害我瞎，所以不追究。”

他的好，表现在对名利的淡泊。他的家里没有名人字画古玩，“值钱的全捐了”！

他的好，还表现在对已故妻子的一往情深。他的床头床尾摆了好几张妻子的照片。王火说，每天晚上休息前，他都会轻轻告诉妻子，“我睡觉了！”多年如此。他轻声说，“我想陪陪她。”家里唯一悬挂的一幅字画，是他亲自手书的李商隐的一首《锦瑟》。王火说，这是他有感而发写的。不知怎的，我固执地认为这是他在思念远在另一个世界的妻子。

这样的王火，阅尽世微，一个时代留给他的却唯有今日已不多见的品质。

这样的王火，倒也解了我此前一直的疑惑：为什么在《战争和人》第一稿被毁以后，居然愿意重新伏案数年，再一笔一画写一部一百六十多万字的大部头。因为他一直记得儿时“日行一善”的谆谆教诲，记得国民党政府的腐败，记得在沦陷区里所见的日本铁蹄蹂躏中国主权的屈辱，记得抗战胜利之后的欢欣。所以他要写一部史诗般的作品，让后人读历史关照未来。借用一句对《战争和人》的评论：“老作家王火的笔触新锐，字里行间随处都体现着中国人民英勇不屈的顽强战斗性格和浓郁的爱国主义精神，同时闪烁着人道主义的光辉。”

中国作协曾颁给他“以笔为枪，投身抗战”的铭牌，但老人说他“想当革命家，却没当成；想当教育家，也没当成；编辑家、作家，什么都没当好，只是当了一个好人。”其实，像他这样的好人，何尝不是一种文化，一种精神，一个标杆。滚滚长江东逝水，浪花淘尽英雄。是非成败，转头空。如果历经劫波仍然能看惯秋月春风，一身为好，那就是一个传奇。

（原载《四川日报》2013 年 6 月 7 日，记者吴晓铃）

有助于历史的前进

——在第四届茅盾文学奖颁奖大会上的讲话

王　火

（1998年4月20日，第四届茅盾文学奖在北京人民大会堂颁奖，王火代表获奖作家在会上做了《有助于历史的前进》的讲话。）

感谢中国作协和各位有权威的评委们，将这一届的茅盾文学奖给予另外三位作家和我。我看了本届评委的名单，他们包括了老一代的作家、评论家、中老年专家，还有年轻一代的学者、作家以及各方面的专家。其组成体现了百家争鸣、兼容并收的精神，他们不但有高的水平，而且都有对中国文学事业的责任心、使命感以及对作家的爱心与善意。评选的过程为了慎重，时间很长，经过充分阅读和讨论，评委们用自己的意志权衡轻重决定取舍，以无记名方式认真投票，最后一轮是以超过三分之二的票才评出这四部作品的。

因此，我觉得这种奖励是对我国长篇小说创作在文学领域和精神文明建设中所做贡献的承认，是对在创作园地中辛勤劳动的作家们的一种鼓舞，应当珍视。但也认识到，优秀的作家很多，真正的作家谁也代替不了谁，读者多种多样，作品各不相同，好作品可以使得大多数人肯定，天下却还没有能使人人喝彩个个折服的作品。有许多的前辈、同辈和年轻的同路人，他们写得都很好。得奖作品也需要等待时间继续考验。

有一位获得奥斯卡奖的演员（《克莱默夫妇》的男主角）领奖时对他的同行们说过：“我们都是艺术大家庭中的成员，都在追求更高的艺术境界，我们谁也没有战胜谁，我为能与大家一起分享这份荣誉而骄傲。”此刻，我有类似的心情。

同时，我又不能不想起我一位本家女科学家王承书同志。她不是文学家，但是一位了不起的女科学家，她的精神和事迹是超越一切领域的。她无名地耕耘了一辈子，去世后报上才登载她那石破天惊的事迹。人们方知她是我国铀同位素分离事业理论的奠基人。她一贯谦虚，生前总是谢绝记者采访，由她参加或主持过的科研获奖项目有几十项，她都谢绝署名，贡献非常大，她自己却未得过什么奖，临终遗言说：“虚度八十春秋，回国已三十六年了，虽做了一些工作，但是由于主客观原因，未能完全实现回国前的初衷，深感愧对党、愧对人民。”想到她我就不禁肃然起敬！像王承书这样的大写的人，当前在我国并不太少，在各条战线都有，因此，感谢之余，我清醒地认识到：应谦虚，应当继续努力创作和学习，不应当停步不前，我想：这对于一切的获奖者都是可以取得共识的。

因此，我虽然已经年迈，仍旧要深刻地认识这一点，说出这一点，要用诚实的劳动继续努力实践这一点！并要借此机会，向出版社，向广大读者，向报纸、杂志社，向那么多评价过作品的评论家、作家、记者们，向一切关心过作品的人深深地致谢。

文学创作是一项高尚、严肃而艰难的事业。文学创作是我们为国家、为人民献出光和热的一条途径。文学是这样的迷人，我对它有执着不变的爱！我觉得我们的文学创作者应当义不容辞地站在自己的岗位上，有责任感、有使命感地用笔来为我们改革开放中的祖国和人民尽一份我们应尽的力量！

我希望而且相信，我们这样一个伟大的国家，有它了不起的人民，了不起的庞大作家队伍，必然会不断有更好更出色的长篇作品问世。这些作品会具有辽阔的视野、大气的格调、丰富的理想、强烈的艺术感染力，有博大精深的内涵，真实而不虚假，富于发现、富于创造，新颖、独特，能反映时代精神，塑造出典型人物，以毫不妥协的深刻性写出人生、写出矛盾，有助于生活的美好，有助于社会的发展，总而言之，有助于历史的前进！中国的优秀作品将不仅属于中国，同时也会属于东方、属于世界！

我就说这些，谢谢大家！

（原载《文学界》2013 年第 7 期）

面对文学的思索

——1999年5月1日在台湾高雄中山大学"两岸文学研讨会"上的讲话

王　火

1840年发生了鸦片战争；1895年（清光绪二十一年）甲午惨败次年，签订了可悲可耻的"马关条约"。中国近代以来的危亡形势，造成了悲壮、辉煌的中国文学。在即将结束的20世纪里，中国经历过万分屈辱，受过血腥侵略，也有过酷烈的内战。历经半个世纪的风霜雷霆，占世界人类总数四分之一的受尽苦难的中国人才在1949年得以改天换地，向全世界宣告站立起来了！

鸟瞰20世纪的中国历史，实质上是一部追求现代化，摒弃落后、贫弱、愚昧与受人欺侮的历史，是一部探索中华民族的独立、解放，探索中华民族全面振兴的历史。有学者说："近一百年变革图新的实践，一直伴随着观念层面的冲突与交融，20世纪最后的二十年，是我们实施改革开放，真正迎来现代化曙光的历史阶段。"这一论点是可以认同的。

这二十年来的改革开放，综合国力增强，国际地位提高，民众生活改善，民主、法治加强。广大作家、诗人、评论家、文学工作者解放思想，振奋精神，冲破"四人帮"极"左"思潮禁锢，创作了异彩纷呈的作品，开创了文学发展的新时期。文学的题材、体裁、主题以至人物塑造、语言风格，千姿百态、丰富多彩。老、中、青作家万马奔腾，汇合成了一支强大的文学队伍。我们关切地注视到：海峡两岸，虽曾长期隔离，但这二十年来，从开始交流到较多的来往互访。台湾文学界的同行兄弟姐妹们的作品大量在大陆出版，作家大量在大陆介绍，不少作家和作品都得到读者喜爱，形成一种同步汇流前行的情势，值得高兴。自然，交流还很不够。互相的了解也需加强。正因如此，我愿在此极为简略而概括地介绍一些大陆今天的文学情况。

按照1996年12月中国作协第五次全国代表大会上提出的“民主、团结、鼓劲、繁荣”的方针，作家们激发了文学创作的繁荣势头。现在，创作环境是这五十年来最好的，也可以说是大陆作家们的共同感受。

中国作协会员已有六千多人，省、市、自治区及地市作协的会员近三万几千人，少数民族都有本民族的作家，总人数逾三千人。有两百多家文学报纸和期刊，还有数百家报纸都有带文学性的副刊。全国六百家左右的出版社，其中有相当部分都出文学书籍，还有二十余家专业的文艺出版社。拿长篇小说来说，这几年来每年都有六七百部或七八百部长篇问世。中外文学交流派团互访始终不断；文学理论建设和文学评论受到文学界高度重视，健康的说理的文学评论正逐步增强，理论建设引导文学发展颇有建树；各项全国性的评奖正常进行。在上海、江苏、山东、湖南、吉林、广东、广西、山西、内蒙古等地都有文学创作中心供作家深入生活。在北戴河、深圳、杭州有创作之家，供作家休养、写作……

如今，与改革开放前那种“一体化”、“一元化”的规范相比，现在的主导文化表现出了前所未有的宽容，主旋律的弘扬与多样化的实施并行不悖。改革开放前，多样化在大部分时间里仅仅停留在意识形态口号的水平上，很少在实践层面得到表现，尤其在“文革”时期，文化的一体化竟达到文苑的作品几乎全部被打成“毒草”，八个样板戏和个别小说成了八亿人仅有的娱性消费。改革开放20年来，经济的开放影响到观念的开放。形势的确适应了多样性文化生态的形成。至于主旋律的文化取向，表现了反映国家意志和大众根本利益的正统价值观。近年来，对“五个一工程”的评选，对高雅艺术的倡导，以及“红色经典”的复出等，无不体现了这一点。它们通过传媒非常适时地传向四方，宣传方针路线，传播昂扬向上的生活态度，美化现实中的理想人格，从而长久地和阶段性地形成了浩大声势，对大众造成了不可抗拒的影响。但主流并未排斥各种支流，那些重视追求艺术性的作品，那些认识和总结历史教训有新的思索、体验和感受的纪实作品，那些寻找凡俗生活亮点的作品，那些风格与流派各异，题材独特，进行文体试验的作品，如此等等，同样丰富多彩地在满足大众的需要。当然，大众化、多元化、现代化不可避免要受到市场经济影响，文学的娱乐、休闲作用既涌现了健康的作品，金钱的驱使，同时会涌现既无文学价值又低级庸俗的垃圾，这往往形成一种矛盾。当然这种矛盾与经济、社会发展的转型特征是相适应的。它引起了有识之士对那种无所承受的失重的文学（由于对历史的遗忘和对现实的不再承诺）感到某种匮乏和失落，但可以相信的是，随着市场经济走向规范与成熟，随着优胜劣败对良莠不齐的制约，这种矛盾必可得到调节。而非主流的优秀作品，则是必然会存留而与主流一同四通八达的。

20 世纪中国的文学，与中国面临的形势无法分割。中国的危急存亡和中国人的渴望进步与富强，使中国文学一直与民众共命运。因此无论文学承不承认，无论文学是否能有多大的作用，文学都长期一直是作为医疗、保健中国的“良药”存在。20 年来，作家们相互探求，在这种振兴中华的时期，文学如何为树立共同理想、提高民族素质，促进经济发展和社会进步尽其绵薄，在扩大开放的形势下，如何吸收世界优秀文化成果，继承和发扬民族优秀文化和好的传统，多出精品来满足人民精神文化需要，这就是常常得到强调的使命感和责任感，这自然是无可厚非的，并不要求人人一律，各个作家有其独特性和不可替代性！作家作为社会的人，自然可有其自选的方式和道路，为文学殿堂做出应做的贡献，走上自己可以遵循的轨道。这些年来，有价值的文学作品诞生得不少，构成了绚丽灿烂的大花园。在座的我们这个团的成员，就是从各自的角度以各自独特的作品和工作，为百花的开放出了力的，大家将会座谈交流，这里就不多述。

谈文学的发展与前进，历来不能不谈到国家、民族的前途和命运。去年，一个从海外归来的老朋友，回去前说：“现在，我看到的是一个与过去全然不同的中国，什么时候我们曾经有过像今天这样的一个中国呢？我可以不喜欢某种制度，但我不能不喜欢这个国家！……”21 世纪可以预见是中国走向民主、富强、文明统一，实现振兴中华理想的新的一百年。一个伟大民族的崛起，必然有繁荣的文化相伴随。随着经济建设和高科技发展，我们的文学应该会更加成熟，走向繁荣，取得新的辉煌。台湾文学是中国文学的重要组成部分，我爱我读过的不少同行兄弟姐妹们的作品。非常感谢我们的东道主——高雄文艺协会与中山大学安排了这样好的研讨会，我们两岸作家应为博大精深、源远流长的中国文学的发展，加强合作，携手并进。这是我的良好祝愿！

谢谢大家。

（原载《郭沫若学刊》2014 年第 1 期）

我只有一个目标，就是尊重历史

“我书中写到的人物凡用真名真姓的，都必定是我见过的或认识的，我的感受不能不写。我只有一个目标，就是尊重历史。”

91 岁的老作家王火有两个坚持，一是不签名售书，二是不做报告。他一直都那么低调，而这次愿意接受中华读书报的采访，他归结为，可能是有“缘分”。过去没有勇气谈的，现在年过九旬，有勇气了。

正因为此，先后七八次电话采访王火，获得丰富的信息和内容。他总是耐心详尽地回答我，知无不言。王火说，他告诉我的，都是真实的，之前从来没有和别人谈起过。遥远的距离隔不断声音的亲切，王火的学识、为人为文的真诚与正直，令人钦佩。

王火，本名王洪溥，1948 年毕业于复旦大学新闻系，师从陈望道、萧乾等知名学者。从 20 世纪 40 年代开始坚持文学创作，著述颇丰。尤其在新中国成立以后，耗时半个人生创作了史诗般的《战争和人》三部曲，获得第二届国家图书奖以及第四届茅盾文学奖，目前有八个版本，单是人民文学出版社推出的此书就换了六个封面，同时被收入世界反法西斯文学书系、中国新文学大系、共和国作家文库等。2014 年春节前，王火收到了一封读者来信，这位读者表达了对《战争和人》的喜爱之情。现在还有人看这个作品，这使王火感到欣慰。

中华读书报：童年时，您很期待长大后做个军人，长大后却从事了新闻工作，中间经历了什么？

王　火：我出生在上海，六七岁时，内战还很激烈，上海也受到影响。我经常看到很多兵穿着军装，拿着刀列队在街上走过，唱着“打倒列强，打倒列强除军阀”的歌，非常威武，心里非常羡慕，很想长大后做个军人勇敢地像个英雄般地在沙场上打仗；后来由于看了《金银岛》《人猿泰山》《瑞士家庭鲁滨孙》等许多小说、故事和电影，就又想做一个航海家日夜航行在惊涛骇浪的海上，想做一个探险家，去到遮天蔽日的非洲丛林中找到大象的群葬场或太阳神的庙宇……后来我去了重庆江津国立九中，我们学校里发生了一起中毒案件，很多同学吃早餐时中毒被送进医院，经化验是粥里放了砒霜。那天我睡懒觉没去吃早饭，于是参与了抢救同学的工作，目睹医生看到穷的学生不好好抢救的行为非常气愤，就写了一封批评稿投给《江津日报》，很快被刊出，产生了很大影响，从那时起，我就埋下了学新闻的心愿。

中华读书报：您是怎样考入复旦大学新闻系的？后来为何从事小说创作？

王　火：当时有三所大学办新闻系：燕京大学、复旦大学、中央政治学校，思想最进步的是复旦大学新闻系，当时有近六百人参加考试，只录取三十人。我的成绩排在第七名。复旦大学新闻馆的对联是时任国民政府监察院长于右任撰写的：“复旦新闻馆，天下记者家。”复旦大学新闻系的主任陈望道，是将马克思和恩格斯合著的《共产党宣言》引入中国的第一人，陈望道提倡学生们要学会一个本事，就是无论怎样嘈杂的环境都能照样写作。教授中还有储安平、赵敏恒、王研石、萧乾等，萧乾对待学生非常宽松，脸上始终挂着微笑。萧乾说，新闻每每写作出来时有生命，时间长了，生命就消失了，因此，写新闻时要注意加点“防腐剂”，即文学价值、政治价值和经济价值；储安平最特立独行，他教评论写作经常提醒大家一定要“语不惊人死不休”，不能平淡无奇。这些都让我受用终生。

我当时只想做名记者，从来没想过当作家，同时担任了三家报纸的记者：上海《现实》杂志记者、重庆《时事新报》和台湾省报《新生报》上海、南京特派员。《匮乏之城——上海近况巡礼》《苦难中的江南造船厂》等一大批长篇通讯，以及采访南京大屠杀幸存者就是那个时期进行的。在《战争和人》《东方阴影》里都有关于南京大屠杀的真实描写，这与当时的采访有很大关系。

中华读书报：《战争和人》第一稿付之一炬，是什么原因？

王　火：新中国成立以后，我就构思《一去不复返的时代》(《战争和人》的前身)，打算用一百多万字，用三句古诗作书名，即《月落乌啼霜满天》《山在虚无缥缈间》《枫叶荻花秋瑟瑟》，时间的跨度由西安事变写到抗日战争胜利内战爆发。从1950年到1953年，我在上海利用业余时间创作，进展较慢，但是雄心勃勃。1953年春天，我由上海总工会被调至北京中华全国总工会，任《中国工人》杂志的主编助理兼编委。三年困难时期，经常饿着肚子奋笔疾书，总算突击完成了一百二十万字的初稿。这时，我接到通知，《中国工人》停刊，我率队去山东沂蒙山区支农，走前将书稿交给了中国青年出版社。“文革”时，这部书稿被说成“文艺黑线的产物”，稿子被拿去展览，我被批斗了无数次。我心灰意冷：都不要文化了，我还写什么呢！就在门口把这部凝聚了自己十几年心血的书稿烧掉了。

中华读书报：一百多万字，重写又是什么机缘？您在重写的时候又经历过一次重创。

王　火：后来，人民文学出版社的编辑于砚章来信，询问这部稿件，鼓励我重新写出来。我早就熟悉明清之际史学家谈迁的故事。谈迁花了二十多年完成的《国榷》被小偷窃去，在五十五岁时重写《国榷》。我决定重写《战争和人》时，也五十五岁。我在山东完成了第一部。1983年秋，复旦大学的同学马骏邀请我去四川人民出版社任职，考虑到第二部和第三部都要写到四川，我带着已完成的第一部手稿前往成都。我正要投入写作时，为了救一个掉在沟里的女孩，头撞到钢管上，脑震荡、颅内出血、左眼失明……要把过去浪费了的光阴夺回来的心愿激励着我，还是全力以赴，用一只右眼完成了第二部《山在虚无缥缈间》和第三部《枫叶荻花秋瑟瑟》。

中华读书报：有评论把您的作品称为“王火艺术”，认为“王火对半个世纪中国历史独有感悟，作品在文学史上将长留他的应有篇章”。这部作品的创作中，您几乎不用参考什么资料，是一部从心底里涌出的作品吗？

王　火：我经历了八年抗战，过敌人封锁线，轰炸、炮火袭击、灾荒……都有经历，生活积累太丰富了，我所写到的地方，都是我去过的，我书中写到的人物凡用真名真姓的，都必定是我见过的或认识的，我的感受不能不写。我只有一个目标，就是尊重历史。我在沦陷区待过，在大后方待过，从1944年就同地下党有联系，对沦陷区、正面战场和解放区战场都比较了解，书中的人物都是我接触过的。我写了一百多个人物，各有各的样子，是有生活的，不是胡编乱造。

中华读书报：现在看《战争和人》为什么能够吸引人？

王　火：主要是它的独特。抗日战争写的人不少了，从史的角度讲，抗战的确是老题材，从文学讲，只要你塑造的人物是新的，主题又是深邃而新鲜的，写的生活和故事是新的，那么，没有老一套的感觉就很自然了。不少人读了这书都说很感兴趣。事实上，我写作时就考虑到青年人阅读的问题。我希望让青年了解那段中国的历史。现在很多电视剧乱七八糟，演抗战时期的剧情时经常挂一张蒋介石穿总统服的照片。蒋介石当总统是在1948年，抗战时期他还是委员长，怎么可能穿总统服？

中华读书报：《战争和人》获第四届茅盾文学奖，陈荒煤对于这部作品给予高度评价，认为《战争和人》有助于青年一代和不熟悉当时“大后方”情景的人们更深刻地理解抗日战争的历史。当年公布时是《战争和人》排在第一位，但是现在打开网页，查看历届茅奖，《战争和人》排在最后，第一名是《白鹿原》。

王　火：当时所有报纸上刊登的都是《战争和人》排在第一，我曾经代表获奖作家在人民大会堂讲话。人民文学出版社出版的获奖丛书中夹有书签，签上《战争和人》排在第二。我曾经去信询问，后来书签上的排名改过来了。现在网上的排名根据什么我就不知道了。

那一届由于五年没有评选，评选的过程很长，评了两年，没有结果。向来实名制的茅奖，到了第四届开始不具名，原因是“有争论”。第四届茅奖作品中，参加评选的抗日战争作品有三部，一部是李尔重的《新战争与和平》，这部六七百万字的作品出版后在人民大会堂开过几次讨论会；一部是周而复的《长城万里图》，有三百多万字；另一部就是《战争与人》，一百七十万字。我一看这个局面，就想：评茅奖可能没有我的份儿了。直到报纸上刊登第四届茅盾文学奖获奖作品的消息，我才知道《战争和人》获奖了。我想如果不是无记名投票，我是评不上的。

中华读书报：为什么这么说？作品获奖后好评如潮，是否也有不同的意见，您怎么看这些意见？

王　火：具名评选，肯定会碍于情面。作品出版后，截至目前，只有二外的一位博士生导师发表文章，认为《战争和人》语言有不足。当时人们说话就是那样子的，如果改成现在人说话的方式，就不真实了。我曾经想过，如果有精力的话，把三本书变成一本会更好，这书太长了，大家的生活节奏很快，确实没时间看完，给读者阅读造成了负担；二是定价有些贵了，对于一般人来讲不见得都能接受。有个教授把我的作品推荐给他的学生，学生发牢骚说："我想写一篇论文，写这么厚的书，是作者的错还是读者的错？我这么忙，还写这么厚的书给我看！"他的话有道理，也不全对。

书有长有短。作为作家来讲，写得长没什么错，所以肯定不是作者的错；我作为读者，看《悲惨世界》《战争与和平》《静静的顿河》，再长也觉得没看够。有的题材适合写长的，就只能写长的。

中华读书报：2012年8月，您和马识途获全美中国作家联谊会颁发的首届东方文豪奖终身成就奖，您怎么看待这个奖？

王　火：评奖有时有一定的偶然性，这个称谓不敢当，怪吓人。但是全美中国作家联谊会是一个很好的组织，干了些非常了不起的事情，比如把中国作协会员好的作品，寄到美国后，要进行分类，再送到名校图书馆。这件事过去没人做过，是功德无量的事。他们还有"中国作家之家"的房子，请过不少作家去那里。

中华读书报：都在四川，您和马识途等老朋友常聚吗？

王　火：我很敬佩马识途，一百岁的老人，从早到晚在奋斗，不断出版新作，把书法义卖掉，把钱捐给上大学的贫困生，精神可佩。2013年马识途过生日，我们几个好朋友一起小聚。聚会结束大家告别的时候，他站在车门口大声说："我明年再来吃啊！"几个好朋友都笑了。2014年，马识途一百岁，我们像去年一样聚了一聚，我们不吃公款，是AA制。

（原载《中华读书报》2014年3月19日，记者舒晋瑜）

《九十回眸——中国现当代史上的那些人和事》出版对话著名成都作家王火

今年，著名成都作家王火步入了人生的第九十个春秋。回顾酸甜苦辣的九十年人生，王火特意将从前发表在报纸、杂志等刊物上的纪实文章加以整理和补充，首次结集出版成《九十回眸——中国现当代史上的那些人和事》，全书上下两卷共十辑，涉写人物一百左右，不仅是王火亲历亲闻的记录，也是我国现当代史的生动写照。为了解这部作品的创作经历和背后的故事，记者特意前往王火家中，对王火进行了面对面专访。

采访故事　难忘独家专访胡适

早在 1945 年抗日战争胜利后，王火就曾采写过南京大屠杀审判日本战犯及汉奸，发表了许多抨击时局的特写通讯，还采访过胡适、于右任等多位名人。新中国成立后，他又在多家重要报纸、杂志、出版社历任要职，并开始了更多的文学创作，其茅盾文学奖作品《战争和人》（三部曲）、《游击队长——节振国》等代表作家喻户晓……

“抗战胜利后，我由四川重庆复员回到了上海、南京一带……当时，我还是复旦大学新闻系的学生（1947 年是三年级，1948 年夏毕业），但带有实习性质地兼着三家报刊（上海《现实》杂志、重庆《时事新报》、台湾《新生报》）

记者……这样，我用‘王公亮’为笔名的记者名片上就有了三个头衔……采访胡适博士，就是应重庆《时事新报》王研石先生之邀，也应台湾《新生报》歌雷之邀进行的。”在《九十回眸——中国现当代史上的那些人和事》的第四辑“春秋钩沉”中，收录了《记忆中的胡适》一文，王火在文中有着这样的记述。

王火笑着告诉记者，在他的记者生涯中，采访胡适是他非常难忘也非常骄傲的一段经历，因为当年尚未毕业的他，竟成了当时唯一一位采访到胡适的记者。“胡适一贯是不愿意接受采访的，那时是 1948 年春的南京蒋介石政府举办的‘伪国大’开会期间，我问了他对这次‘国大’的看法、对蒋介石的看法等，最关键的是他对副总统竞选的态度，社会上有传言称胡适要竞选副总统，甚至成为总统候选人。胡适告诉我，他绝不会参加副总统竞选，非常坚定地回应了社会上的流言，所以这句话被我做成了副标题。”王火说，他至今都还记得，胡适平易近人，谦逊和爱，很有学者风范，说话风趣幽默又不失真诚。

此外，采访于右任也是王火难忘的经历。“抗战前我就曾随父亲多次到于右任家做客，时隔九年，1946 年，我以记者的身份再次登门，可能因为过去的关系，年近七旬的于右任对我特别亲切慈祥，采访很顺利，还送了六首诗词给我，让我非常兴奋。”

写作经历　《战争和人》几经波折

漫漫九十载岁月中，王火创作出佳作美文无数，至今笔耕不辍。说到王火的著作，首先便是荣获第四届茅盾文学奖的《战争和人》三部曲。在新书《九十回眸——中国现当代史上的那些人和事》第六辑的《苦辣酸甜一部书——记〈战争和人〉三部曲的创作》一文中，王火开篇便这样写道：“在我是一件付出极大艰辛和许多精力的事，是一件曾使我最倒霉最无奈的事，也是一件使我最后获得了一些光彩和成就的事，这样的事自然使我难以忘怀，因此决定写一写这段经历。”

王火向记者回忆说：“我当时在上海总工会工作，是中华全国文学工作者协会上海分会的会员，抗战八年中我积累了很多素材，有种不吐不快的感觉，所以就用业余时间开始写作，分成三个部分，即《月落乌啼霜满天》《山在虚无缥缈间》《枫叶荻花秋瑟瑟》，从西安事变写到解放战争，三年困难时期，饿着肚子完成了一百二十万字的初稿。非常可惜我最初的书稿在‘文革’中化为灰烬，在人民文学出版社编辑黄伊的力邀下，我终于在1980年再次动笔，并故地重游回顾历史，1983年秋，我的同学马骏请我去四川人民出版社任职，考虑到第二部和第三部都要写到四川，我就带着已完成的第一部手稿前往成都。后来因为救人，我的左眼意外失明，只靠老花的右眼艰难写完后两部。”王火笑着说，他并没有想过这部书能获奖，当时茅盾文学奖恰好改成了无记名投票，结果有幸以全票获奖，令他很是欣慰。

《英雄为国——节振国和工人特务大队》也是王火极为重要的著作。“六十年前，我在北京中华全国总工会工作之余，用二十多个夜晚写了八万字的《赤胆忠心——红色游击队长节振国的故事》，反响强烈，电台连播，袁阔成说书，被改编成话剧、京剧并翻译成外文，又被拍成电影。但其实书里还有很多缺陷，所以二十多年后我重新深入节振国故乡等地收集材料，重写成《血染春秋——节振国传奇》（后更名为《英雄为国——节振国和工人特务大队》）。重写期间，我曾和开滦煤矿的工人长期同吃同住，对井下都非常了解，前年还被开滦党委授予了‘开滦名誉矿工’称号。”

真情永存　爱情友情皆是珍宝

“我们互相带着年轻时的浪漫走进婚姻，又以爱来互相滋润各自的心田。我们的爱情始终充满魅力。”耄耋之年的王火，在《九十回眸——中国现当代史上的那些人和事》第八辑的《长相依——我与凌起凤的爱情故事》一文中这样写道。熟悉王火的人，无人不知他与妻子伉俪情深，妻子凌起凤在病中时，王火为妻子推掉一切工作、花光积蓄，三年前妻子病逝，王火濒临抑郁。记者去采访时，王火从怀中拿出妻子相片向记者展示，望着妻子定格在黑白相片中的青春笑容，那神情令人动容。王火得意地告诉记者，他与妻子十八岁相识相恋，相濡以沫近七十年，经历风风雨雨，却从未红过一次脸，“我这辈子最成功的事，就是有位这么完美的妻子。”

1983 年来到成都工作后，王火因工作和共同的文学爱好，结识了艾芜、马识途、李致等好友，在《九十回眸——中国现当代史上的那些人和事》的第六、第七辑中，不乏对好友们的真情流露。“艾芜是一位德高望重的文学前辈，一位大家敬仰尊重的长者，他锲而不舍从事文学之心，他淡泊宁静的风范，都令我很是敬佩。”马识途和李致二位和他一样至今笔耕不辍、并一同生活在成都的老友，是他最大的慰藉。“尽管年纪大了身体不好，平时见面并不多，一般是打电话聊天，逢年过节寄贺卡、写信，但仍有当初一见如故的亲切，如果几天不联系，还真是非常想念呢！”

（记者祝丹妮）

（原载《成都日报》2014 年 12 月 10 日）